My number

金融機関のための
マイナンバーへの
義務的対応 & 利活用ガイド

NTTデータ経営研究所
大野博堂

NTTデータ
山田英二

一般社団法人 **金融財政事情研究会**

は じ め に

　2015年10月から、住民票を有する個人一人ひとりに対して番号が通知される。「社会保障・税番号制度」、いわゆるマイナンバー制度の始まりである。この番号は、その名のとおり、社会保障（年金・労働・医療・福祉）と税、そして災害対策分野において、行政事務の効率化や行政サービスの公平・公正な負担と受給の促進を目的に、2016年1月からの利用が予定されている。

　今後住民は、年金・雇用保険・医療保険の手続、生活保護・児童手当その他福祉の給付の手続、確定申告などの税の手続などで、さまざまな書類にマイナンバーの記載を求められる。一方、民間事業者は従業員に代わって源泉徴収票や健康保険の被保険者資格取得届等に番号を記載し、税務署や年金事務所等に提出する。

　さらに、金融機関では、利金・配当金・保険金等の税務処理において顧客などの個人番号や法人番号を法定調書等に記載して税務署などに提出し、番号をもとにした行政機関等からの照会に応えるといった事務も加わる。2018年からは銀行の口座開設時に任意での番号届出および口座への付番も始まる見込みだ。

　一方で、社会保障・税・災害対策の目的を除いてマイナンバーを含む個人情報を収集したり、保管したりすることは原則禁じられており、もし金融機関がこれに違反すると、場合によっては重い罰則が科せられる。金融機関は、違反しないためにシステム対応をするだけではなく、制度が金融機関に求める役割と禁止行為等を十分に理解しておく必要がある。しかもそれは情報管理担当部署だけではすまない。毎日顧客と対面し、さまざまな手続を受け付けている営業職員や支店の窓口担当者こそ、マイナンバーに関する知識を身につけておくことが大切だ。

　ちょうど10年前の2005年4月に個人情報保護法が完全施行された時、同法や金融庁が作成した金融機関を対象とした個人情報保護に関するガイドライ

ンへの対応に追われたことを記憶されている読者も多いだろう。マイナンバーの導入は、金融機関に当時と同程度の苦労を強いるものになるかもしれない。

　いや、10年前よりも悩ましいのは、マイナンバー制度導入まで1年を切っても、金融機関が「何をすればいいのか」「何をしてはいけないのか」がはっきりみえてこないため、システム対応や事務規程集の準備がなかなか進められないことだろう。

　そこで本書では、マイナンバー制度のスタートに向けて金融機関が知っておくべき情報、知りたい情報という視点から、2015年7月下旬までに入手しうる最新情報をもとに解説する。

	章・付録目次	知っておくべき情報、知りたい情報
金融実務編	第1章　マイナンバー制度への義務的対応が金融業務に与える影響	マイナンバー利用開始時点における金融業務の具体例を知りたい。
金融実務編	第2章　予定される預貯金口座への付番	番号法改正により、2018年以降に予定されるマイナンバーの利用拡大について知りたい。
金融実務編	第3章　マイナンバーの民間利活用に向けて	長期的な視点で、将来的に想定されるマイナンバーの利用方法について考えたい。
制度解説編	第4章　マイナンバー制度の背景	番号法が成立するに至った背景を正確に理解したい。
制度解説編	第5章　マイナンバー制度の仕組み	マイナンバー制度に関する理解を深めたい。
制度解説編	付録　マイナンバー制度に関する法令・規則等のワンポイント解説	マイナンバーにかかわる法令や規則などについて、全体像や個々の概要を知りたい。

第1章〜第3章（金融実務編）では、マイナンバーが金融機関に与える具体的影響について、実例や予測を交えて解説する。2016年1月の制度開始から、2018年度以降に向けて、金融機関で取り扱う情報は段階的に拡大していく。

　2015年の国会において、番号法の改正案が成立する見込みである。当面は任意とされているが、将来的には個人の顧客の預貯金口座への付番の義務化も想定されるなか、準備すべきことを整理するために本書を活用してほしい。

　第4章以降（制度解説編）では、そもそも番号法の背景や制度ではどのようなことが求められているのか、理解を深めてほしい。

　金融機関に絞った具体論の後に総論を据える構成としたのは、制度開始まで猶予がない状況において、金融機関職員に最低限確実に押さえておいてもらいたいポイントを優先的に記載したためである。そのため、第1章〜第3章の具体論と、第4章、第5章の総論とに重複があることに寛恕願いたい。

　また、付録では、本文で取り上げたマイナンバー制度を正確に理解するうえで知っておくべき法令・規制等を参照できるようにした。法改正が間近に予定されており、制度自体が実現に向けて刻々と動いている現状ではあるが、できうる限り最新の情報を掲載した。

　金融機関にとって多大な負担が見込まれるマイナンバー制度であるが、本書を適宜参照して、理解を深めることで、確実な対応・効率化に役立てていただきたい。

　また、本書では法の解釈について触れているものがあるが、あくまで筆者らの個人的見解に基づくものである。これらを含め、本書全般において意見を述べている部分については、筆者らの属する組織としての見解ではないことをご了解願いたい。

　法や規制の解釈については、個々の金融機関においてそれぞれ斟酌されつつ、必要に応じて業界団体などを通じた当局への意見照会などで明らかにされることをお願いしたい。

2015年7月

大野博堂・山田英二

【著者略歴】

大野　博堂（おおの　ひろたか）　＜執筆担当：第1〜3章＞
　株式会社NTTデータ経営研究所　金融政策コンサルティングユニット　本部長
　早稲田大学卒業後、NTTデータに入社し、デリバティブ取引評価システム等の企画に従事。
　その後、大蔵省大臣官房総合政策課に出向し、金融マーケットを中心としたマクロ経済分析を担当するとともに、国会対応を経験。
　ジャスダック上場企業の取締役経営企画室長を経て、2006年より現職。
　金融マーケットを中心としたマクロ経済分析に加え、金融分野の政策・レギュレーション対応、地域活性化などを中心にコンサルティング活動に従事している。

山田　英二（やまだ　えいじ）　＜執筆担当：第4・5章、付録＞
　株式会社NTTデータ　企画調整室　IT政策推進グループ　課長
　同志社大学大学院総合政策科学研究科非常勤講師
　東京大学卒業後、NTTデータ　システム科学研究所に入所。
　食卓マーケティング、環境会計／環境情報システム、eデモクラシー、危機管理・防災の研究などに従事。
　内閣官房情報通信技術担当室（IT担当室）に出向し、国民ID制度等のIT政策推進への従事を経て、2012年より現職。
　IT政策に関する情報発信等を行っている。

＊各章に掲載している図表について、出典の記載がないものは筆者が作成している。

目　次

第1章　マイナンバー制度への義務的対応が金融業務に与える影響

1　制度開始を目前にした大幅な法改正 ………………………………… 2
2　時系列でみた義務的対応ロードマップ ……………………………… 5
　(1)　第1弾：2015年10月 …………………………………………… 7
　(2)　第2弾：2016年1月 …………………………………………… 10
　(3)　第3弾：2017年1月 …………………………………………… 11
　(4)　2018年以降 ……………………………………………………… 12
3　税務処理の課題と番号制度導入への期待 …………………………… 12
　(1)　シーン1：番号および関連情報の取得 ……………………… 17
　(2)　シーン2：番号および関連情報の最新化 …………………… 17
　(3)　シーン3：法定調書発行 ……………………………………… 18
　(4)　シーン4：番号および関連情報の保存・廃棄 ……………… 18
4　新たな内部事務の発生 ………………………………………………… 19
　(1)　番号の告知依頼・受付 ………………………………………… 21
　(2)　身元確認 ………………………………………………………… 22
　(3)　番号の確認 ……………………………………………………… 24
　(4)　番号登録・管理 ………………………………………………… 24
　(5)　調書・届出書類の提出 ………………………………………… 26
5　内部事務対応上の課題 ………………………………………………… 26
　(1)　番号取扱対象業務と取扱責任者の明確化 …………………… 26
　(2)　番号の告知を依頼する対象者の明確化 ……………………… 28
　(3)　基本方針・取扱規程の整備、従業員教育・研修の実施 …… 28
　(4)　個人番号に関する安全管理の実施と委託先の管理 ………… 29

(5)　特定個人情報取扱規程の整備 ………………………………… 32
6　個人への啓発活動が重要に …………………………………………… 33
7　個人からの番号収集に伴う負担 ……………………………………… 34
8　義務的対応に向けた検討のあり方 …………………………………… 36
　(1)　保険業界での課題解決モデル ………………………………… 36
　(2)　銀行業界での検討モデル ……………………………………… 37
9　番号制度導入に伴うシステム改修 …………………………………… 41

第2章　予定される預貯金口座への付番

1　政府におけるマイナンバー活用・登録対象拡大の検討経緯 ………… 48
2　個人の預貯金口座への番号登録の背景 ……………………………… 49
3　預貯金口座への番号登録における論点 ……………………………… 50
4　預貯金口座への付番を念頭に置いたシステム対応 ………………… 56
5　2015年3月10日に国会に提出された番号法改正案のポイント解説 …………………………………………………………………………… 58
　(1)　個人情報保護法の改正ポイント ……………………………… 59
　(2)　番号法の改正ポイント ………………………………………… 60
　(3)　特定個人情報保護委員会の改組について …………………… 63

第3章　マイナンバーの民間利活用に向けて

1　法人番号の活用による業務の効率化・高度化 ……………………… 70
2　銀行業界における民間利活用 ………………………………………… 72
　(1)　法人番号を用いた自行取引先以外の管理 …………………… 73
　(2)　顧客情報の共同利用によるグループ企業のシナジー向上 … 74
　(3)　個人番号カードを用いた申込記入の簡素化 ………………… 74
　(4)　インターネットバンキングでの認証強化 …………………… 75

(5) デビットカード活用による「デビット領収証制度」················· 75
3　証券業界における番号の利活用 ·· 77
　(1) 番号の汎用利用による事務効率化 ······································ 77
　(2) 内部者取引排除に向けた番号利用 ······································ 78
4　保険業界における番号の利活用 ·· 79
　(1) 課題と番号制度による解決可能性 ······································ 79
　(2) 制度先進国の事例 ·· 81
5　クレジットカード業界における番号の利活用 ···························· 82

第4章　マイナンバー制度の背景

1　個人の識別・特定に対する課題 ·· 88
2　番号制度の歴史 ··· 90

第5章　マイナンバー制度の仕組み

1　マイナンバー制度の四つの柱 ··· 96
　(1) 番号付番 ··· 97
　(2) 情報連携 ··· 98
　(3) 本人確認 ··· 98
　(4) 個人情報保護 ··· 100
2　個人番号 ·· 103
3　個人番号を利用する事務 ·· 106
　(1) 番号法別表第一に定める個人番号利用事務（番号法第9条第
　　　1項） ·· 109
　(2) 地方公共団体が条例で独自に定める個人番号利用事務（番号
　　　法第9条第2項） ··· 110
　(3) 個人番号関係事務（番号法第9条第3項） ························· 110

目　次　vii

(4)	激甚災害における金銭の支払（番号法第9条第4項）	112
4	特定個人情報に関する制限および安全管理措置	115
5	罰　　則	121
6	法人番号	124
7	番号制度において事業者が行うこと	127
(1)	特に注意を必要とする事項	127
(2)	特定個人情報の取扱いに関する基本方針や取扱規程の整備	128
(3)	基本的なフロー	132
(4)	告知依頼	133
(5)	番号の受付	143
(6)	本人確認（身元（実存）確認、番号確認）	146
(7)	記録保管	180
(8)	番号登録管理	181
(9)	提　　出	186
(10)	番号の変更への対応	187
8	番号制度における民間利用	188

【付録】マイナンバー制度に関する法令・規則等のワンポイント解説

1	番号法（平成25年5月31日法律第27号）	207
2	番号法整備法（平成25年5月31日法律第28号）	207
3	番号法施行令（平成26年政令第155号）（平成26年3月31日公布）	208
4	番号法施行規則（平成26年内閣府・総務省令第3号）（平成26年7月4日公布）	209
5	国税関係手続に係る個人番号利用事務実施者が適当と認める書類等を定める告示（国税庁告示第2号）（平成27年1月30日公布）	209
6	別表第一の主務省令で定める事務を定める命令（平成26年内閣

府・総務省令第 5 号）（平成26年 9 月10日公布）……………………………… 209
7 　別表第二命令の主務省令で定める事務及び情報を定める命令（平成26年内閣府・総務省令第 7 号）（平成26年12月12日公布）………………… 210
8 　行政手続における特定の個人を識別するための番号の利用等に関する法律の規定による通知カード及び個人番号カード並びに情報提供ネットワークシステムによる特定個人情報の提供等に関する省令（総務省令第85号）（平成26年11月20日公布）……………………………… 211
9 　法人番号の指定等に関する省令（財務省令第70号）（平成26年 8 月12日公布）……………………………………………………………………… 211
10　番号法等の施行に伴う財務省関係政令の整備に関する政令（平成26年政令第179号）（平成26年 5 月14日公布）……………………………… 211
11　所得税法施行規則の一部を改正する省令等 …………………………… 212
12　地方税法施行規則の一部を改正する省令（総務省令第96号）（平成26年12月22日公布）…………………………………………………………… 212
13　特定個人情報保護評価に関する規則（特定個人情報保護委員会規則第 1 号）（平成26年 4 月18日公布）……………………………………… 213
14　特定個人情報保護評価指針（平成26年特定個人情報保護委員会告示第 4 号）（平成26年 4 月18日公布）………………………………………… 213
15　特定個人情報の適正な取扱いに関するガイドライン ……………………… 213
16　その他の法令等（主なもの）……………………………………………… 214
17　準公的団体が定めた規定 ………………………………………………… 215
18　その他未公表・未公布のもの …………………………………………… 215

事項索引………………………………………………………………………… 217

第1章

マイナンバー制度への義務的対応が金融業務に与える影響

 制度開始を目前にした大幅な法改正

　このところ、金融機関の方からの社会保障・税番号制度（以下、「番号制度」という）に関しての照会を得る機会が特に増えてきた。とりわけ、「とある方の講演で○○規程への留意点について聞いたのだが、具体的にどう対応すればよいのか」といった質問を頂戴するケースが多い。ただし、「この規定は先週変更されたのでご心配無用」と返答する場面も目立つようになってきた。毎週のように新たな制度変更や見直しが進められ、そのつど過去の情報が更新されてしまっているためだ。

　これまで金融業界における新たな制度の導入時は、十分に時間をかけた検討が当局においてなされ、業界団体も交えた意見形成を通じ、最終的な確認の意味を込めてパブリックコメントに付され、制度化される、といった手続が踏まれてきた。ところが、今回の番号制度については、金融業界としての大枠の対応は何となくみえてはいたものの、政府からの情報が小出しにとどまり、制度全体を俯瞰するような情報提供がなされていない。加えて、金融庁からも明確な指針などが示されぬまま制度開始まで1年を切っており、各業態においても制度自体への不安が台頭しているのは確かだ。

　このような環境下、暮れも押し迫った2014年12月30日には平成27年税制改正大綱が公表され、銀行等に新たに課せられる義務等が示された。ここでは、個人番号および法人番号が付された預貯金情報の効率的な利用に係る措置として、

・個人番号および法人番号によって検索できる状態で預貯金情報を管理しなければならない
・預金保険、貯金保険において個人番号および法人番号が利用できるようにする
・社会保障給付事務や預金保険・貯金保険事務において、銀行等に対して個人番号および法人番号が付された預貯金情報の提供を求めることができる

とされた。

　加えて、2015年2月16日には、番号制度検討の中心機能を担う政府IT総合戦略本部でマイナンバー等分科会が開催され、個人情報保護法と番号法の改正案が公表された。制度自体がまだ開始されていない段階での法改正であることに加え、制度そのものの根幹にかかわるような変更が発生している点については、唐突な感も否めない。ここに至るまでの間、金融業界においては番号制度導入に伴う知識武装を進める傍ら、その影響度を推し量ってきた。ところが、与えられている情報のなかで制度の仔細を知れば知るほど、理解を超越するような部分が存在している点に気づかされる。これまでの番号法は、金融機関での事務管理においてさまざまな不整合を生じさせる部分をはらんでおり、条文などの解釈の余地とも相まって、金融業界での検討上の混乱を生み出してもいる。

　さらに問題なのは、2014年7月に公表された監督指針が番号制度に言及されていない点だ。そもそも、番号制度は金融業務の広範にわたって影響を与えるが、2014年夏の時点では預貯金口座への付番が当面はないとの観測が一部で広がったこともあり、金融当局自身がこの制度の影響度の予測を見誤っていた感も否定できない。監督指針への記載がないがゆえに、事業者における番号制度への緊張感が緩和され、各業界における検討スピードを抑制する方向に向かわせてしまったようにもみえる。

　この結果、業態間での動きもばらばらで、先行して検討が進んでいた保険業界、証券業界では、顧客からの番号収集の効率的手法の検討などが加えられてきたものの、バンキング業態では、「限られた法定調書への記載が生じる程度」との認識を有していた金融機関もあるなど、温度差を生じさせた。預貯金口座への付番が公表され、ようやく行内で組織横断的な検証チームが組成された、といった話も聞く。ただし、あまりにも参照すべき条文や情報が多いうえに、内閣官房のみならず、国税庁などの他機関からも関連情報が随時公表・更新されるなど、専門的にこの分野の情報を収集・分析するにしてもその負担は大きいうえに、「自分たちははたして網羅的に必要情報を把

握できているのか？」といった点では懸念も残る。

　なお、2015年2月6日、国税庁から「番号の猶予規定が設けられている法定調書の一覧表」が公表されている。番号法整備法[1]（付録2参照）で規定されている「特定口座年間取引報告書」「非課税口座年間取引報告書」「国外送金等調書」「国外証券移管等調書」のほか、「利子等の支払調書」「配当、剰余金の分配及び基金利息の支払調書」「投資信託又は特定受益証券発行信託収益の分配の支払調書」等についても猶予規定が設けられた。主として3年の経過措置（2019年1月以降支払を受ける日までに番号を金融機関等に告知）が設けられたことにより、金融機関においては若干ながらも負担軽減につながることだろう。このなかで法人の定期性預金口座への法人番号付番についても、3年の経過措置が適用されることとなった。

　とりわけ、事業者における番号制度への対応にあたり、特に注意を必要とする事項としては、
① 　番号を利用する事務および番号を受け入れる対象者の確認
② 　身元確認
③ 　安全管理措置
④ 　個人番号の消去・廃棄
があげられる。新規で業務フローを整備する必要があるものもあれば、従来のマニュアルを改訂することで追加措置を講ずる必要があるものも存在する。

　①の番号を利用する事務の確認は、これまで金融機関が顧客から受け入れ、当局などに提出してきた社会保障や税に関する書面（法定調書や届出等）について、そのいずれに個人番号または法人番号を記入することになるのかを調査のうえ、定義せねばならない。

　また、番号制度導入と同じ時期に新たに整備される制度も存在する。税務面においては国外証券口座の法定調書が新設されるとともに、社会保障の観点では年金一元化法などが該当する。こうした新たな制度を受けて提出する

---

[1] 　正式名称は「行政手続における特定の個人を識別するための番号の利用等に関する法律の施行に伴う関係法律の整備等に関する法律」。

ことになる法定調書や届出などについても個人番号や法人番号の記載を要するものがあることに留意せねばならない。

②の身元確認は、一般事業者にとっては従前にはない新たな事務が生じることとなるものの、金融機関については、犯罪収益移転防止法（犯収法）に基づく身元確認などが従来より徹底されてきたことから、身元確認書類の追加対応や事務フローの見直し、といった作業が中心となる。ただし、番号法における身元確認は犯収法でいう「本人確認」とは異なるところがあり、注意が必要だ。一定の負担軽減措置はあるものの、場合によっては諸々の証跡を残すことが求められるなど、事務フローの複雑化は避けられない。

③の安全管理措置は、金融機関が保管する個人番号および特定個人情報に関して、そのセキュリティ対策をどのように施すかがカギとなる。求められる安全管理措置に対して十分な対応ができていなければならない。金融機関としては、個人情報管理指針や事務取扱マニュアルといった情報管理の規定類が存在するが、これを大幅に改定する必要がある。

これに関して④の個人番号の消去・廃棄は、その手順などについても詳細な定義が必要と考えており、従前にも増して厳格な取扱指針の定義が求められる。

こういった視点もふまえ、本章では義務的対応を中心に、番号制度が金融機関に与える影響などについて考察する。

なお、一般的に金融機関においては、「本人確認」として表現される作業について、本章ではマイナンバー制度の定義により「身元確認」として表現している。

 時系列でみた義務的対応ロードマップ

わが国における番号制度の歴史は意外と長い。番号制度導入に至る背景などについては、第4章で詳しく紹介しているので、ここでは図表1－1を参照しつつ、その概観を述べることとしたい。

図表1-1　番号制度の歴史

年代	内容
1970年代	・「各省庁統一行政コード」検討
1980年代	・「グリーンカード制」検討
1990年代	・改正住民基本台帳法成立（1999年）
2000年代	・住民基本台帳ネットワーク（住基ネット）稼働開始（2002年） ・住民基本台帳カード（住基カード）公布開始（2003年） ・住民票コード（住基コード）設定（2003年）
2010～11年	・「社会保障・税に関わる番号制度に関する実務検討会」発足 ・「社会保障・税番号大綱」「社会保障・税番号要鋼」「社会保障・税に関わる番号制度についての基本方針」
2012年	・マイナンバー関連3法案国会提出→廃案
2013年	・マイナンバー関連4法案国会再提出→衆参両院で可決、公布
2015年～	・個人番号/法人番号の通知開始（2015年10月以降） ・個人番号/法人番号の利用開始（2016年1月）

　1970年代の各省庁統一行政コードの検討後、国税庁において利子・配当所得への課税徹底を目的に、グリーンカード構想が打ち出されたことを覚えておられる方も多いだろう。1980年に導入が決定し、いったんは国税庁により東京、大阪に事務管理センターが設置された。ところが当時の与党の有力議員が「国民管理につながる」と導入反対を唱え始め、1985年には議員立法により廃案となったものだ。すでにかかるシステムの開発も進んでいたこともあり、東西のセンターおよびシステム資産の一部は国税総合管理システムに引き継がれ、現在も稼働している。1999年には、改正住民基本台帳法が成立し、2002年より住民基本台帳ネットワーク（住基ネット）の稼働が開始された。ところが、一部自治体では、その導入をめぐって住民訴訟が提起されるなど、安全管理措置たる情報管理自体の不足などが疑問視された結果、風評

被害に晒されることとなった。さらに、住基カードの有効期限が10年である傍ら、あわせて必要な電子証明書の有効期限が3年に設定されるなど、手続面での煩雑さが伴うほか、住基カード発行自体に自治体により500～1,000円程度の発行手数料を徴求される点が忌避された結果、現在でもその累積発行枚数は1,000万枚に届かない状況にある。

そこで、個人が自身固有の番号をもち、広く使えるようにしようと提起されたのが今回の番号制度である。この発想のなかに「国民管理」という意識はなく、あくまで社会保障給付と税の公平な負担、といった視点が制度成立の中心であった点がかつての番号制度への取組意識と大きく異なる点となっている。

今次導入された番号制度では、金融機関における義務的対応は大きく二つのイベントから定義される。とかく制度開始の2016年1月に注目されがちであるが、金融機関としての対応は、2015年10月の個人、法人への番号通知から始まるといってもよいだろう（図表1-2）。

図表1-3は、銀行業界における番号制度に関連する業務をピックアップしたものだ。新たな業務の追加もあれば、既存業務手順の変更が必要となるものもある。

新たな業務の追加としては、個人番号情報収集、個人番号確認、法人番号取得といったものが中心だ。そのうえで、既存業務においては、身元確認書類種類の追加、法定調書への番号追加、個人番号をキーとした税務・資産調査への対応、特定個人情報管理に関する監査・検査対応が加わる。

(1) 第1弾：2015年10月

2015年10月より個人、法人に番号がそれぞれ通知され、金融機関においても最初のイベントはこのタイミングとなる。なお、これまで個人番号の収集開始可能時期は2016年1月以降、とされていたが、これが前倒しされた。実際には、2015年10月以降、通知カードが配布され次第、個人番号の収集（提供の求めおよび提供）が可能となった（図表1-4）。

図表1-2　義務的対応を中心とした番号制度の導入スケジュール

社会保障・税番号制度に伴い、法人番号・個人番号の通知は2015年10月より開始される。なお、以下のスケジュールについては、そのすべてがいわゆる「義務的対応」と呼ばれるものとなる。

〈社会保障・税番号制度導入のロードマップ（案）〉

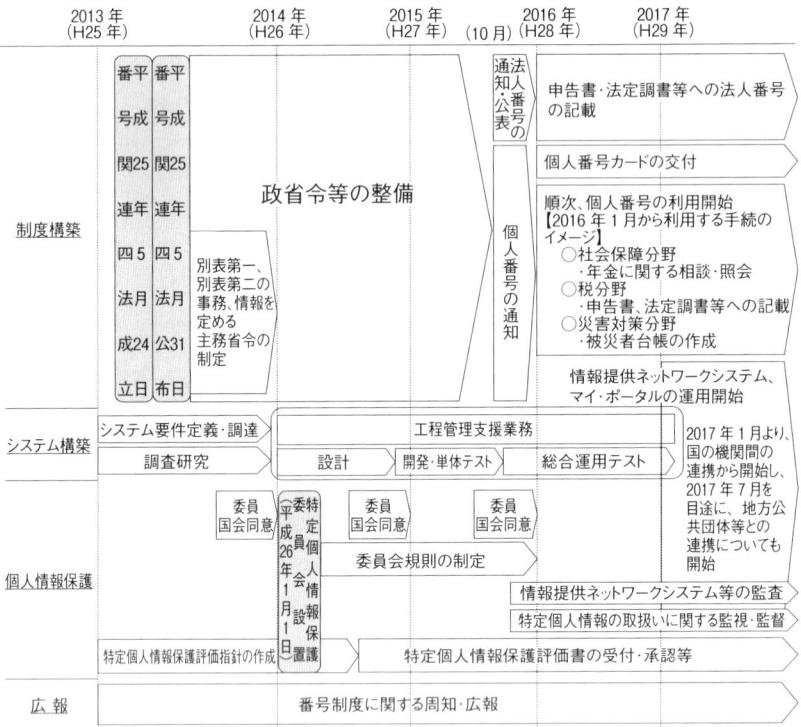

（出典）　内閣官房「社会保障・税番号制度の概要」

あわせて法人番号の収集も必要だ。顧客数が限定されるのであればまだしも、小規模金融機関であっても優に数万社を超える法人顧客口座あるいは法人情報を抱えている。法人番号については国税庁ホームページ（付録参照）において公表されるが、そのすべてを手作業で顧客マスターに登録することは困難だ。そのため、国税庁ホームページから一括して必要な法人番号データをダウンロードすることになろう。この場合、必要顧客の法人番号のみを

図表1－3　銀行業界　番号制度に関連する業務の一覧

業務への影響			影響が発生する理由	準備期間に必要な対応	制度施行後の業務
新たな業務の追加	影響あり	① 個人番号情報収集	法定調書提出時に個人番号付与が必要であるため	・法定調書提出対象となる既存顧客に対して、個人番号情報の届出を依頼 ・収集した個人番号を登録できるよう入力IFや番号DBに関するシステム対応が必要	・口座単位に法定調書提出が必要な顧客： （1）既存顧客：個人番号情報収集、および証跡保管 （2）新規顧客：取引開始時の個人番号情報収集、および証跡保管 ・取引単位に法定調書提出が必要な顧客：取引時の個人番号情報収集、および証跡保管 ・個人番号の届出がない顧客へのトレース
		② 個人番号確認	取得した個人番号が正しいか確認する必要があるため	・真正性確認手順の整備	・通知カードまたは個人番号カードを利用した真正性確認、および証跡保管
		③ 法人番号取得	法定調書提出時に法人番号付与が必要であるため	・法人番号取得手順の整備	・国税庁が公表する法人番号を金融機関が取得または法人顧客が届出を行う （1）既存顧客：法人番号取得、および証跡保管 （2）新規顧客：取引開始時の法人番号取得
既存の業務への変更		④ 身元確認書類種類の追加	身元確認書類として、通知カード＋身分証明書または個人番号カードが追加となる可能性があるため	・身元確認手順の整備 ・身元確認に利用した書類の種類をシステム入力している場合、個人番号関連の区分を追加	・通知カードまたは個人番号カードを利用した本人確認、および証跡保管
		⑤ 法定調書への番号追加	法定調書に番号を付与する必要があるため	・法定調書の作成がシステム化されている場合、番号項目を追加	・法定調書作成時に番号を記入
	影響見込み	⑥ 個人番号による税務・資産調査	生活保護受給者調査をはじめとした、顧客保有資産の照会に個人番号が利用される可能性があるため	・税務・資産調査の手順に、個人番号による照会を追加	・番号をキーとした、生活保護の実施機関等からの税務・資産状況調査対応
		⑦ 特定個人情報管理に関する監査・検査対応	個人番号を含んだ特定個人情報の管理方法に関して、金融機関が監査および検査対象となるため	・管理手順の整備 ・特定個人情報アクセスに関する各種システム対応	・特定個人情報の管理 ・特定個人情報の管理状況に関するヒアリング・監査・検査対応 ・特定個人情報に関するトラブル発生時の報告

図表 1 - 4　事業者による個人番号の事前収集について

> Q　税や社会保険の手続きに関して個人番号関係事務実施者となる事業者は、平成28年1月（個人番号の利用開始）以前に、従業員などから個人番号を収集することは可能ですか。

> A　個人番号の通知を受けている本人から、平成28年1月（予定）から始まる個人番号関係事務のために、あらかじめ個人番号を収集することは可能です。

✓ポイント1
○番号法第19条第3号においては、本人から個人番号関係事務実施者に対して当該本人の個人番号を含む特定個人情報を提供することが認められており、住民への個人番号の通知が始まる平成27年10月（予定）に施行されます。
　同様に、第12条等※についても、平成27年10月に施行されることから、番号法上、個人番号関係事務実施者が、平成28年1月以前に、個人番号関係事務の準備のため、あらかじめ従業員に対して個人番号の提供を求め、収集・保管し、特定個人情報ファイルを作成することができます。
　※・個人番号関係事務実施者に対して個人番号の安全管理を義務づける第12条
　　・個人番号の提供の求めを第19条各号で特定個人情報の提供が認められる場合に制限する第15条
　　・特定個人情報の収集・保管を第19条各号により特定個人情報の提供が認められる場合に制限する第20条
　　・特定個人情報ファイルの作成を個人番号関係事務の処理をするために必要な範囲に制限する第28条

✓ポイント2
○個人番号関係事務で利用するため、あらかじめ本人から個人番号を収集する場合には、第12条に基づく安全管理措置として、番号法第16条による本人確認措置と同様の措置を講ずる必要があります。

（出典）　内閣官房「事業者による個人番号の事前収集について」を一部改変

顧客マスター上にデータフィードすることとなるが、データフィードや行内の他データとの連携に向けた新たなシステム対応が必要となる。なお、法人番号の活用のあり方については後段の第2章で詳述する。

(2)　第2弾：2016年1月

実際に番号制度がスタートするのが2016年1月である。個人については、

社会保障、税、災害対策の三つの分野においてそれぞれ個別対応が求められることとなる。

社会保障分野においては、主として中央省庁や自治体における制度利用の開始に伴い、従前の個人情報と個人番号の紐付け管理が開始されることが重要であり、金融機関においては、中央省庁などからの照会対応が中心となる。中央省庁や自治体から金融機関への個人情報の照会要請が契機となり、金融機関は個人番号に紐付けられた個人情報を当局向けに提供することとなる。とはいっても、作業自体は従前より当局から求められていた口座残高照会結果の報告、といったものが中心となる見込みだ。なお、新規預貯金口座、既存預貯金口座への番号付番が開始された場合、当局からの要請への回答は現状の作業よりも大幅な負担軽減につながるものと推定される。

税分野については、各種申告書や法定調書への個人番号の記載が開始されることとなり、金融機関においては、相続事務手続などの場面で個人番号を当局へ報告することとなる。たとえばJAでは、「経済事業」「共済事業」「信用事業」の主要3事業間における顧客データの統合は必ずしもすべての単位農協レベルで対応が進んでいるとはいえないが、個人番号をキーとして相続事務対応を進める場合、顧客情報の集約作業は従前よりもスムースに進めることが可能となるだろう。

(3) 第3弾：2017年1月

大きなイベントが集中するのは2017年に入ってからだ。ここでやっと国の「情報提供ネットワークシステム」が第一次稼働し、国の機関間での電子的な番号の情報連携が開始されることとなる。すなわち、2016年12月までの間は、金融機関が番号を記入した法定調書の類を国に提出しても、国自体に電子的に流通させる仕組みがなく、実態として国は「単に番号が記載された調書を収集する」にとどまるということだ。また、半年後の2017年7月には、情報提供ネットワークシステムの第二次稼働が予定されており、ここにおいてようやく国の機関と自治体との電子的な番号の情報連携が開始される。

(4) 2018年以降

　2015年4月末時点では正確なスケジュールなどが提示されていないものの、2018年4月以降、預貯金口座への付番が開始される予定となっている。社会保障給付や税の還付などを合理的にかつ公平に実現するうえでは、口座情報の取得が欠かせない。すなわち、社会保障給付や税の還付などを電子的に効率よく運用できるのは、早くても2018年4月以降となる見通しであり、ここに至りようやく番号制度の目的が達せられることとなる。また、政府は、2018年4月以降を目途に、民間事業者における個人番号の利用開放を検討している。たとえば、住宅ローンの審査では、個人から数多くの書類の徴求が必要であり、銀行内でも組織をまたいだ大量の審査書類が飛び交うなど、非効率このうえない手続が残存している。今後は、番号の有効活用により徴求書類や押印書類の削減のほか、審査手続自体の効率化の進展が期待される。また、営業活動においても、個人番号を利用したマーケティング、オプトインサービスの実現などにより、営業活動そのものの効率化も進むだろう。

 税務処理の課題と番号制度導入への期待

　番号制度における金融機関の実務でウェイトが高まるのが、数多い法定調書への番号の記載作業である。国内では多くの法定調書が存在し、特定の法定調書だけみても年間に8,000万枚以上が作成され当局に提出されている。

　法定調書とは、「所得税法」「相続税法」「租税特別措置法」「内国税の適正な課税の確保を図るための国外送金等に係る調書の提出等に関する法律」（以下、「国外送金等調書法」という）の規定により税務署に提出が義務づけられている書類をいう。金融機関は、社会保障・税番号制度で定める「個人番号関係事務実施者」に該当し、番号制度施行後は国税庁に提出する法定調書に番号を記載することとなる。図表1－5は、金融商品ごとの番号取得の必

要性について取りまとめたものであるが、現在、未施行のものを含めて59種類の法定調書がある。以下に、その代表例を示す。
・所得税法に規定するもの……生命保険契約等の一時金の支払調書
・相続税法に規定するもの……損害（死亡）保険金・共済金受取人別支払調書
・租税特別措置法に規定するもの……特定口座年間取引報告書
・国外送金等調書法に規定するもの……国外送金等調書

　ここで支払調書とは、所得税法等の規定により、支払者が受領者ごとの取引等の内容を税務署に提出しなければならないとされている書類をいう。支払調書を含む法定調書は税務署が納税の適切性を検証するためのエビデンスであり、正確さが要求される。

　税務署や市町村では納税の適切性検証のために、法定調書と納税申告書等の突合を行っている。国税庁および総務省の番号制度説明資料[2]によると、書類の種類によって提出時期が異なることから、転居、結婚等による住所、氏名の不一致が発生し、名寄せを行うことが困難となっている。番号制度の導入は、この名寄せ問題を解消しうるものとして期待されており、個人番号または法人番号が付与されることにより、突合処理の効率化および税務調査における総合的な情報活用などが見込まれる。

　なお、法定調書は契約者との取引に付随して金融機関が提出するが、国税庁への年間提出枚数が年間数千万枚以上にのぼるものもあり、業務負荷が課題となる（図表1－6）。番号制度施行後、金融機関の業務に影響を与える代表的な法定調書を例示してみる。

　まず、主として証券会社における「特定口座年間取引報告書」は、2012年7月から13年6月までで年間5,097万枚が国税庁に提出されている。同調書への番号記載については、取引がない特定口座についてのみ番号制度施行から3年間の猶予期間が設けられているが、その点を考慮しても膨大な数の番

---

[2] マイナンバー・税務執行ディスカッショングループ第1回資料、および月刊LASDEC平成26年2月号「自治体の税担当部署における業務変化」等。

図表1-5　取扱商品ごとの番号取得の必要性

取扱商品	おもな法定調書	特記事項
預貯金等	・利子等の支払調書（同合計表） ・譲渡性預金の譲渡等に関する調書（同合計表） ・国外送金等調書（同合計表）	・租税特別措置法により、個人は支払調書の対象外
定期積金	・定期積金の給付補てん金等の支払調書（同合計表）	
国外送金	・国外送金等調書（同合計表）	
証券	・特定株式等・特定外国株式の異動状況に関する調書（同合計表） ・利子等の支払調書（同合計表） ・特定口座年間取引報告書（同合計表）	
抵当証券	・定期預金の給付補てん等の支払調書（同合計表）	
債券	・利子等の支払調書（同合計表） ・国外公社債等の利子等の支払調書（同合計表） ・無記名割引債の償還金の支払調書（同合計表）	
株式・持分等	・株式等の譲渡の対価等の支払調書（同合計表） ・配当等とみなす金額に関する支払調書（同合計表） ・配当、剰余金の分配および基金利息の支払調書（同合計表） ・国外投資信託等または国外株式の配当等の支払調書（同合計表） ・先物取引に関する調書（同合計表） ・株式無償割当に関する調書（同合計表） ・公布金銭等の支払調書（同合計表）	
信託	・信託に関する受益者別（委託者別）調書（同合計表） ・信託受益権の譲渡の対面の支払調書（同合計表） ・利子等の支払調書（同合計表） ・投資信託または特定受益証券発行信託収益の分配の支払調書（同合計表） ・国外投資信託等または国外株式の配当等の支払調書（同合計表） ・株式等の譲渡の対価等の支払調書（同合計表）	
投資信託	・利子等の支払調書（同合計表） ・国外公社債等の利子等の支払調書（同合計表） ・投資信託または特定受益証券発行信託収益の分配の支払調書（同合計表） ・オープン型証券投資信託収益の分配の支払調書（同合計表） ・株式等の譲渡の対価等の支払調書（同合計表） ・上場証券投資信託等の償還金等の支払調書（同合計表）	・会社型投資信託の場合、支払調書作成は一般事務受託者にて実施されるため、金融機関による番号収集は不要
デリバティブ	・先物取引に関する調書（同合計表）	

金投資・取引	・定期積金の給付補てん金等の支払調書（同合計表） ・金地金等の譲渡の対価の支払調書（同合計表）	
生命保険・共済	・生命保険契約等の一時金の支払調書（同合計表） ・生命保険契約等の年金の支払調書（同合計表） ・生命保険金・共済金受取人別支払調書（同合計表） ・保険等代理報酬の支払調書（同合計表） ・非居住者等に支払われる給与、報酬、年金および賞金の支払調書（同合計表）	・団体加入保険の場合：企業にて番号収集実施
損害保険・共済	・損害保険契約等の満期返戻金等の支払調書（同合計表） ・損害保険契約等の年金の支払調書（同合計表） ・損害（死亡）保険金・共済金受取人別支払調書（同合計表） ・保険等代理報酬の支払調書（同合計表） ・非居住者等に支払われる給与、報酬、年金および賞金の支払調書（同合計表）	

（注）　詳細は内閣府令で今後規定される。

図表1－6　金融取引に関連する主な法定調書と国税庁への年間提出枚数

法定資料名	国税庁への年間提出枚数（万枚）	出典
配当、剰余金の分配および基金利息の支払調書	6,758	（注1）
特定口座年間取引報告書	5,097	（注1）
公的年金等の源泉徴収票	3,894	（注1）
先物取引に関する支払調書	3,011	（注1）
報酬、料金、契約金および賞金の支払調書	2,191	（注1）
生命保険契約等の一時金の支払調書	940	（注2）
生命保険契約等の年金の支払調書	851	（注2）
国外送金等調書	564	（注1）

（注1）　「国税庁レポート2014」より（2012年7月～13年6月までの計）。
（注2）　「公益財団法人　東京財団　第40回東京財団フォーラム（2011年9月開催）番号制度について国税庁調べ」より（2009年7月～10年6月までの計）。

号取得が必要となる。なお、法定調書への個人番号記載については、国税通則法第124条において「書類提出者の氏名、住所及び番号の記載等」として規程されている（図表1－7）。

図表1-7　法定調書への個人番号記載

〈国税通則法第124条　書類提出者の氏名、住所及び番号の記載等〉

提出者	・税務署長その他の行政機関の長またはその職員に提出する者
提出先	・税務署長その他の行政機関の長またはその職員
提出物	・申告書、申請書、届出書、調書その他の書類
記載必須事項	・氏名（法人については、名称。以下この項において同じ） ・住所または居所 ・番号（番号を有さない者にあっては、その氏名および住所または居所） ※特定口座年間取引報告書、および国外送金等調書についての番号記載は制度施行後3年の経過措置あり

行政手続における特定の個人を識別するための番号の利用等に関する法律（平成25年法律第27号）第2条第5項（定義）に規程する個人番号または同上第15項に規程する法人番号

（出典）　内閣官房「社会保障・税番号制度」資料

　生保における「生命保険契約等の年金の支払調書」をみても、年間851万枚が提出されている。国税庁では、「平成28年1月以降の金銭等の支払等に係る法定調書から番号の記載を開始する」としている。そのため、年金支払を開始した契約者を対象に、番号制度が開始される2016年1月から税務署への提出期限である17年1月31日までに、契約者から番号の提供を受けて調書を提出する必要がある。さらに、保険契約の場合、「契約者」のみではなく「支払を受ける者」からも番号提供を受ける必要があり、番号制度施行後の最初の1年で、年金保険取扱事業者には大きな負担がかかることとなる。

　こういった点を念頭に、金融機関にとっての番号制度導入後の課題を、番号取得から法定調書発行までのシーンに沿って解説する。

(1) シーン１：番号および関連情報の取得

① 単純な番号誤り

　顧客からの番号取得にあたって起きる可能性がある誤りとして、まず「単純な番号誤り」があげられる。個人番号に関しては身元確認書類との突合を行うほか、個人番号のチェックディジット[3]で番号の真正性確認がある程度可能となる。個人番号カードを利用すれば電子的な身元確認を行うことができるため、番号の真正性および正確性が担保されるだろう。法人番号に関しては、場合によって法人番号を確認できる書類の提出を求める一方で、国税庁ホームページで公開されている情報との突合によって確認ができる。また、法人番号のチェックディジットでも番号確認がある程度可能となっている。

② 別人または別法人の番号との取違え

　既存契約者の番号を取得した際には、「別人または別法人の番号との取違え」が考えられる。身元確認書類等により、商品別の顧客データベースに格納されている住所、氏名・法人名と突合し、これらがマッチしないことが判明したときは、その是正も同時に行うことが必要となる。

(2) シーン２：番号および関連情報の最新化

　居住地変更、名称変更、会社統廃合により、住所、氏名・法人名の両方の情報が変わったり、なんらかの事情によって個人番号が変更された場合は、変更の事実を把握している者が新たな番号や住所、氏名・法人名の変更を金融機関に届け出ない限り、金融機関が変更の事実を把握することがむずかしい。このことが商品、サービスの存続期間が長期にわたる保険契約などで大きな課題となる可能性がある。将来的には、金融機関に対して、番号変更があったことを政府から通知することも考えられるのではないだろうか。

3　符号の入力誤りなどを検出するために使用する文字・数字のこと。

(3) シーン3：法定調書発行

先に述べたように契約期間が長いものは、契約から法定調書作成までの間に番号が変わってしまう可能性もある。したがって、調書作成直前のタイミングでの番号取得が合理的な場合もある。

顧客にとっては、会社別、商品別に満期や保険金等支払のつど、番号を申告することは大きな手間になる。また、何度も個人番号を外部に教えることにリスクを感じることもあろう。顧客に忌避感をもたれないようにするために、「だれがいつ番号を取得するか」、慎重な対応が求められる。このため、会社ごとに別々に対応するのではなく、業態ごとの共同センターによる一括処理等も検討に値するのではなかろうか。

(4) シーン4：番号および関連情報の保存・廃棄

個人番号および関連情報について盗用や改竄が行われることのないよう、適切なアクセス権設定・管理を行う必要がある。個人番号は番号法で定められた目的以外での利用が禁止されており、個人番号を含む情報に対しては、特定個人情報の適切な取扱いに関するガイドラインや既存の個人情報保護法に基づく主務大臣ガイドライン等に基づき、更新権限や画面のセキュリティレベルを設定することが必要である。

さらに、個人番号は所管法令において定められている保存期間を経過した際、すみやかに廃棄する必要もあるため、保存期間をシステムで管理し、期間到来後個人番号を削除する仕掛けの検討が必要である。番号がユニークキーとなることで、そのメリットばかりが強調されがちであるが、その半面生じるリスクや手間もふまえた対策が必要である。「収集しておしまい」ではなく、収集してから事後処理までを想定した事務・システムの態勢づくりが望まれる。

 **新たな内部事務の発生**

　2016年1月より、金融機関としては金融取引に際して法人や個人などから必要に応じて番号を収集し、当局へ提出するといった作業に加え、内部者からも同様に番号の告知を受け、あわせて当局に提出せねばならない。これは金融機関のみならず、すべての法人に課せられた共通事務といえる。図表1-8は、従業員などからのステークホルダーから金融機関が番号を収集し、必要な当局に報告する流れをイメージ化したものだ。

　番号法への対応といえば、とかく法人や個人からの番号収集事務に注目しがちであるが、内部事務についても相応の負担が伴う。民間事業者でも、従業員やその扶養家族の個人番号を取得し、給与所得の源泉徴収票や社会保険の被保険者資格取得届などに記載のうえ、行政機関などに提出する必要があるからだ。また、原稿料や講演料といった支払調書にも個人番号の記載が求

図表1-8　従業員などへの対応（内部事務の発生）

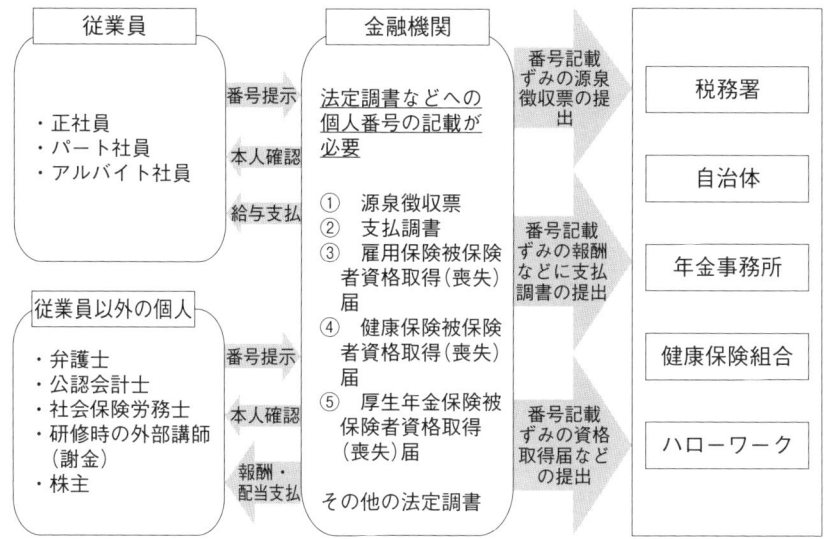

第1章　マイナンバー制度への義務的対応が金融業務に与える影響　19

められることとなる。顧客向けセミナーなどを年間数百件開催するといった金融機関も珍しくないが、そのつど、講師などからも番号の告知を受けなければならない（図表1－9）。振込みのほか、セミナー終了後にその場で源泉徴収後の金額で現金により謝金などを講師に支払うケースも多いが、その際には現金手渡しと引き換えに身元確認書類の提示およびあわせて個人番号の告知を受けなければならない。今後は、事前に講師に講演当日に「個人番号カード」もしくは「通知カードに加えて法で定められた身元確認書類」を持参いただきたい旨通知のうえ、本人からの了承を取り付ける、といった準備も必要となる。

　支払調書に関するもののうち従業員等における「給与所得の源泉徴収票」は、年内に事業者が給与等を支払ったすべての者について作成のうえ交付することとされている。ただし、税務署に提出するものは、年末調整対象者のうち、次のものに限られる。

・法人の役員・相談役・顧問などで当該年中に給与の支払があったもの（途中退任を含む）
・弁護士、司法書士、公認会計士、税理士などのうち、当該年中の給与等の

図表1－9　事務量が増えそうな謝金支払時の個人番号収集

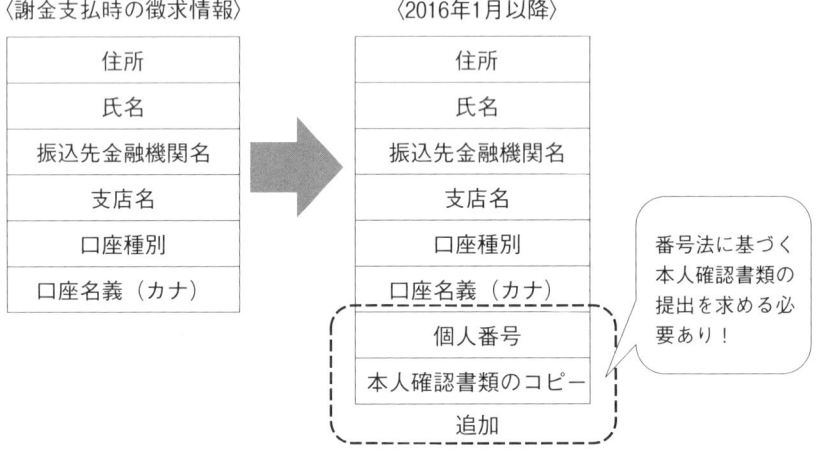

支払額が250万円を超えるもの
・上記以外で、当該年中の給与等の支払金額が500万円を超えるもの
　ただし、上記のうち、「弁護士等に対する支払」は、給与等として支払っている場合に限られ、報酬として支払っている場合には、「報酬、料金、契約金及び賞金の支払調書」を提出することとなる。
　また、年末調整の対象外となったものについては、主として以下の三つのケースに分けられて対応されている。
・「給与所得者の扶養控除等申告書」を提出した者で、その年中に退職した者や、災害により被害を受けたため給与所得に対する所得税および復興特別所得税の源泉徴収の猶予を受けた者については、その年中の給与等の支払金額が250万円を超えるもの。ただし、法人の役員については、50万円を超えるもの
・「給与所得者の扶養控除等申告書」を提出した者で、その年中の主たる給与等の金額が2,000万円を超えるため、年末調整をしなかったもの
・「給与所得者の扶養控除等申告書」を提出しなかった者で、給与所得の源泉徴収税額表の月額表または日額表の「乙欄」または「丙欄」の適用者については、その年中の給与等の支払金額が50万円を超えるもの
　なお、事業者が市区町村へ提出する「給与支払報告書」は、税務署に「給与所得の源泉徴収票」を提出する者の範囲と異なり、すべての者の分の給与支払報告書を、翌年の１月１日現在の住所地の市区町村に提出することとされている。
　これらの調書作成を中心に民間事業者は、図表１－10にある主に四つの立場のいずれかにおいて番号制度にかかわることとなる。ほとんどの民間事業者の立場は「②　個人番号関係事務実施者」であり、これに該当する民間事業者において新たに必要となる具体的な事務は、大きく次の五つからなる。

(1) 番号の告知依頼・受付

　従業員や取引先等に対して個人番号の告知を依頼し、書面やオンライン等

図表1-10　番号制度における四つの立場

①	個人番号利用事務実施者	個人情報を効率的に検索・管理するために必要な限度で個人番号を利用して処理する事務の実施者を指す。主に行政事務を処理する行政機関、地方公共団体、独立行政法人等が該当するが、企業年金を扱う事業者や健康保険組合等も①に該当する。
②	個人番号関係事務実施者	従業員や契約者等の個人番号を記載した調書・届出書類（源泉徴収票等）を行政機関等に提出する事務の実施者を指し、ほとんどの民間事業者が②に該当する。
③	情報照会者・情報提供者	情報提供ネットワークシステムを介して特定個人情報の照会・提供を行う者を指し、主に①の立場の者が該当する。
④	①②から委託を受けた受託者	①②から事務処理の委託を受けた受託者が該当し、①②それぞれの立場の者と同様に個人番号を扱うことが可能となる。

の方法を通じて番号を受け付ける。個人番号の収集対象者は従業員だけではなく、アルバイトや株主、取引先個人等も含まれる。

　前出のとおり、法人番号については、国税庁においてホームページで法人番号、法人等の名称、本店所在地等を公表することが予定されており、当該ホームページで法人番号を取得することも可能となる。

(2) 身元確認

　従業員などから個人番号を取得する際は、本人に利用目的を明示するとともに、他人へのなりすましを防止するために厳格な身元確認を行うことが義務づけられている。また、告知した者が対象者本人であることを確認する必要もある。ただし、雇用関係にあること等から本人に相違ないことが明らかに判断できると個人番号利用事務実施者が認めるときは、身元確認を不要とすることも認められる。

個人番号を取得する際は、正しい番号であることの確認（番号確認）と、現に手続を行っている者が番号の正しい持ち主であることの確認（身元（実存）確認）が必要であり、内閣官房では、原則として以下の三つの確認手法を定義している。
① 個人番号カード（番号確認と身元確認）
② 通知カード（番号確認）と運転免許証など（身元確認）
③ 個人番号の記載された住民票の写しなど（番号確認）と運転免許証など（身元確認）

ただし、これらの方法が困難な場合は、過去に身元確認を行って作成したファイルで番号確認を行うことなども認められている。また、雇用関係にあることなどから本人に相違ないことが明らかに判断できると個人番号利用事務実施者が認めるときは、一定の要件のもとで身元確認を不要とすることも認められている。

たとえば、多くの企業において社内情報ネットワークが構築されており、社内システムにアクセスする際には個人ID・パスワードを入力してはじめて利用可能となる、といったシーンが多いと想定される。従業員などの身元確認に際しては、こうしたID・パスワードなどの本人認証を経て社内システム上において個人番号を通知する仕組みを用意すれば、あらためて身元確認などを要せずとも制度上の対応が可能ともなる。ただしもちろん、入社時などでの身元確認が必要であることはいうまでもない。

また、従業員の扶養家族の身元確認については、扶養家族の個人番号の提供がだれに義務づけられているのかによって異なる。たとえば、所得税の年末調整に関しては、従業員自らが扶養家族の個人番号を提供することとされており、あわせて扶養家族の身元確認を行う必要がある。したがって、このケースでは、会社側における従業員の扶養家族の身元確認は不要となる。しかしながら、国民年金の第3号被保険者の届出では、従業員の配偶者本人が会社に対して届出を行う必要があり、原則として会社が当該配偶者の身元確認を行わなくてはならない。なお、従業員の配偶者から個人番号の提供を受

け、かつ、配偶者の身元確認を行う作業自体を、会社が従業員に対して委託することも可能とされる。ただし、この場合、会社と委託先たる従業員との間で法的な受委託契約などを締結する必要があるとも考えられることから、当該業務の受委託に係る適正な文書を相互に締結する、といった形式の確保は必要と思われる。

(3) 番号の確認

他方、従業員などから申告を受けた個人番号が対象者本人のものであることを確認する必要がある。個人番号の確認については、通知カードのコピー等の証跡に基づくチェックや、必要に応じて個人番号カードのICチップに格納されている個人番号を利用することも可能である。なお、法人の場合、該当する手続は通常の商取引ですでに行われているものとみなされており、特段の規定はない。法人番号は国税庁のホームページ上で目視にて確認することが容易であり、法人番号の確認についてあらためて複雑なチェックを求める必要がないためである。

(4) 番号登録・管理

個人番号を関係データベースに登録・管理する。その際、アクセス権限等の適正な設定・管理が求められる。また、特定の個人番号を利用する事務を行う必要がなくなった場合には、可能な限り早期に当該個人番号を廃棄する必要がある。なお、法人番号は公開情報であるため厳密なアクセス制限等は必要ない。

また、源泉徴収のために取得した従業員の個人番号を社会保険の手続で利用するといった、個人番号関係事務のために取得した特定個人情報を別の個人番号関係事務に利用することは、本人同意の有無にかかわらず不可とされている。このため、特定目的のために取得した個人番号については、他の目的を遂行するための事務での流用はできない点に留意が必要である。なお、事前に、従業員から個人番号を取得する際、源泉徴収や社会保険事務といっ

たかたちで、個人番号の利用目的たる複数の使途や利用目的を包括的に明示して取得し、利用することは可能とされている。したがって、はじめて従業員などから個人番号の通知を受ける場合には、あらかじめ伝えるべき利用目的などの条件を網羅的に記載することで、そのつど煩雑な事務手続が双方に発生するといった事象から解放されることだろう。

　なお、従業員や扶養家族の個人番号について、源泉徴収票作成事務、国民年金事務、といった目的ごとに管理するのではなく、個人番号の収集と管理に特化した特定システムを構築して集中管理することも考えられる。ただし、この場合も、事前に従業員から個人番号を取得する際に明示した利用目的を超えて利用できないよう、既存システムとの連携に制限を加えるといった特別の措置をとらなければならない点にも注意せねばならない。

　また、個人情報の漏洩時など、個人から特段の申し出があった場合には、個人番号は変更となる可能性がある（図表1－11）。この場合、システムで管理している従業員の個人番号が陳腐化することも考えられる点に留意が必要だ。そこで、従業員から番号を取得する際、あわせて「個人番号がなんらかの事由により変更となった場合には、会社にその旨通知してほしい」といったかたちで知らしめることも有効となろう。これは顧客の個人番号についても同様であるが、新たに発行された個人番号と、収集ずみで管理している個人番号との紐付け管理をどのように実現するか、システム上の対応を中心に、少々複雑な対応が求められる可能性もある。

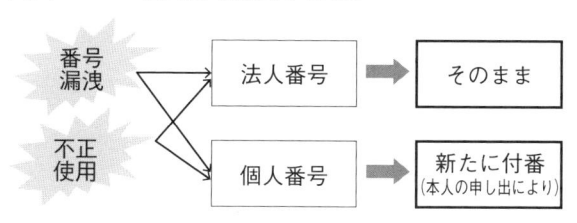

図表1－11　個人番号流出時の対応

番号漏洩／不正使用 → 法人番号 → そのまま
　　　　　　　　　→ 個人番号 → 新たに付番（本人の申し出により）

第1章　マイナンバー制度への義務的対応が金融業務に与える影響

(5) 調書・届出書類の提出

所定の調書・届出書類に番号を付与し、国税庁や年金事務所等へ提出する。番号を記載する必要のある調書・届出書類としては、源泉徴収票、報酬等に係る支払調書、被保険者資格取得の届出等があげられる。図表1－12は国税庁より公表された「平成28年分給与所得者の扶養控除等申告書」の素案である。

なお、個人番号の取得のタイミングについては、個人番号を記載した法定調書などを行政機関などに提出する時までに取得すればよく、必ずしも2016年1月の番号利用開始にあわせて取得する必要はない。ただし、遅くとも2016年10月ごろかその年末調整のときには従業員とその扶養家族の場合、全員分の提出が求められることになる。

5 内部事務対応上の課題

個人番号関係事務実施者の課題としては、主に次の五つがあげられる。なお、具体的な事務を遂行するに際しては、新たな法的制限も加えられている。詳細については、本書第5章にて詳述していることから、それらを適宜参照願いたい。

(1) 番号取扱対象業務と取扱責任者の明確化

番号取扱対象業務の検討にあたっては、自社の業務フローを可視化したうえで、法令等をふまえて影響を受ける業務を洗い出すことが求められる。これに基づき個人番号を記録するデータベース等を用意するとともに、個人番号の取扱いを行う担当者と責任者を定める必要がある。

なお、個人番号を記録するデータベースは、制度目的以外の目的に使用することはできないとされている。したがって、当該データベースは高度なセキュリティ環境の構築が必須であるとともに、データベースへのアクセスに

図表1－12 国税庁から公表された平成28年分給与所得者の扶養控除等申告書

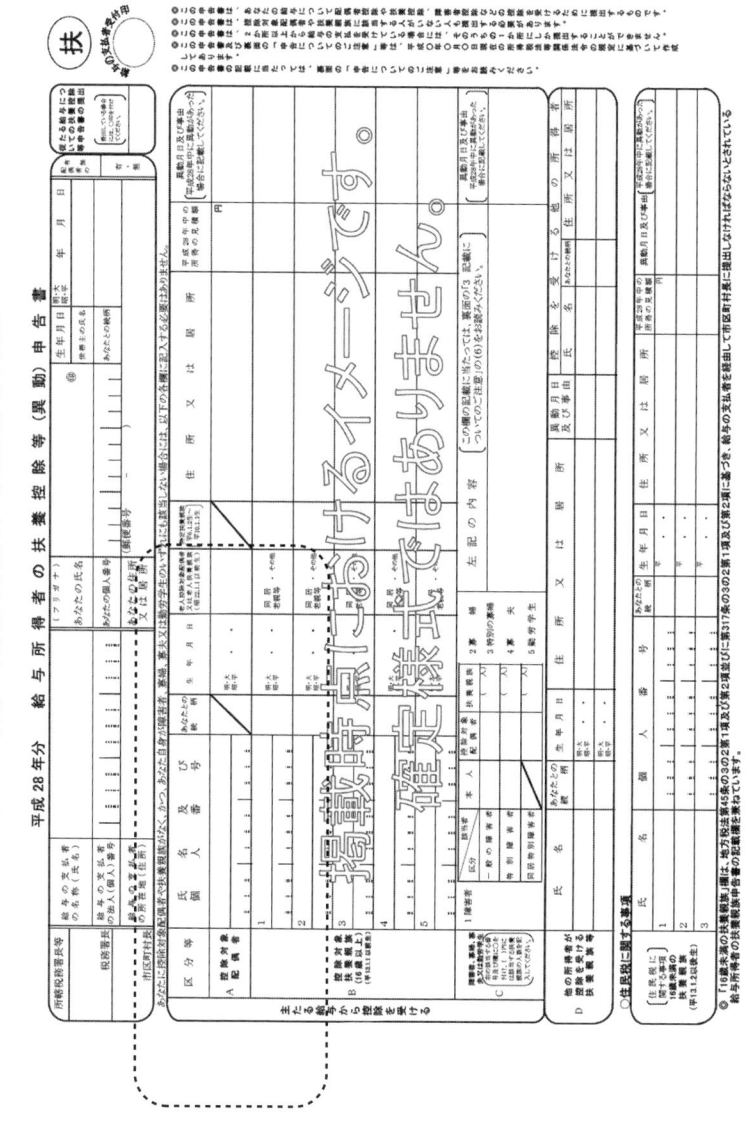

(出典) 国税庁

第1章 マイナンバー制度への義務的対応が金融業務に与える影響 27

ついては制限を加えなければならない。

　たとえば、支払調書のフォーマットに、新たに個人番号を記載するフィールドを追加することとなるはずだが、少なくとも、個人番号部分については端末上であっても目視にて確認できないようなマスキングの仕組みが必要と思われる。当局提出用、本人提示用調書の印刷時のみ、目視にて確認できる、といった管理が有効となる。

(2) 番号の告知を依頼する対象者の明確化

　(1)を行った後に番号の告知を依頼する対象者を具体的にリストアップする。また、どの対象者について、どのような方法で告知を依頼し、どのような方法で身元確認を行うかについても併行して検討する必要がある。ここで留意せねばならないのは、事業者が社外セミナーなどを開催し、講師として招聘した外部の識者などに対して謝金を支払う場合である。現金支払、口座振込みにかかわらず、10%の源泉徴収後の金額について講師に支払う、といったケースがほとんどと思われる。たとえば、謝金を事後に振り込もうとする場合、事後的に講師より「住所、金融機関名、口座種別、口座番号、口座名義」を収集し、該当する口座に振り込むことだろう。今後は、この作業に際し、「個人番号の通知」を別途依頼せねばならない。あわせて、個人番号カードなどの身元確認書類の提示を求めざるをえず、講師からの書類返送や情報提供が思うように進まない、得られないといったシーンも増加すると思われる。事前に課題を認識のうえ、対応手法を検討すべきだろう。

(3) 基本方針・取扱規程の整備、従業員教育・研修の実施

　安全管理措置では、番号法、個人情報保護関連法令、事業者向けガイドライン、金融業務ガイドライン、個人情報保護法に基づく主務大臣ガイドラインおよびその他準拠している既存のガイドラインなどに準拠のうえ、特定個人情報等の安全管理措置に関する基本方針の策定、および取扱規程等の整備が求められている。また、基本方針や取扱規程は従業員に周知徹底すること

が重要であるため、特に個人番号を取り扱う従業員に対して十分な教育・研修を行う必要がある。番号法における特定個人情報の保護措置は、規模にかかわらずすべての事業者に適用される点に留意が必要である。

(4) 個人番号に関する安全管理の実施と委託先の管理

個人番号は、法律や条例で定められた社会保障、税、災害対策の手続以外で利用することは不可とされている。支払調書作成などの手続に必要な場合を除き、民間事業者が従業員や顧客などに個人番号の提供を求めたり、個人番号を含む個人情報を収集し、別途保管する、といったことも禁止されている。法令で定められた手続以外の事務においても、個人番号カードを身分証明書として使い、顧客の身元確認を行うことが可能とされるが、その場合であっても、個人番号カードの裏面に記載された個人番号を書き写したり、複写することはできない点に注意が必要である。

そこで、個人番号が記録された書面の施錠管理等、まずは手作業による安全管理を行うことが考えられる。ただし、番号の受入れや調書・届出書類への記入に係る事務負担、あるいは事業者向けガイドラインをふまえて個人番号を安全に管理すること等を考慮すると、企業規模の大小にかかわらず内部事務に関するシステムの改修が必要となる。個人番号に係るセキュリティ水準は安全管理措置を参考に設定することになるが、少なくとも従来の個人情報以上に注意を払って管理する必要がある。個人番号にはさまざまな個人情報が紐付けられて管理されており、一度流出した場合の影響が広範に及ぶことが予想されるためである。

なお、個人番号を取り扱う業務の全部または一部を外部に委託することは可能とされている。また、委託を受けた者は、委託を行った者の許諾を受けた場合に限り、その業務の全部または一部を再委託することも可能とされる。ただし、委託や再委託を行った場合は、個人情報の安全管理が図られるように、委託や再委託を受けた者に対する必要かつ適切な監督を行う必要がある。当然ではあるが、委託や再委託を受けた者には、委託を行った者と同

様にマイナンバーを適切に取り扱う義務が生じることとなる。

　個人番号を取り扱う可能性がある委託業務としては、商品やサービスの販売代理者（窓販、代理店）、一般事務そのものの外部委託先（BPO事業者）、システムの運用委託先などがあげられる。まずはそれぞれのワークフローを可視化したうえで、委託先、委託先から再度委託を受ける者（再委託先）における個人番号の取扱者を把握し、個人番号取扱いに際してのセキュリティ確保に向けた対策を個別に定義する必要がある。

　窓口販売や代理店業務に代表される委託契約において、番号取得の責務を負うのは、窓口で来店顧客との接点をもつ業務委託先となる可能性もある。

　金融機関における委託先管理に関しては、金融庁の監督指針「主要行等向けの総合的な監督指針」で「銀行が外部委託を行う場合には、顧客を保護するとともに、外部委託に伴うさまざまなリスクを適切に管理するなど業務の健全かつ適切な運営を確保することが求められることから、法令により、銀行は委託業務の的確な遂行を確保するための措置を講じなければならない」（銀行法第12条の2第2項、銀行法施行規則第13条6の8）と定められている。

　金融機関におけるセキュリティ事故が相次いだ昨今だが、2013年11月には日本銀行により「地域金融機関におけるシステム外部委託先管理に関するアンケート」が実施され、その結果が2014年3月31日に公表されている。同アンケートは、地域銀行における勘定系システムの共同化が進展するなかで、システム運用・開発業務の委託先依存度が高まっており、そのなかで多くの金融機関が委託先管理に関する取組みを強化しているようすが確認された、としている。また、再委託については、情報セキュリティなど、再委託によって生じるリスクを適切に洗い出したうえで、銀行として再委託の適否や再委託を認める場合の必要な対応を検討することが重要、と報告されている。

　同じく金融庁も2014年3月、各金融機関に対して「外部委託先社員による不正出金等の発生を踏まえた点検」として、セキュリティ管理に係る自主点検を要請している。そこでは、顧客の重要情報を精査したうえで、顧客情報の保護方針や外部委託先管理の態勢、これを実現するマニュアルの整備に加

え、ガバナンス面での経営層の関与のあり方についてのチェックが中心となっている。またこのなかで、委託先に加え、再委託先、再々委託先についても外部委託先の管理実態を報告させている。

これを受け2014年4月に国会に提出された「金融商品取引法等の一部を改正する法律案」では、業務の再委託先、再々委託先にも金融庁の検査権限が及ぶこととされ、2014年12月1日より施行されている。これに加え、特定個人情報保護委員会が作成する「特定個人情報の適正な取扱いに関するガイドライン（（別冊）金融業務における特定個人情報の適正な取扱いに関するガイドライン）」でも、委託元は再委託先以降に対する間接的な責任があるとされ、特定個人情報に関する安全管理措置の実施が徹底される（付録15参照）。

図表1－13は金融機関における業務委託先の管理構造をイメージ化したものだが、顧客からの番号収集に際し、場合によっては代理店や加盟店、システムベンダーやその他の業務委託先が番号収集実務に関与することとなる。金融機関では、金融庁が業務委託先のほか、再委託先から先までを包含した情報管理の徹底を促しつつあることから、管理指針の定義や個人番号情報の廃棄に係るルールなどの整備のほか、委託先管理の強化などもあわせて検討する必要がある。

とりわけ、前述の日本銀行によるアンケート調査においては、再委託先の情報セキュリティ関連ルールを確認している金融機関は全体のわずか15％に

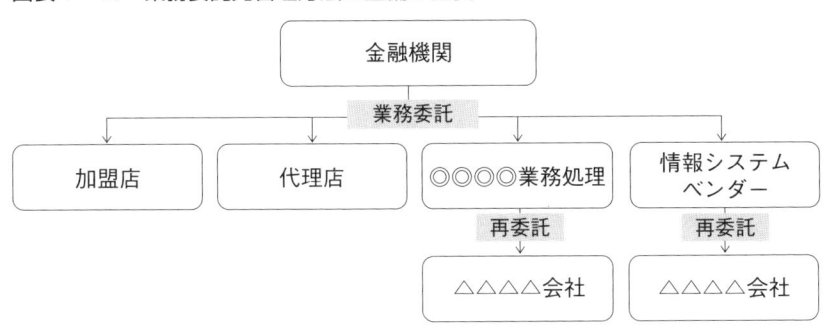

図表1－13　業務委託先管理方法の整備が重要

とどまっているとされていることからも、金融機関が単独で個人情報管理の指針を策定するだけでは実効性に乏しく、金融機関、再委託先、再々委託先などが共通のセキュリティ基準やルールなどを定義・遵守する、といった体制が望まれる。

(5) 特定個人情報取扱規程の整備

　金融機関も含めた一般事業者では、個人番号や特定個人情報を取り扱う前に、特定個人情報に関する安全管理措置の観点から、
① 　基本方針の策定
② 　特定個人情報取扱規程等の策定
といった作業を実施することになる。すでに金融機関では当局の指導もあり、相応の個人情報取扱規程などを整備ずみではあるものの、従前にも増して厳格な取扱い措置が求められることとなる。

　①の基本方針の策定では、事業者が組織として特定個人情報等の適正な取扱いの確保に取り組むためのものである。基本方針には、事業者の名称、関係法令やガイドライン等の遵守の方針、個人情報に係る安全管理措置の実務的な方針、顧客からの問合せやクレームを受け付けるための窓口などについて明示することが、特定個人情報取扱ガイドラインにおいて例示されている。

　ただし、基本方針については特定個人情報取扱ガイドラインで必ずしもその公表義務は明記されてはいない。とはいえ、すでに多くの企業が個人情報取扱ガイドライン、といったものを自社のホームページ上で記載しているように、実際は、自社が運営するホームページ上などで公開することが必要と考える。また、その文面については、従前の公表文書をベースに、前述の情報を付記することで対応が可能だろう。

　②の特定個人情報取扱規程等の策定作業では、顧客情報取扱いに際しての安全管理措置を検討するにあたり、特定個人情報取扱事務の範囲やその目的、特定個人情報等の指し示す範囲、事務取扱担当者に関して明確化した事

務に関して、事務フローを整理せねばならない。そのうえで、特定個人情報等の具体的な取扱いを定める取扱規程等を定めることになる。

具体的には、事務フローの各段階で、特定個人情報の取扱方法や責任者・事務取扱担当者、具体的な作業の中身等を定めることになる。

なお、これらの具体的な事務フローについては、一般事業者を例にとり第5章において紹介しているが、金融機関における事務フローも一般事業者のそれとほぼ同様であることから、本章では割愛する。

ただし、先に述べたように、最近の銀行法の改正などを受け、当局の金融機関への立ち入り検査は業務委託先のさらに先にある再委託先までがその対象として定義されている。従前は、委託先のチェックさえこなせば、金融機関としての責務を果たしたことにもなっていたかと思うが、すでにそのような管理態勢は受け入れられない時代ともなっている。したがって、これらの事務フローを定義する際には、事務フローのプロセス単位で実際に特定個人情報に触れる可能性のある実務者を特定する必要がある。また、そのうえで、委託先、再委託先へのチェック機能をいかに機能させるのか、といった視点をわかりやすく定義することが求められているといえよう。すなわち、業務やシステム単位での委託関係の可視化作業が避けて通れないのだ。

6 個人への啓発活動が重要に

金融機関が契約者から番号の提供を受ける場合、本人の個人番号を証する書類が必要である。たとえば、銀行業では国外送金または国外からの送金等の受領を行った日の翌月末までに国内の送金者または受領者の番号を記載した「国外送金等調書」を税務署に提出することとなるため、送金取引時に送金者または受領者から個人番号の提供を受ける手続が新たに追加される。

しかしながら、番号制度施行直後においては番号提出の必要性が周知されていない可能性が高く、思うように番号取得が進まないおそれがある。そのため金融機関は「一部の取引で番号の提供が必要となる」ことについて、契

約者の認知を促すような啓発活動が必須といえよう。2015年5月現在、テレビCMなどで、マイナンバー制度についての政府広報がなされているが、これは制度開始自体の周知活動にすぎない。

特に、個人顧客からの番号収集を念頭に、個人向けには十分に余裕をもった事前の周知啓発活動が重要だ。かつての株券電子化において、日本証券業協会が制度開始に先んじること1年前より対応の必要性について啓発活動を行ったにもかかわらず、電子化後に預託されないままとなった株券が多数発生したことをふまえても、個人への啓発活動には相応の時間が必要だろう。

なお、株券電子化に際しては、当時の当局の対応も、制度開始間近になってから証券会社の対応状況の確認作業を開始するなど、対応が後手に回ったとも聞く。番号制度は身元確認にこれまでにない厳格さが求められることもあり、書類不備などを念頭に置いた事前の周知計画が重要だ。

7 個人からの番号収集に伴う負担

2015年10月の個人への番号通知以降、金融機関は義務的対応として個人客から個別に番号を収集する必要がある。

対象となる取扱商品によっても異なるものの、法人、個人を問わず、金融機関は顧客から番号を原則として書面提出のつど収集する必要がある。特に個人の場合、直近で番号が変更となっている可能性もあり、注意が必要だ。すなわち、複数の口座を有する個人は、口座の数だけ異なる金融機関から同様の番号提供要請を受けることになりかねない。

金融機関が提出する法定調書には、前述した「特定口座年間取引報告書」や「生命保険契約等の年金の支払調書」といった既存契約者との取引に関する調書が含まれ、来店予定や職員との面談予定のない契約者から番号の提供を受ける必要がある。

番号制度では郵送等による番号取得を認めており、番号確認と身元(実存)確認にそれぞれ必要な書類またはその写しを契約者が提出することで非

対面による番号取得が可能となっている。しかしながら、郵送費をはじめとした金融機関が負うべきコストは決して小さくはない。

　しかも、個人に対して番号が通知されるのは2015年10月からの予定であり、そこから金融機関が法定調書を提出する期限までに短期集中的に番号を収集せねばならないものも存在する。たとえば、「生命保険契約等の一時金の支払調書」「生命保険契約等の年金の支払調書」等の場合、提出期限の2017年1月31日までに番号を収集、記載する必要がある。同様に、相続税関連の法定調書も早ければ2016年2月には番号を記載のうえ提出が求められる。

　すなわち、郵便受けを開けたら複数の金融機関から一様に個人番号の提供を求める郵便物が大量に届き、個別に返送せねばならない……といったシーンが想像にかたくない。

　身元確認作業も煩雑化する。これまで全国銀行協会では、取引に際して顧客に提示を求める身元確認書類（犯収法などに基づくもの）を、個人、法人それぞれに峻別して定義してきた。数多く存在する身元確認書類に、今後はさらに番号制度対応として「個人番号カード」または「通知カード＋運転免許証等の公的機関が発行した顔写真付きの書類」または「個人番号が記載された住民票の写しまたは住民票記載事項証明書＋運転免許証等の公的機関が発行した顔写真付きの書類」が追加されることとなる。また顔写真付きの身元確認書類がない場合は、顔写真がない身元確認書類の提示を二つ以上受けることになるほか、身元確認書類として認められる書類のなかには、個人番号利用事務実施者（国税庁等）が認めたものというものもある。身元確認書類が増え多様化すれば、金融機関における番号の真正性確認などの手間を要することとなり、当然ながら個人における混乱材料ともなるだろう。

　複雑な要件を課した結果、個人が金融機関の店頭に出向いて番号の通知を行おうとする場合、身元確認書類の不足などトラブルが多数生じることにより、顧客は複数回店頭に足を運ばざるをえないことになるおそれがある。

　こういった課題への対応として、個々の金融機関が同一顧客からそれぞれ

番号を収集するのではなく、窓口や手続を一本化することが考えられる。これにより、顧客負担の軽減や重複投資の排除が図られ、ひいては制度対応負担の緩和に寄与することができる。複数業界で横断的に一本化する場合、異なる利害の解決に時間を要することも考えられることから、たとえば、個々の業界団体が音頭をとり、顧客への啓発・告知や身元確認書類の共通化を行うとともに、個々の業界団体が番号収集窓口の機能を担うことも有効だろう。

8 義務的対応に向けた検討のあり方

(1) 保険業界での課題解決モデル

　金融業界のなかで最も早期に制度対応の必要性に迫られているのが保険業界だ。保険会社では、番号制度の運用開始に伴って法定調書への番号記載のための番号収集を個社ごとに対応した場合、顧客に負担を強いることとなる点が憂慮されている。たとえば、複数の保険商品に加入している顧客については、同時期に保険会社からの個人番号申告依頼が発出される可能性がある。顧客は同じ目的で同じような項目が並ぶ帳票に保険会社の数に応じて、あるいは保険商品単位に同じような情報を記入しなければならないだろう。理想的には、個社単位でこうした課題を解決するのではなく、業界全体で対応すべき取組みとしてとらえることが重要となる。帳票レイアウトの全社統一なども有効な解決策となろう。

　また、付随する事務手続についても、「顧客が混乱しないこと」「顧客への負担が少ないこと」を念頭に置いた検討が求められる。個人番号を契約時に集めるのか、あるいは支払時に集めるのか、といった視点のほか、だれが集めるのか（生保は営業職員、損保は代理店にさせるのか、それとも保険会社の事務部門がやるのか）についても、顧客にとって個人番号申告回数が最も少なくてすむ手法、顧客の手間が極力少なくてすむこと、保険会社として正確かつ安全に取得できること、といった点に配慮しつつ、番号収集率の向上を目

指す必要がある。加えて、保険金の支払額によって法定調書の提出有無が問われるほか、途中で受取人が変更になるケースや、きわめてまれではあるものの対象者の個人番号が途中で変更される可能性も考慮せねばならない。

　もちろん、個社ごとに既存の社内ルール等が整備されており、これらに準拠する必要があることから、すべての仕様や手順を統一することは困難だろうが、まずは共通課題を取り上げたうえで、根幹となる部分の共通化などを検討していくことが望まれる。

(2) 銀行業界での検討モデル

　銀行業界では、個々に義務的対応への準備が進んでいる。行内横断的に20名程度のタスクフォースを立ち上げる、といった例が多いようだ。2015年3月10日に番号法改正案が閣議決定され、あわせて預貯金口座への付番という大イベントがみえてきたとはいえ、まずは法制度の細部や特定個人情報取扱いに関する情報収集・整理から開始、といったステージにある。

　保険業界と同じく、銀行業界であっても共通的に取り組まねばならないポイントは数多く存在する。たとえば、とあるバンキング業態では、業界団体が主体となって全行を集め、先行事例を発表する、といった取組みがなされるなど、プラクティスの共有化が図られている。このように、同じ業態に属する他行との差別化を必ずしも図る必要のない分野においては、当該業態のような取組みが有意に働くことだろう。

　ここで、銀行業界で共通する課題を取り上げたい。たとえば、個人番号の取得チャネルであるが、窓口や郵送のほか、インターネット等の電子的チャネルが考えられる。また、コンビニエンスストアなどに設置される複合機やスマートフォンなどのモバイル端末も収集チャネルとしての活用が期待できそうだ。ただし、制度開始早々は大量の個人番号収集作業が伴う、といったシーンが銀行業界では予見しにくい。そこで、とある銀行では、将来のトラフィック負荷増大への対応に向けた電子的チャネルの検討を進めつつ、2016年1月は最小限対応として、窓口での個人番号収集および郵送での対応を前

提に、対応を検討している。また、別の銀行では、将来の預貯金口座への付番開始を念頭に、制度開始当初からも試行的に電子的チャネルでの番号収集スキームを取り入れようと、ITベンダーとともに実証実験を重ねている。

　個人番号の収集に際しては、場合によっては外部業者に取得・管理を委託するといったケースも考えられる。従前であれば、委託先の共通事務処理に準拠する、といった方策も選択肢の一つになりえたものの、番号制度においては、個人番号の取扱いは厳格さが要求されており、これまでのような簡便的な業務委託作業の延長上では語れない。あわせて、昨今の銀行法改正で、金融庁による委託先や再委託先へのチェックが強化されつつある。そこで、とある銀行では、番号収集作業の第三者委託をBPOの観点からも有効な施策として認識したうえで、その際に行内管理マニュアルと同等の基準を委託先にも義務づけることを検討している。またこれを念頭に、個人番号管理規定を従前の個人情報取扱規程とは別に定義しようとしている。

　特定個人情報保護委員会による立ち入り検査などが予見されることから、個人番号収集に際しては、顧客から提示を受ける個人番号カードや通知カードが第三者に盗み見されない配慮も必要となる（個人番号カードのイメージは図表1−14参照）。そこで、とある銀行では、将来的に件数が増加するであろう預貯金口座への付番を念頭に、制度開始当初から、店頭での番号収集手続に際し、カウンターに特別なパーティションを設置することで、顧客が提示する番号カードを第三者に背後や脇から覗き見されないような工夫を施そうとしている。同様に、完全に仕切られた個別ブースの設置を検討している銀行も存在する。

　個人番号収集時には、身元確認にも留意する必要がある。身元確認は犯収法が要請する確認が口座開設時にすんでいる場合であれば「確認していることの確認」を行うこととし、仮に身元確認が未済であれば個人番号カード、もしくは通知カードおよび他の身元確認書類の組合せによる身元確認を行うことが考えられる。ただし、犯収法が求める身元確認作業との事務重複を生み出さないよう事務フローを整理することが肝要だ。

図表1-14　導入予定の個人番号カード（案）

〈表面（案）〉

○個人番号を記載しない
　→コピーできる者に制限はない
　　（本人同意等によりできる）

〈裏面（案）〉

○個人番号を記載する
　→コピーできる者は、行政機関や雇用主など、法令に規定された者に限定される

〈ICチップ内のAP構成〉

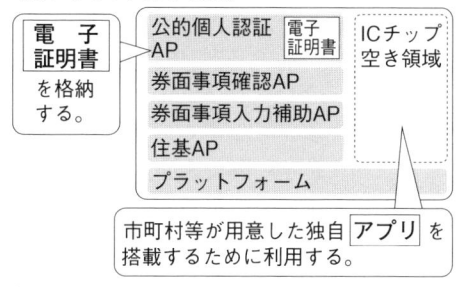

電子証明書を格納する。	公的個人認証AP	電子証明書	ICチップ空き領域
	券面事項確認AP		
	券面事項入力補助AP		
	住基AP		
	プラットフォーム		

市町村等が用意した独自 アプリ を搭載するために利用する。

（出典）　総務省公表資料より（2014年11月11日）

　また、個人番号カードの提示などによる身元確認に際しては、個人番号カードのコピーの物理的保管のほか、電子保管し現物は廃棄、といった手法が考えられる。とある銀行では、現物コピーの保管ではなく電子保管を念頭に、管理者を限定したうえで個別にファイルパスを付し、保管期限が到来し

たらファイルを削除する、といったフローを検討している。
　おそらく、制度開始前においても、顧客から制度そのものに関する問合せが寄せられることだろう。そこで、とある銀行では専用のコールセンターを設置し、番号制度に係る顧客対応の一次窓口としての機能を集中的に担わせることを念頭に、事前の顧客向け周知のあり方についても検討している。
　なお、一部の銀行では、個人番号収集機能を本部内の専門部署に設けることを企画したものの、「やはり一次対応窓口としての店頭での収集機能は必要」との判断に傾いた、とも聞く。
　銀行では、１件100万円以上の海外送金に際しては、身元確認とともに個人番号を把握する必要がある。この場合、一見客で個人番号カードなどを持参せずに来店した客の対応をどうすべきか、あるいは、着金したが連絡がつかず窓口にも来ない、郵便物にも返送してくれない、といった客への対応をいかがすべきか、についての考慮が必要だ。これらについては今後の当局の対応にもよるが、具体的な拠り所が存在しない現状では、今後続々と発出されるであろう各省庁からの政省令や個別通達を待つ、といった判断も時には有効だろう。
　他方、個人番号の収集にフォーカスが当てられるがゆえに忘れられがちなのが法人番号の取得である。法人番号は個別に申告を受けずとも、国税庁ホームページにて全法人・団体の法人番号が公表されるため、これを積極活用すべきである。また、法人番号は個人番号とは異なり秘匿義務を負わない点をあらためて認識したいところだ。
　このように、制度開始直前ではあるものの、まだまだ銀行業界における検討は緒に就いたところではあるが、個別具体的なポイントごとに判断が分かれるものも多く存在しており、これらが銀行業界における有意検討に際しての阻害要因ともなっている。今後、番号法改正案が国会を通過すれば、より仔細な施行細則や政省令などが発出されることとなるが、それらがどのタイミングで公表されるかが不明であることから、つぶさに当局の動向をウオッチする体制を持ち続ける必要がある。

9 番号制度導入に伴うシステム改修

金融機関では、勘定系・情報系・周辺系、といったかたちで多くのITシステムが利用されている。とかく「基幹系」と呼ばれる勘定系と情報系の顧客管理や業務処理を担う巨大システムにフォーカスしがちであるが、今回の番号法対応では、ERPを含めた組織内システムの改修も必要となる。

基幹系システムにおける番号制度に関する必要最低限の対応としては、図表１－15のとおり、個人番号登録の仕組みや、身元確認書類種類の区分追加といった個社ごとのシステム改修があげられる。これを銀行業における改修イメージとして表現したのが図表１－16である。現行法をふまえた一般的な対応手法を示したにすぎないが、身元確認、番号登録・照会、法定調書作成、といった処理フローにあわせ、顧客DBと番号格納DBとの位置づけを定義する必要もあろう。

ただし、現行法を読み解くと、個人番号を管理するサーバは、既存の顧客DBとは別に設置することが有効と考えられるものの、近々予定される番号法改正などにより、基幹系システム内における既存フィールドへの顧客番号

図表１－15 番号制度に関する必要最低限のシステム対応
〈システム改修の内容〉

個人番号情報収集	収集した個人番号を登録できるよう入力やDBに関するシステム対応	
身元確認書類種類の追加	身元確認に利用した書類種類の区分に個人番号カード・個人番号通知カードの区分を追加するようシステム対応	個社ごとに基幹系システムや周辺系システムへのシステム改修が必要
特定個人情報管理	特定個人情報へのアクセスを制御するために権限管理に関するシステム対応	

図表1−16　銀行業におけるシステム改修イメージ

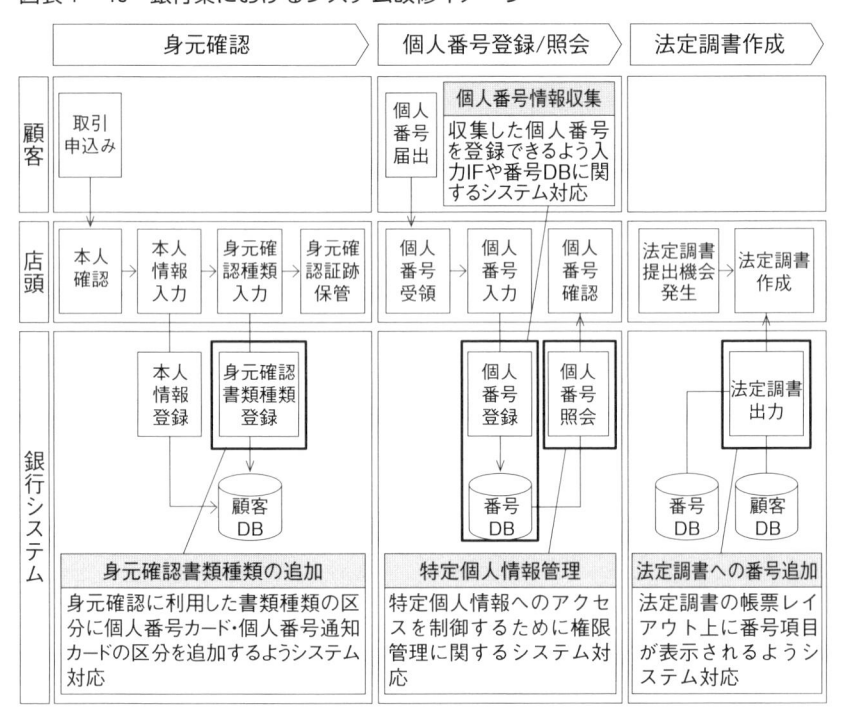

	身元確認	個人番号登録/照会	法定調書作成
顧客	取引申込み	個人番号届出 / 個人番号情報収集：収集した個人番号を登録できるよう入力IFや番号DBに関するシステム対応	
店頭	本人確認 → 本人情報入力 → 身元確認種類入力 → 身元確認跡保管	個人番号受領 → 個人番号入力 → 個人番号確認	法定調書提出機会発生 → 法定調書作成
銀行システム	本人情報登録、身元確認書類種類登録 → 顧客DB／身元確認書類種類の追加：身元確認に利用した書類種類の区分に個人番号カード・個人番号通知カードの区分を追加するようシステム対応	個人番号登録、個人番号照会 → 番号DB／特定個人情報管理：特定個人情報へのアクセスを制御するために権限管理に関するシステム対応	法定調書出力 ← 番号DB、顧客DB／法定調書への番号追加：法定調書の帳票レイアウト上に番号項目が表示されるようシステム対応

の追加、といった対応が可能となることが予想される。

とはいえ、当局向け以外の帳票出力、画面出力などにおいては、個人番号が表示されない工夫が必要となろう。図表1−17は筆者らが考えるシステム設計上の留意点であるが、入力された個人番号が金融機関内においても必要最低限の人間のみに限定して閲覧可能となる工夫、内部牽制機能における対処、といった点への配慮が求められよう。通常、営業店などでは、ダブルチェックや再鑑機能として上席が入力情報や帳票をチェックする場合があるが、その際の取扱いにも留意する必要がある。

また、今回、2015年10月以降の国税庁ホームページでの法人番号公表に際しては、国税庁ホームページからweb-APIでアクセスし、法人番号を一括して取得する機能が用意される。この場合、別途「アプリケーションID」

の取得申請を行い、そのアプリケーションIDでアクセスすることが必要となる。主としてアクセス集中時の利用制御が目的とされるが、2015年10月に向けたAPI接続の準備を進める必要がある。

　組織内システムについても、従業員などから個人番号を収集・一時保管のうえ、法定調書などへ番号を転記し、印刷する、といった機能がERPに求められる（図表1－18）。ERPといっても、人事システム、給与システム、経理システムなど対応すべき領域は広範に及ぶ。かかるシステムは外部ベンダーなどの開発したパッケージ商品であることが多いが、早めに当該ベンダーの改修計画などを確認すべきである。

図表1－17　システムに必要な個人情報管理上の制御機能

〈画面・帳票設計〉

○入力された個人番号が第三者に閲覧されない工夫
・行内用出力帳票には、末尾4ケタのみ印字し、残りの8ケタはマスキング
・テラー端末などでの入力時以外、画面上であっても表示されるのは末尾4ケタのみ、残りは非表示

〈牽制機能への対処〉

○上席によるダブルチェック時の対処方針
・上席であっても、いたずらに個人番号に触れることのできない工夫が必要

図表1－18　人事・給与システムを含めたERPへの影響については注意が必要

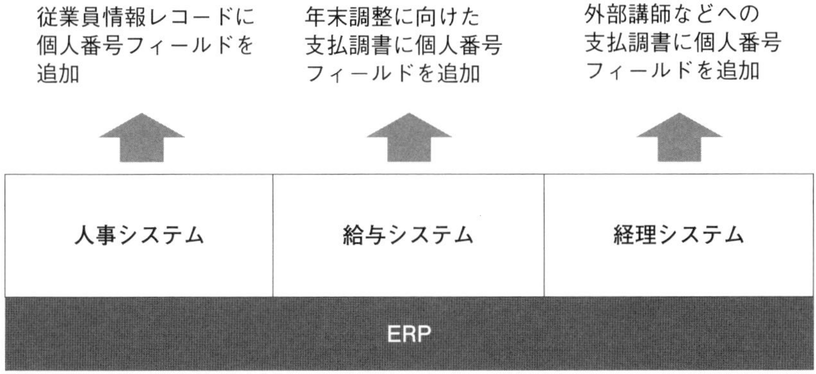

従業員情報レコードに個人番号フィールドを追加	年末調整に向けた支払調書に個人番号フィールドを追加	外部講師などへの支払調書に個人番号フィールドを追加
↑	↑	↑
人事システム	給与システム	経理システム

ERP

第1章　マイナンバー制度への義務的対応が金融業務に与える影響

図表１−19　業界団体による身元確認・番号の真正性確認に関する要望

	証券業界	銀行業界
身元確認・番号の真正性確認の仕組提供	真正性確認のための仕組みを政府にて提供してほしい。たとえば、4情報入力によって番号情報が取得できる仕組みなどが考えられる。	身元確認および番号の真正性確認に関する仕組みを政府から提供してほしい。
身元確認・真正性確認に関する法整備		身元確認および番号の真正性確認について、番号を取り扱う事業者の負担を考慮したうえで、法整備を行ってほしい。

　また、収集した個人番号については、個人カードの裏面などに記載された12ケタの個人番号の確認が必要となる。ところが、現在、この真正性を判断する手段や拠り所が金融機関には与えられていないのが現状である。そこで、図表１−19のように、業界団体より政府に対し、身元確認および番号の真正性確認の仕組みが政府より提供されることを要望している。2017年１月より、国の機関間での情報提供ネットワークの一次稼働が予定されるが、このタイミングにあわせ、金融機関の店頭端末で入力した個人番号を、サーバを経由して情報提供ネットワークに照会をかけ、真正性チェックを実施する、といった方向で検討がなされている。ただし、現状では、国の情報提供ネットワークの稼働までの少なくとも１年間は、金融機関は提示された個人番号の真正性確認の有効な手段を手にできないこととなり、当面の間ではあるが課題が残る。

第 2 章

予定される預貯金口座への付番

2015年5月現在改正手続が進んでいる現行の番号法では、個人の預貯金口座は支払調書の提出事務が生じない（図表2－1）。源泉徴収のみで課税関係が終了する分離課税であるためだ。ただし、法人の預貯金口座のうち、普通預金・当座預金以外は、支払調書提出事務が生じる。具体的には定期性預金口座があげられる。法人においても利子所得は源泉徴収されるが、他の収入とあわせて法人税の申告に係る課税所得を計算し、確定申告で所得税額控除の対象とするためだ。なお、所得税法により、法人はその法人番号を金融機関に告知する義務がある点も忘れてはならない。

　少なくとも、現行の番号法においても、また、金融庁による監督方針・指針においても、これまで預貯金口座への付番はおろか、番号制度への対応に

図表2－1　現在の番号法における預貯金口座への番号登録

国内において支払を受けるべき利子等で源泉分離課税の対象とされるものは法定調書提出を要しない（租税特別措置法第3条第3項、租税特別措置法施行令第1条の4）

	個人	法人等	備考（主な規程）
普通預貯金	×	×	・普通預貯金への利子は法定調書提出を要しない（所得税法施行規則第82条第2項第2号）。
当座預金	×	×	・年1％を超える利率の当座預金の利子は課税対象となり法定調書提出を要するが（所得税法第9条第1項第1号）、臨時金利調整法により利子がつかないため、結果として法定調書提出を要しない（所得税法第225条第1項第1号、所得税施行規則第82条）。
上記以外の預金	×	○	・年中の利子の支払金額を合計して支払調書を作成する場合は、年中の利子が3万円／年以下のとき法定調書提出を要しない。 ・支払ごとに調書を作成する場合は、利子等の計算期間が、①1年以上のとき年1万円以下、②6カ月以上1年未満のときは5,000円以下、③6カ月未満のときは2,500円以下のとき、法定調書提出を要しない。

ついても金融機関における課題や検査上の留意点などが示されることはなかった。これもあり、金融機関、とりわけバンキング業態では最も難題ともいえる預貯金口座への付番は当面はない、との見通しに立ったものと思われ、結果的に番号制度自体に係る事務レベルでの対応に着手するタイミングが遅れた感がある。

　このような環境下、暮れも押し迫る2014年12月30日に、平成27年税制改正大綱において番号の預貯金口座への付番が言及された。

　すでに一部の金融機関では1年後に迫った現行の番号法ありきで事務レベルでの先行検討が進んでいたこともあり、いきなり検討のスコープ自体が大きく変わったという点で、インパクトは大きい。たとえば、現行の番号法では個人番号は、特定の調書へ記載し当局への届出が終了した段階ですみやかに削除・破棄することとされていた。他方、預貯金口座への付番を実現するうえでは、これまで管理してはならないとされていたものを継続管理せねばならないわけで、事務フローや個人番号の管理方針、システム上での対応のあり方が一変することとなる。

　今後の政省令や通達次第ではあるが、2016年1月の義務的対応に向けた検討により定義された事務フローやシステム対応は、暫定的なものとなるケースも想定される。また、並行して将来の口座付番に向けた検討を余儀なくされ、場合によっては二重投資負担に喘ぐことにもなりかねない。ただし、番号制度検討当初から、預貯金口座への個人番号登録の議論があったものの、事務レベルや投資への負荷、その完全性の観点などから、銀行業界としては登録に否定的であり、この結果、2013年の番号法成立時には、預貯金口座への個人番号登録は明記されなかった、という経緯も忘れてはならない。

　そこで本章では、預貯金口座への付番決定の経緯について、過去の政府や政権与党の検討経緯などを解説するとともに、今後の金融機関に与える影響を分析する。

1 政府におけるマイナンバー活用・登録対象拡大の検討経緯

　マイナンバーの活用については、政府IT総合戦略本部専門調査会　マイナンバー等分科会において検討されてきた。その焦点は個人番号カードの普及に係るものであり、マイナンバーの利用範囲の拡大対象として、預貯金が対象の一つにあげられた経緯がある。預貯金口座への個人番号登録に関しては、2013年末からの政府税制調査会マイナンバー・税務執行ディスカッショングループにおいて集中的に議論されており、そのなかでは、「預金口座へのマイナンバーの付番について早急に検討すべき」とされていた。

　「平成23年度税制改正大綱」（内閣府税制調査会2010年12月16日）までさかのぼると、ここに税務面において法定調書の拡充についても検討を進める旨言及されている。これを受け、2014年6月30日の「社会保障・税番号大綱」（政府・与党社会保障改革検討本部）にて、番号制度の導入趣旨をふまえ、諸外国の事例も参考として法定調書の拡充についても検討を進める、との方針が示された。

　ただし、この過程において、「社会保障・税に関わる番号制度に関する検討会中間取りまとめ」へのパブリックコメント（2010年7月16日〜8月16日まで実施）が募集され、これに対し、全銀協から「利子所得等の源泉徴収義務を負う金融機関においては、番号制度導入に対応するためのシステム構築コスト、受付・登録業務や顧客周知など、事務・システムに相当の負荷が生じる。仮に、既存預金口座等と共通番号の紐付けを実施する場合においては、顧客が番号を申告する制度的なインセンティブを付与する等の対応が望ましい」旨意見が提出されている。背景には、新規口座・既存口座にかかわらず、新たなシステム構築・事務対応コストが発生し、相応の準備期間も必要であること、また、実効性の高い番号登録には、新規口座のみならず、既存口座への付番が有効であるが、8億口座以上にものぼる既存口座への付番は、顧客の来店機会が限定される現状や休眠口座の存在などをみても、その

完全な付番は不可能であること、などがある。したがって、早期に幅広く付番するには、顧客が金融機関に自主的に番号を申告する制度的なインセンティブを付与する等の対応が必要であり、単に銀行に番号登録を義務づけたとしても、早期に幅広い付番は困難との解釈だ。

2 個人の預貯金口座への番号登録の背景

　個人の預貯金口座への番号登録がなぜに求められるのか、といった点では、そもそもの法の趣旨に立ち返ってとらえることが有効だ。税番号制度は、「社会保障・税番号制度」のネーミングのとおり、公正な給付や公正な負担を実現することが目的である。公正な給付に向けては、社会保障給付の公正さを担保するための資産・収入の正確な把握が必要である。たとえば、生活保護の決定等に向けては、自治体や社会保険事務所による資産調査が必要であり、これまでは各機関から金融機関に対して、対象者の資産調査が要請され、金融機関は個別にこれらの要請に応えてきた経緯がある。

　また、公正な負担等についても、税負担の公正さを担保するためには資産・収入の正確な把握が必要であり、同様に国税庁等の職員による銀行などへの調査要求がなされており、実態として金融機関における対応負荷が増しているのが現状だ。

　折しも、金融所得一体課税により、金融所得課税範囲の拡大が目されており、2016年1月以降の取引を対象に、株式等と公社債等に対する課税方式が一体化される見通しである。これに向けた、銀行・証券間での口座情報の名寄せなどの要求も高まりつつある。

　マネーロンダリング対策についても、情報管理の向上に資する面において、現行の番号法では十分な対処がなされるには至っていない。

　災害時の迅速な対応を実現するうえでも、居住地からの退去を余儀なくされた個人が通帳やクレジットカード等を持ち出せない状況を想定した場合、迅速に激甚災害発生時の預金支払を実現するうえでは、現在の法的対応では

必ずしも十分とはいえない状況にある。

　こういった現行法での対応不備や情報把握の精度向上に向けた対応が、個人の預貯金口座への番号登録の検討目的となっている。したがって、目的は複合的な要素から成立しており、特定目的に資するものではないことが特徴ともいえる。

3　預貯金口座への番号登録における論点

　預貯金口座への個人番号登録においては、睡眠預貯金（休眠口座）への登録が著しく困難なほか、通知をしても登録申請しない預金者や連絡不可能な預金者への対応も困難となる見通しだ。また、金融機関側の対応コストや預金者を待たせない窓口オペレーション等の実現も課題となろう。

　番号登録の対象口座数をみても（図表2－2）、国内銀行や信用金庫については、現在の番号法での番号登録対象となる口座数は、法人番号だけでも1,000万口座ある。これが個人口座まで拡大された場合、対象口座数は、合計8億口座以上にのぼると見積もられている。

　2014年12月19日に開催された「政府IT総合戦略本部第13回パーソナルデータ検討会」においては、資料として「次期通常国会で個人情報保護法等と一括改正を予定しているマイナンバー法改正関係について（案）」が内閣府大臣官房番号制度担当室より提出され、預貯金口座への付番に向けた当面の方針案が示された（図表2－3）。

　これを受け政府は、平成27年通常国会での預貯金付番に必要な法整備に向けて関係府省が協力することで一致し、また、預貯金取扱金融機関も預貯金付番の意義や趣旨についておおむね理解、協力の用意、との説明がなされている。

　具体的には、2013年8月の「社会保障制度改革国民会議報告書」を取り上げ、これまでの「年齢別」から「負担能力別」に負担のあり方を切り替え、社会保障・税番号制度も活用し、資産を含め負担能力に応じて負担する仕組

図表2-2　番号登録の対象口座数（概算）

〈預金口座数（国内銀行、信用金庫）(注1)〉

	個人	法人等	口座数合計
普通預金	3億4,992万	1,596万	3億6,588万
当座預金	607万	246万	852万
上記以外の預金	5億6,688万	1,057万	5億7,744万
口座数合計	9億2,286万	2,899万	9億5,185万

〈貯金口座数(郵便貯金)(注2)〉

	個人・法人
通常貯金	1億1,326万
郵便振替	119万
上記以外の貯金	2億6,449万
口座数合計	3億7,894万

登録対象が拡大したときの番号登録の対象

現行の番号法による番号登録の対象

一部は現行の番号法による番号登録の対象

(注1)　2013年9月末。国内銀行（都市銀行、地方銀行、第二地方銀行、信託銀行）と信用金庫の合計。
(注2)　2007年度（2007年4月1日～9月30日）。ただし、通常貯金には睡眠貯金等を含まない。
(出典)　日本銀行「預金者別預金（金額階層別）」、旧日本郵政公社「ディスクロージャー誌（2007年度）」
(参考数値)　2007年度（2007年4月1日～9月30日）。ただし、通常貯金には睡眠貯金等を含まない（出典：旧日本郵政公社「ディスクロージャー誌（2007年度）」）。
　　　　　信用組合　組合員数　384万人（2013年3月末）（出典：全国信用協同組合連合会ホームページ（http://www.zenshinkumiren.jp/deai/deai.html））
　　　　　労働金庫　間接構成員数　1,003万人（2012年3月末）（出典：厚生労働省ホームページ（http://www.mhlw.go.jp/bunya/roudoukijun/kinrousha02/））
　　　　　JAバンク会員（JA、信連、農林中金）普通貯金口座数　3,750万口座（2006年7月1日）（出典：JAあまみホームページ（http://www.ks-ja.or.jp/amami/bank_syoukai.html））

みとしていくべきである、としている。また、現行、銀行等が個人の顧客に支払う利子の課税については、源泉分離課税で終了することから、利子調書の提出が免除されており、銀行等の預金口座に関しマイナンバーは付されない点についてあらためて説明している。そのうえで、「社会保障について所得・資産要件を適正に執行する観点や、適正・公平な税務執行の観点からは、国民の多くが保有する預金が把握の対象から漏れている状態は改めるべきであり、預金口座へのマイナンバーの付番について早急に検討すべき。その際、預金口座へのマイナンバー付番は、マネーロンダリング対策や、預金

図表2-3　預貯金付番に向けた当面の方針（案）

- 預貯金付番については、社会保障制度の所得・資産要件を適正に執行する観点や、適正・公平な税務執行の観点等から、金融機関の預貯金口座をマイナンバーと紐付け、金融機関に対する社会保障の資力調査や税務調査の際にマイナンバーを利用して照会できるようにすることにより、現行法で認められている資力調査や税務調査の実効性を高めるものである。また、預金保険法又は農水産業協同組合貯金保険法の規定に基づき、預貯金口座の名寄せ事務にも、マイナンバーを利用できるようにするものである。
- 預貯金付番に必要な法整備は、次期通常国会に提出予定の「高度な情報通信技術の活用の進展に伴う個人情報の保護及び有用性の確保に資するための個人情報の保護に関する法律等の一部を改正する法律案（仮称）」で行う。具体的には、次のとおり法令の手当てを講じる方向で政府内の調整を進める。なお、当面、預貯金者に直接的な義務は課さない。
  ① 番号法において、社会保障制度の資力調査でマイナンバーを利用できる旨を明らかにし（※対象となる社会保障給付関連法を番号法政令に規定）、社会保障制度の資力調査の際、法律で銀行等に報告を求めることができる事項を規定しているもの（※精査中）について、マイナンバーを追加する。（※税務調査でマイナンバーを利用できる旨は規定済み）
  ② 国税通則法及び地方税法に金融機関は預貯金口座情報をマイナンバー又は法人番号によって検索できる状態で管理しなければならない旨を規定するとともに、当該規定を番号法第9条第3項に明掲し、金融機関が個人番号関係事務実施者として預貯金者等に対してマイナンバーの告知を求めることができることを明らかにする。
  ③ 番号法別表第一に、預金保険法又は農水産業協同組合貯金保険法に基づき、預金保険機構又は農水産業協同組合貯金保険機構が行う預貯金口座の名寄せ等にマイナンバーを利用できるよう規定し、預金保険法及び農水産業協同組合貯金保険法の省令において、預金保険機構又は農水産業貯金保険機構が金融機関の破たん時に資料の提出を求めることができる事項にマイナンバー及び法人番号を追加する。これにより、金融機関が個人番号関係事務実施者として預貯金者等に対してマイナンバーの告知を求めることができるようにする。
- 円滑な預貯金付番の実施にあたっては、官民を挙げて国民向け広報を展開するとともに、行政機関等においては、口座振替申請書に番号記載欄を設ける、公金振込口座にはすべて付番されるよう取得した番号情報を金融機関に提供するなどの預貯金付番促進支援策について検討を行い、実施可能な施策を積極的に講じることとする。

・金融機関における対応については、新規口座開設者からは口座開設時に顧客の番号を取得できるよう告知の求めを行い、既存口座については、顧客の来店時などに番号告知の求めを行うこととするなどの事務ガイドラインを策定し、進めることとする。
・これらの法令の規定の施行後3年を目途に、金融機関の実務や付番の状況等を踏まえ、既存口座への付番を官民挙げて集中的に進めるための方策につき、法改正も視野に前広な検討を行う。

(出典) 内閣府大臣官房番号制度担当室「次期通常国会で個人情報保護法等と一括改正を予定しているマイナンバー法改正関係について（案）」

保険などでの名寄せ、災害時の迅速な対応といった場面でも、その効果が期待できるとともに、将来的に民間利用が可能となった場合には、金融機関の顧客管理等にも利用できるものとなることも踏まえた検討が必要」としている。これを受け、2014年5月の「マイナンバー等分科会中間とりまとめ」を取り上げたうえで、「預金保険法や犯罪収益移転防止法等に基づく、金融機関による顧客の名寄せ、本人確認及び口座名義人の特定・現況確認に係る事務について、マイナンバーの利用範囲に追加することや制度基盤を活用することにつき、制度の趣旨や個人情報の保護等に配慮しつつ、関係者の理解と協力の下、内閣官房と関係府省が協力して、（中略）積極的かつ具体的に検討を進め、秋頃を目途に、検討状況を政府CIOに報告する」、旨報告がなされている。

また、その際、図表2－4のとおり、「預貯金口座への付番に向けたロードマップ（案）」が提出され、当面の実施時期について、2018年という時期が初めて明記された。ただし、施行期日については、「金融機関のシステム対応等に必要な準備期間を確保できるよう関係者間で調整」とされており、行政機関等が対応可能な付番促進策についても、法施行後3年を目途に検討を進める、とされた。

これを受け、2014年12月30日に公表された自民党・公明党による平成27年度税制改正大綱においては、銀行等に課せられる義務などについて公表されるに至っている。とりわけ、個人番号および法人番号が付された預貯金情報

図表2－4　預貯金口座への付番に向けたロードマップ（案）

```
┌─────────────────┐
│2014年秋（現在）　│
└─────────────────┘
   │　○2015年通常国会での法整備を目指して関係者間で調整
   ↓
┌─────────────────────────┐
│2015年春（法案提出・成立後）│
└─────────────────────────┘
   │　○政府・業界をあげて国民広報を実施
   │     ┌──────────────────┐
   │     │2015年（H27年）10月│　※個人番号・法人番号の通知開始
   │     ├──────────────────┤
   │     │2016年（H28年）1月 │　※個人番号・法人番号の利用開始、
   │     └──────────────────┘　　個人番号カードの交付開始
   ↓
┌────────────────────────────────────────────────────────┐
│（P）2018年（H30年）                                    │
│※施行期日については、金融機関のシステム対応等に必要な準備期間を確保できるよう関係者間│
│で調整                                                  │
└────────────────────────────────────────────────────────┘
   │　○社会保障給付に係る資産調査、国税・地方税の税務調査で番号を示して当該番号口
   │　　座情報の提供の求め開始
   │　○国税・地方税の法律に基づき金融機関における番号紐付け・管理開始
   │　○預保法・貯保法に基づく預貯金口座の名寄せ事務等に番号利用開始
   │　○金融機関における社会保障制度や税制に関する事務を正確に実施する観点および預
   │　　貯金付番促進の観点から、
   │　　・当局から金融機関に対して公金の給付・還付の口座を通知する際、番号を提供す
   │　　　ること
   │　　・公金の納付に係る口座振替申請書で金融機関に番号を提供すること
   │　　等についてすみやかに検討する。
   ↓　○行政機関等が対応可能な付番促進策について法施行後3年を目途に検討を進める。
```

（出典）　内閣府大臣官房番号制度担当室「次期通常国会で個人情報保護法等と一括改正を
　　　　予定しているマイナンバー法改正関係について（案）」

　の効率的な利用に係る措置として、銀行等に対しては、個人番号および法人番号によって検索できる状態で預貯金情報を管理しなければならないとされたほか、銀行は、社会保障給付事務や預金保険・貯金保険事務を行う者から求めがあれば、個人番号および法人番号が付された預貯金情報を提供することが示された。また、社会保障給付事務や預金保険・貯金保険事務において、銀行等に対して個人番号および法人番号が付された預貯金情報の提供を求めることができる、とも明示されている。

　ただし、同大綱においては、あわせて個人番号を用いることによる住民票の写し等の金融機関への提出書類の削減といった施策も記載されており、金融機関にとって負荷軽減につながる施策にも触れられている。これは個人顧客にとっても有意な施策であり、これまでのように、やたらと多くの書類が

徴求される、といった不便さから解放されることにも寄与するだろう。たとえば、個人が住宅ローンを借り入れる際には、現状では審査に際して膨大な量の書類を入手し、書類の随所に押印する、といった利用者の煩わしさもさることながら、金融機関側でも部門間をまたいで徴求書類・審査書類・申請書類が飛び交うなど、決して効率的に事務がこなせているとはいえない環境にある。

　このように多くの書類が行き交う現場においては、現行の番号制度導入自体も有効となる場面が増えることに加え、預貯金口座への付番による事務効率の向上効果も期待される。これまで警察、年金事務所、自治体などから寄せられていた膨大な数の口座情報照会業務についても、番号をキーとした検索で応答作業が可能となるものも出てくることから、間接部門における事務の流れが飛躍的に改善するだろう。

　現状では、預貯金口座への付番はあくまで個人の任意での番号提供に基づき実施される、と解釈されるが、社会保障・税制負担を遍く公平に実現するには、理想的には全口座への付番が欠かせない。政府では、付番ずみの口座については、金融一体課税処理を通じて何がしかの税控除などの措置を講じるものとみられるが、金融機関は当面、番号が付与された口座と付与されないままの口座を二重で管理する労苦に苛まれることだろう。しかも、今後の制度設計次第では、この「当面」が「未来永劫」継続することも予見されることから、悩みは深い。

　現状でも政府では検討課題として取り上げているものの、あくまで任意、との措置を貫く限り、金融機関の二重管理の状況は継続する。今後、口座への付番を飛躍的に加速させるトリガーが用意されるとなれば、それはおそらく期限を設けた口座付番へのインセンティブであろう。

　たとえば、図表2－5のように、制度導入後2年間の時限措置で、口座への番号届出を個人に要請し、あわせて税制上の特典を用意する。ただし、制度導入3年目を目途に、付番されない口座への税率を引き上げ、半ば強制的に全口座付番に移行させる、といったことも有効となろう。これにより、休

図表2-5 預貯金口座への付番の徹底に向けて

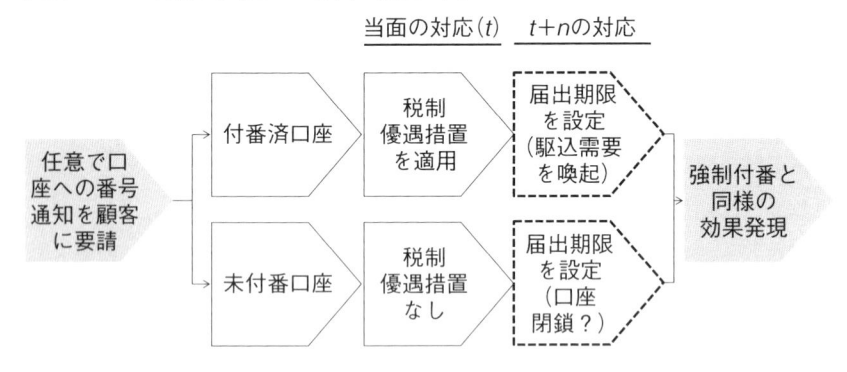

```
                        当面の対応(t)   t+nの対応
                      ┌─────────┐ ┌─────────┐
                   ┌─>│付番済口座 │>│税制優遇  │>┌届出期限┐ ┌─────────┐
                   │  └─────────┘ │措置を適用│ │を設定  │ │         │
┌─────────┐       │              └─────────┘ │(駆込需要│>│強制付番と│
│任意で口 │       │                           │を喚起) │ │同様の   │
│座への番 │───────┤                           └────────┘ │効果発現 │
│号通知を │       │  ┌─────────┐ ┌─────────┐ ┌────────┐ │         │
│顧客に要 │       └─>│未付番口座│>│税制優遇 │>│届出期限│>│         │
│請       │          └─────────┘ │措置なし │ │を設定  │ └─────────┘
└─────────┘                      └─────────┘ │(口座   │
                                              │閉鎖?) │
                                              └────────┘
```

眠口座および不正口座の類も特定が容易となり、金融機関における口座管理コストの低減にも寄与しよう。

4 預貯金口座への付番を念頭に置いたシステム対応

改定手続が進む現行の番号法では、特定の目的に資するための番号収集であり、かつ、番号の管理にとどまることから、目的を完遂した際には、すみやかに個人番号を記録から削除・破棄することを要請している。また、既存のデータベースから切り離して個人番号を管理することが有効となるケースも存在することから、個人番号の管理様態は独特のものとなり、これにあわせたシステム設計が指向されてきた。

ところが、預貯金口座への付番が開始された場合、省庁等から個人番号の照会を受け、当該個人の口座情報等を省庁に回答するためのシステムが必要となる。

したがって、異なる番号法対応について、時系列でシステム対応を実施した場合、かかるシステム投資負担が増すだけではなく、短期間で捨て去るような機能が実装されてしまう可能性がある。

すでにおおよその時系列でのイベントが見通せていることから、まずは預

貯金口座への付番ありきでシステム設計をフルスペックで定義し、目先の番号法対応で必要となる機能のみを「フラグを立てて」利用することで、将来的な二重投資を回避することも理論的には可能であり有効な選択肢となりうる。

ただし、すでに2016年1月に義務的対応の第1弾が迫っていることから、現実的には目先の番号法対応に特化したシステム設計を指向せざるをえないのも事実だろう。

図表2－6　番号の猶予規定が設けられている法定調書の一覧表

No	調書の種類
1	利子等の支払調書
2	国外公社債等の利子等の支払調書
3	配当、剰余金の分配及び基金利息の支払調書
4	国外投資信託等又は国外株式の配当等の支払調書
5	投資信託又は特定受益証券発行信託収益の分配の支払調書
6	オープン型証券投資信託収益の分配の支払調書
7	配当等とみなす金額に関する支払調書
8	株式等の譲渡の対価等の支払調書
9	交付金銭等の支払調書
10	信託受益権の譲渡の対価の支払調書
11	先物取引に関する支払調書
12	金地金等の譲渡の対価の支払調書
13	名義人受領の利子所得の調書
14	名義人受領の配当所得の調書
15	名義人受領の株式等の譲渡の対価の調書
16	上場証券投資信託等の償還金等の支払調書
17	特定口座年間取引報告書
18	非課税口座年間取引報告書（2014年1月1日から適用）
19	国外送金等調書
20	国外証券移管等調書

（出典）　国税庁ホームページ「社会保障・税番号制度」平成27年2月6日公表資料

なお、今回の番号法対応においては、システム対応を含めた法定調書の対応時期の猶予措置なども別途講じられている。2015年2月6日、国税庁より、「番号の猶予規定が設けられている法定調書の一覧表（図表2－6）」が公表された。番号法整備法で規定されている「特定口座年間取引報告書」「非課税口座年間取引報告書」「国外送金等調書」「国外証券移管等調書」のほか、「利子等の支払調書」「配当、剰余金の分配及び基金利息の支払調書」「投資信託又は特定受益証券発行信託収益の分配の支払調書」等についても猶予規定が設けられている。

3年の経過措置（2019年1月以降支払を受ける日までに番号を金融機関等に告知）が主となり、法人の定期預金についても3年経過措置が適用されている。

当該猶予措置については、かかるシステム対応の負荷軽減も念頭に置いた「政府の配慮」ともとらえることができるし、これを契機にあらためて番号制度全体に係るシステムデザインを再定義する好機ともなるだろう。

5 2015年3月10日に国会に提出された番号法改正案のポイント解説

前述のとおり、本年（2015年）2月16日、番号法改正案がマイナンバー分科会において示され、3月10日には閣議決定し、国会に提出された。具体的には預貯金口座付番のほか、利用分野が拡大されている。また、保健事業や予防接種等における利用シーンについても触れられた。

本書執筆時点では改正案は成立していないものの、内閣府大臣官房番号制度担当室より公表された「個人情報の保護に関する法律及び行政手続における特定の個人を識別するための番号の利用等に関する法律の一部を改正する法律案（概要）」より、重要と思われる部分を抜粋のうえ紹介したい。なお、今次改正案は個人情報保護法および番号法、特定個人情報保護委員会の改組の三つが論点となっている。

(1) 個人情報保護法の改正ポイント

　主として個人情報の保護と有用性の確保が中心となっている。具体的には、個人情報の取扱いの監視監督権限を有する第三者機関（個人情報保護委員会）を特定個人情報保護委員会を改組して設置する、とされている。

① **個人情報の定義の明確化**

　個人情報の定義の明確化が求められていたが、ここでは「身体的特徴や個人に発行される符号等が該当」すると定義された。また、要配慮個人情報についての規定の整備について触れられている。要配慮個人情報とは、通称などのいわゆる機微情報といわれるもので、これまではその取扱いについての明確な指針が示されておらず、今後法案が詰められるなかで詳細に定義されることとなろう。

② **適切な規律のもとでの個人情報等の有用性を確保**

　匿名加工情報（仮称）について、その加工方法や取扱い等の規程が整備されることとなった。また、個人情報保護指針の作成や届出、公表等の規程の整備が進められる。

③ **個人情報の保護を強化**

　第三者提供に係る確認および記録の作成義務として、トレーサビリティの確保が明記された。また、不正な利益を図る目的による個人情報データベース提供罪が新設された。

④ **個人情報保護委員会の新設およびその権限**

　個人情報保護委員会を新設し、現行の主務大臣の権限の一元化が図られた。

⑤ **個人情報の取扱いのグローバル化**

　これまで個人番号については国内での提供・流通・利用にとどまるとの見解も一部でみられたが、今次改正案では、国境を越えた適用と外国執行当局への情報提供に関する規程の整備を進める旨明記されている。主としてマネーロンダリングなどの対策に向けた諸外国への情報提供が中心となるもの

とみられる。なお、これにあわせ外国にある第三者への個人データの提供に関する規程も整備される見通しとなった。これは主として、データセンタ事業者やインターネットサービス事業者が欧州で活動することができるようにするものだ。

⑥ その他改正事項

本人同意を得ない第三者提供（オプトアウト規定）の届出および公表等を厳格化する方針が示されたほか、利用目的の変更を可能とする規定の整備、取り扱う個人情報が5,000人以下の小規模取扱事業者への対応が予定されている。従前の理解では、事業者の規模にかかわらず、一律個人情報保護法が適用される見通しであったことから、施行令での規定により小規模事業者への一定の配慮がなされるようだ。

(2) 番号法の改正ポイント

番号法では、特定個人情報（個人番号）の利用推進に係る制度改正が中心となり、金融分野、医療分野等における利用範囲の拡充が示された。すなわち、ここで預貯金口座への付番が初めて法として明記されるのが確実となったわけだが、ほかにも保健事業に関する事務利用や予防接種に関する事務における接種履歴での連携等が明記されている。

個人番号の利用範囲の拡大については、さらなる効率化・利便性の向上が見込まれる分野について個人番号の利用範囲の拡大や制度基盤の活用を図るとともに、制度の担い手である地方公共団体等の要望等をふまえ、所要の整備を行うとされている。具体的には、3点が示された。

① 預金口座への個人番号の付番

預金保険機構等によるペイオフのための預金額の合算を目的に、個人番号の利用を可能とする。また、金融機関に対する社会保障制度における資力調査や税務調査で個人番号が付された預金情報を効率的に利用できるようにする、とされている（図表2－7）。大きく三つの規程などが整備される。まずは、預金保険機構と農水産業協同組合貯金保険機構を番号法における「個人

図表2-7　個人番号が付された預金情報の効率的な利用について

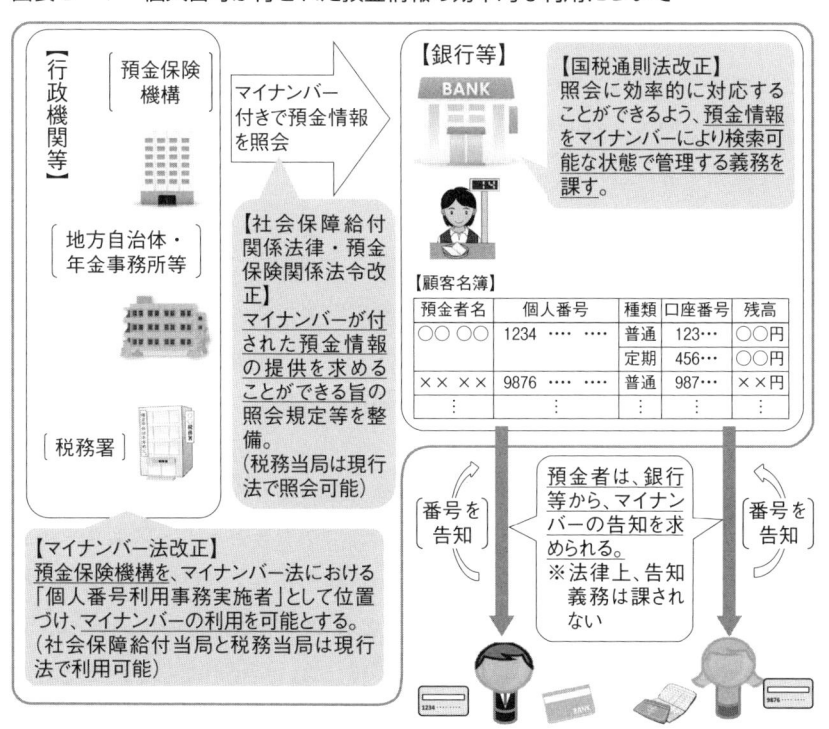

【行政機関等】
- 預金保険機構
- 地方自治体・年金事務所等
- 税務署

マイナンバー付きで預金情報を照会

【社会保障給付関係法律・預金保険関係法令改正】
マイナンバーが付された預金情報の提供を求めることができる旨の照会規定等を整備。
（税務当局は現行法で照会可能）

【マイナンバー法改正】
預金保険機構を、マイナンバー法における「個人番号利用事務実施者」として位置づけ、マイナンバーの利用を可能とする。
（社会保障給付当局と税務当局は現行法で利用可能）

【銀行等】

【国税通則法改正】
照会に効率的に対応することができるよう、預金情報をマイナンバーにより検索可能な状態で管理する義務を課す。

【顧客名簿】

預金者名	個人番号	種類	口座番号	残高
○○○○	1234……	普通	123…	○○円
		定期	456…	○○円
××××	9876……	普通	987…	××円

番号を告知

預金者は、銀行等から、マイナンバーの告知を求められる。
※法律上、告知義務は課されない

番号を告知

（出典）内閣府大臣官房番号制度担当室作成資料（平成27年2月16日公表）より一部を抜粋

番号利用事務実施者」として位置づけることで、個人番号の利用を可能とする。そのうえで、社会保障給付関係法律および預金保険関係法令の改正により、個人番号が付された預金情報の提供を金融機関に求めることができる旨の照会規程等が整備される。そのうえで、国税通則法改正により、金融機関に対し当局からの照会に効率的に対応することができるよう、預金情報を個人番号により検索可能な状態で管理する義務を課す、といった流れが明記されている。加えて、「付番促進のための見直し措置の検討」として、付番開始後3年を目途に、預金口座に対する付番状況をふまえて、必要と認められるときは、預金口座への付番促進のための所要の措置を講じる旨の見直しを

法案の附則に規定する方向で検討するとされた。すなわち、当初3年間程度は様子をみつつ、付番状況が芳しくない場合は相応の措置を用意する、ということであり、付番ずみの口座への税制優遇措置などの導入により、将来的に付番促進を図るといったことが予見される。少なくとも、法改正があったとしても預金者は銀行等から個人番号の告知は求められるにせよ、当面の間は法律上、個人に告知義務は課せられない見通しだ。

② **医療等分野における利用範囲の拡充等**

健康保険組合等が行う被保険者の特定健康診査情報の管理等に、個人番号を利用可能とするほか、予防接種履歴について、地方公共団体間での情報提供ネットワークシステムを利用した情報連携を可能とする、との方針が示された。

被保険者が転居や就職・退職により保険者を異動した場合でも、個人番号を利用して特定健診等の情報を保険者間で円滑に引き継ぐことにより、過去の健診情報等の管理を効率的に行うことが可能となり、効果的な保健事業を推進できるとされる。また、予防接種法に基づく予防接種の実施についても、有効性・安全性等を考慮し、過去の接種回数、接種の間隔などが定められている。ただし、転居者についてはこれらの情報が自治体間で必ずしも有意に連携されないことから、転居前の予防接種履歴を正確に把握することで、いっそうの有効性や安全性を確保することができることとなる。

③ **地方公共団体の要望をふまえた利用範囲の拡充等**

すでに個人番号利用事務の対象となっている低所得者向け公営住宅の管理に加え、中所得者向け特定優良賃貸住宅の管理において、個人番号の利用を可能とするとされている。また、地方公共団体が条例などにより独自に個人番号を利用する場合においても、情報提供ネットワークを利用した情報連携を可能とする、とされたほか、雇用、障がい者福祉等の分野においても、利用事務、情報連携の追加を行うとされた。なお、本件については直接に金融機関にかかわるものではないため、詳細については割愛する。

(3) 特定個人情報保護委員会の改組について

　これまで、個人番号における個人情報全般の保護への特定個人情報保護委員会の所掌事務については、
・適正な取扱いの確保のための監視・監督
・特定個人情報保護評価
・保護に関する広報・啓発
・海外機関との連携・国際協力　等
とされてきたが、この所掌事務が拡大され、上記四つの個人番号に係る所掌のほか、新たに個人情報全般について、次の四つの所掌範囲が示された。
・適正な取扱いの確保のための監督
・認定個人情報保護団体の監督
・個人情報全般に関する広報・啓発
・個人情報の取扱いに関するグローバル化への対応　等
　すなわち、これまで個人番号の事務に限定されていた機能が拡大することとなり、新たに個人情報全般の適正な取扱いの確保に向けた所掌拡大がなされた、ということとなる。
　また、あわせて組織形態についても見直しが図られ、特別職の委員長および委員からなる合議制の第三者機関であることが示されたほか、委員は国会の同意を得て任命され、独立して職権を行使可能となる点が公表されている。

第 3 章

マイナンバーの民間利活用に向けて

諸外国では、すでに個人番号を含む個人情報の有料提供などが開始されているほか、一部では番号の自由な民間利活用も実現されている。

　たとえば、図表3－1は番号制度が最も国民の生活に根づいた国の一つ、スウェーデンの例である。スウェーデンでは、個人番号は行政サービスはもとより、民間企業内の顧客管理番号にも利用されており、行政機関に届け出た住所変更は、本人同意のもと、銀行・証券会社・保険会社・クレジット会社等々の民間企業へ通知される。具体的には、国税庁管轄の独立機関が提供するSPAR（Swedish Population and Address Register）を通じ、個人の正確な氏名や住所情報を民間に有料で提供するものだ。そもそも同国の国民性は古くから教会が住民情報を管理していたこともあり、政府による個人情報管理に国民として比較的抵抗感を有していないともされており、これがゆえに、個人番号についても「誕生日に関する6ケタ」＋「チェックディジットを含むシーケンス番号4ケタ」というシンプルなコード規約となっており、誕生日以外の4ケタを暗記すれば、口頭でも第三者に伝達できるほど簡単なコード体系となっている。

図表3－1　個人情報を有料提供するスウェーデン

・番号制度が最も国民の生活に根づいた国の一つがスウェーデンである。
・個人番号は、行政サービスはもとより、民間企業内の顧客管理番号にも利用されており、行政機関に届け出た住所変更は、本人同意のもと、銀行・証券会社・保険会社・クレジット会社等々の民間企業へ通知される。

〈わかりやすい個人番号の体系〉

①誕生年（2ケタ）＋②誕生月（2ケタ）＋③誕生日（2ケタ）＋④シーケンス番号（3ケタ：男性は奇数、女性は偶数）＋チェックディジット（1ケタ）の10ケタ

↓

生年月日以外は4ケタ番号のみであり覚えやすい、利用しやすい

〈政府による個人情報の有料提供〉

○国税庁管轄の独立機関が提供するSPAR（Swedish Population and Address Register）を通じ、個人の正確な氏名や住所情報を民間に有料で提供

↓

○スウェーデン国民は、政府による個人情報管理にあまり抵抗がない（古くから教会が住民情報を管理していたため）

図表3－2　決済時に番号を利用する韓国

〈現金決済時のフロー〉

① 消費者は商品購入時に現金とともに住民登録番号や現金領収証カード、またはあらかじめ登録したクレジットカード等や携帯電話番号などを提示。

② 現金領収証が発給される。

③ 現金決済の内容別内訳が国税庁に通知され、国税庁で住民登録番号に基づき整理される仕組み。

〈国税庁による事業者の売上げの把握〉

○一定支払額以上の場合における現金領収証発行の義務化。

現金決済が中心で所得把握が困難であった自営事業者の売上げを、国税庁が把握することが可能に。

また、図表3－2のように、韓国では現金領収証制度があり、所得税を納める勤労所得者およびその扶養家族は、総給与額の20％を超過する現金使用額の20％が、500万ウォンを限度として年末調整時に所得控除の対象となっている。この制度により、脱税などの温床となりがちな現金商売においても、韓国国税庁では中小零細業者の売上げの捕捉を企図している。

このような諸外国の活用事例などを参考に、将来の個人番号の民間開放を見据え、すでに将来構想を描こうとしている金融機関も一部に存在する。ただし、番号の利活用といっても、法人番号については現在の番号法下でも自由な民間利活用が可能であることから、必ずしも個人番号に特化して検討すべきものではなく、法人番号・個人番号の両面での検討が必要である。また、法人番号、個人番号をそれぞれ別個の存在してとらえた場合、双方を紐付けた新たなビジネススキームの導出が困難となることから、検討に際しては「法人番号のみの新たな活用手法」「個人番号のみの新たな活用手法」に加え、「法人番号と個人番号の紐付けで生まれる新たな活用手法」の3パターンを定義すべきである。

また、登場するプレイヤーについても、とかく金融機関は単独でもしくは業態内でできることを念頭にビジネスフレームを切りがちであるが、もう

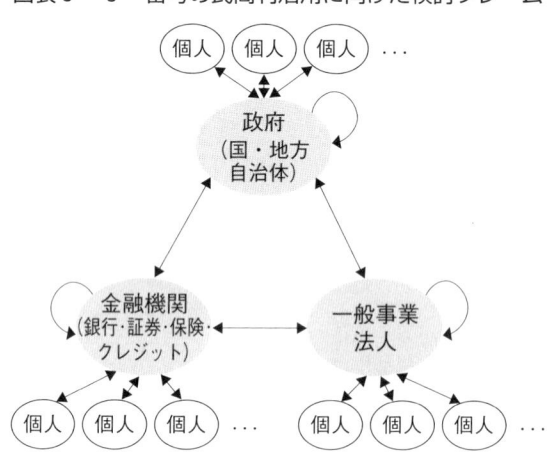

図表3－3　番号の民間利活用に向けた検討フレーム

少々俯瞰的にとらえる必要がある。

　図表3－3は番号の利活用手法を検討する際の基本的な導出フレームを示したものであり、番号に関与するプレイヤーに着目したものだ。金融機関に接点を有するプレイヤーを大きなくくりで取り上げると、他金融機関、政府、地方自治体、一般事業法人、とプロットできる。次に、個々のプレイヤー内で番号がとどまるわけではなく、各プレイヤー間での流通がなされるので、プレイヤー間での接点が生じる。こうみただけでも、複数のビジネスフォーメーションの定義が可能だということが理解できる。民間利活用検討に際しては、このように大枠で検討フレームを定義したうえで、内部での自由な発想を生み出すことが有効である。

　次に、番号のもつ機能を分解してみよう。図表3－4は番号のもつ機能を、法人番号、個人番号、個人番号カードそれぞれで要素分解したものだ。法人番号については、法人を一意に特定できること、当該法人の情報と紐付けが可能であること、と整理される。個人番号についても同様に考えられる。

　また、法人と異なり、個人には電子化された情報が格納される個人番号

図表3-4　機能分解による検討フレーム

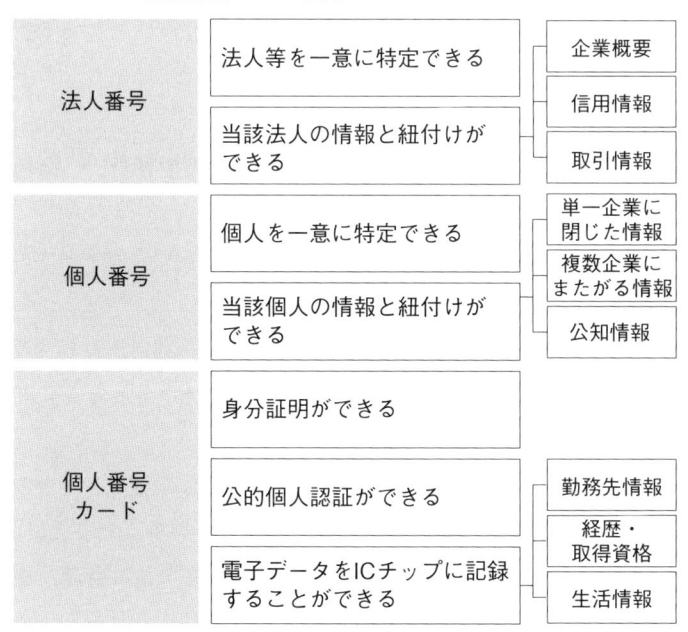

法人番号	法人等を一意に特定できる	企業概要 / 信用情報 / 取引情報
	当該法人の情報と紐付けができる	
個人番号	個人を一意に特定できる	単一企業に閉じた情報 / 複数企業にまたがる情報 / 公知情報
	当該個人の情報と紐付けができる	
個人番号カード	身分証明ができる	
	公的個人認証ができる	勤務先情報 / 経歴・取得資格 / 生活情報
	電子データをICチップに記録することができる	

カードが任意で交付される。ここでは、広く遍く国民一人ひとりに個人番号カードが交付された世界観を前提とすればよい。

個人番号カードのもつ機能は、身分証明としての機能を有すること、公的個人認証が可能であること、電子データをICチップに記録できること、といった整理ができる。

図表3-3と図表3-4をそれぞれ掛け目のように用いれば、「単独のプレイヤーが個人番号のこの機能を用いて可能になること」「事業法人と金融機関が個人番号を用いて可能になること」「地方自治体と金融機関が個人番号を用いて可能になること」といったように、あらゆるプレイヤーと利用シーンを網羅的に抽出することが容易となる。

民間活用の検討に際しては、ゼロベースでのディスカッションによる単なる思い付きのアイデア導出ではなく、このようにフレームを定義したうえで

第3章　マイナンバーの民間利活用に向けて

網羅的にアイデアを出し合うことがスタートとなる。

本章では、このような観点をふまえ、導出されたアイデアのうち、各業態において代表的なものを紹介する。

1 法人番号の活用による業務の効率化・高度化

ここでは、銀行に限定せず、法人相手に取引を行っているすべての金融機関を念頭に考えてみたい。

番号制度については、制度導入当初より法人番号の利用が容認される。したがって、純然たる民間利活用の対象というよりも、「いまでも可能なスキーム」であるといえよう。

現在、個々の企業情報は、各情報保有主体が個別に企業コードなどを定義し、個々の主体が独自の管理様態によって保持している。たとえば、「あの企業の情報がないかな？」と外部の情報保持者に要求した場合、現状では「詳しい属性情報を教えてほしい」との答えが返ってくるだろう。法人を一意に特定するには、所在地、代表者、正確な登記上の名称などの基礎的な情報が得られない限り、同一商号の別法人を誤って認識してしまうからだ。

では、各情報保有主体が個別に企業コードを定義するのではなく、いずれも法人番号をキーとして管理される世界を想像してみよう（図表3－5）。

「法人番号○○のお客様の情報がないかな？」との問いかけに、調査会社などの外部の情報保持者は、「ああ、法人番号○○のお客様についてですが、端末で検索した結果、おもしろい情報がありますので、すぐにファイルで転送しますよ」といった対応が期待できることだろう。もちろん、各情報保持主体で情報取扱い上の法的制約や情報障壁が定義されるにせよ、格段に主体間での情報連携が高度化することだろう。

たとえば、これを企業融資に際しての視点に導入すれば、従前のストックベース評価に加え、企業活動をフローでとらえるような枠組みでの新たな融資スキームも期待されるのではないだろうか。

図表3－5　法人番号の利用開始とデータ活用の可能性

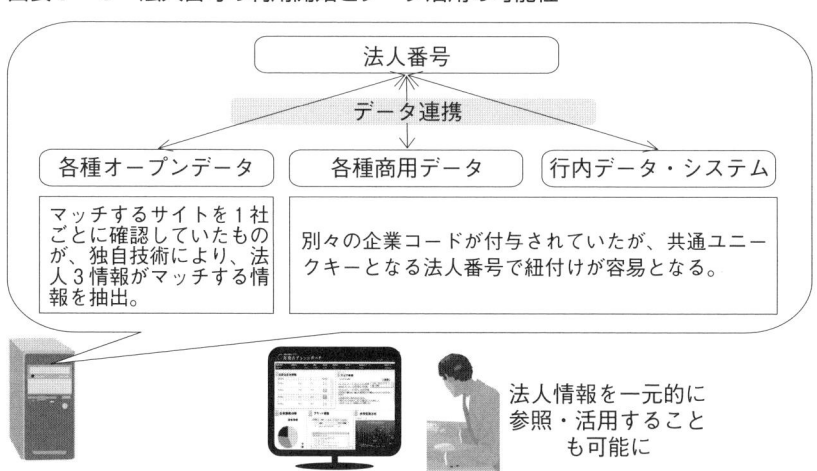

```
                          ┌─────────────┐
                          │  法人番号    │
                          └─────────────┘
                          ┌─────────────┐
                          │ データ連携  │
                          └─────────────┘
   ┌──────────────┐  ┌──────────────┐  ┌──────────────┐
   │各種オープンデータ│  │各種商用データ│  │行内データ・システム│
   └──────────────┘  └──────────────┘  └──────────────┘
   マッチするサイトを1社      別々の企業コードが付与されていたが、共通ユニー
   ごとに確認していたもの      クキーとなる法人番号で紐付けが容易となる。
   が、独自技術により、法
   人3情報がマッチする情
   報を抽出。
```

法人情報を一元的に
参照・活用すること
も可能に

　欧米では輸出入型企業向けに、製商品受注から納品・決済までの期間長期化に伴うリスクを担保することを目的に、サプライチェーンファイナンスの一類型としてP.O.（Purchase Order）ファイナンスなども提供されている。中東で原油をタンカーに積み、日本に運ぶまでの間、業者（サプライヤー）は輸送途中の原油を長期間にわたり現金化することができない分、流動性リスクを負うことになるが、その間の資金繰りを手当するなどの目的で利用されるケースが多い。

　一般的にサプライチェーンファイナンスとは、「部材購入→組立て・生産→流通→販売→請求」といった取引情報にフォーカスし、企業が日々必要とする運転資金を適宜提供することを目的とした融資スキームを指す。主として、輸出企業における資金回収や調達の迅速さを支援する目的で活用されつつあり、商流情報を分析したうえで、企業が求める資金需要を迅速に把握し、すみやかに融資を実行する、といったモデルとなる。わが国での適用を考える際、まずは国内に閉じた商取引から導入することが有効だ。

　ここで、金融機関が国内企業間での個別取引情報を取得する場合を想定してみよう。この場合、EDI等で交換される企業間の受発注情報を、金融機関

として電子的に活用することが理想的ではあるものの、受発注情報の根幹となる企業間メッセージ自体、企業系列単位で個別に定義されているケースが多く、そのままでは金融機関での利用はむずかしい。同様に、企業コードも独自の定義づけがなされているなど、系列を超えて、あるいは金融機関が利用しやすい体系での必要情報の取得は困難なのが現状だ。ただし、企業間ではXMLに基づくメッセージ交換が普及しており、金融ネットワークのXML化も推進されていることから、XMLをベースにEDI情報を活用することができれば、金流・商流の情報連携を実現する大きな助力となるだろう。実際、金流と商流はそれぞれ独自に情報共有ネットワークを整備してきたものの、連携する仕組み自体がいまだ確立されていないことが課題として認識されつつあり、双方の有意連携への期待は高まっている。とりわけ、流通業界においては、いわゆる「仕入高払い」といった商慣行などもみられ、結果として入金額と認識債権額にギャップが生じるなど、改善の余地が多々残されている。したがって、商流と金流との情報連携不備による消込業務の煩雑さを解決することが共通課題として認識されている。

　そこで、法人番号の活用により、各企業が独自に割り当てている取引先企業コードなどを企業の枠を超えて一本化し、取引先企業情報を一意に特定したうえで、銀行が保有する個別企業の支払情報との紐付けを容易とすることが考えられる。これによりまずは取引情報の一覧性を確保することができ、さらに次の段階で受発注情報などに基づき企業活動を精緻に分析・評価することで適切なファイナンスの実現が可能になるものと期待される。

　このように、法人番号の活用は、金融機関のアクティビティを大きく変容させる可能性を秘めており、番号制度導入という「制度対応負担」をビジネスチャンスに変えることが十分に可能となるだろう。

2　銀行業界における民間利活用

　折しも、銀行界における預貯金口座への付番が2014年12月末の税制改正大

綱において明示された。所得や他の行政サービスの受給状況を把握しやすくすることやペイオフ対応を目的とすると、預貯金口座への付番は有効だ。金融サービス促進のためのマーケティングへの援用にも期待がふくらむ。ここではまず、銀行界を取り上げ、番号制度開始時より利用可能な法人番号と、施行開始後3年後を目途に民間活用が認められる可能性がある個人番号それぞれについて、番号活用をイメージしたい。

(1) 法人番号を用いた自行取引先以外の管理

　銀行の法人顧客は顧客番号またはCIF（Customer Information File）番号で管理されており、その番号は取引先である店番号や口座番号を組み合わせたものが主である。したがって、銀行との取引が開始された法人顧客に関しては番号により、顧客一意に特定できるような管理が実現できている。

　ところが自行口座のない先、たとえば融資の現場で渉外活動前の融資候補先については、渉外支援システム等で一部手登録した先について仮CIF番号が発行されている可能性はあるものの、管理番号が採番されていない可能性が高い。ここに法人番号を用いることで、渉外先候補の一覧と銀行独自に得られた情報を紐付けした融資候補先として、より見込みの高い先の一覧を作成することもできよう。

　番号制度開始後は、法人企業の商号や所在地が法人番号とともに、国税庁がインターネット上に開設するホームページ上で公開される予定である。さらにこれらデータはファイルダウンロードが認められる予定である。現状、多くの銀行が帝国データバンクや東京商工リサーチをはじめとする企業情報提供業者から企業情報一覧を購入して、渉外先候補一覧を作成しているとみられるが、この渉外先候補一覧と法人番号とを組み合わせれば、各営業支店エリア内に存在する渉外先候補一覧にある住所情報の最新化が可能になるため、渉外活動の質向上に寄与できるだろう。ただし、あくまで登記情報なので、更新されていない可能性がある点には留意が必要だ。

(2) 顧客情報の共同利用によるグループ企業のシナジー向上

　現状では、一般的な個人情報は、グループ全体でのリスク管理等のため、共同利用者の範囲、利用目的、共同利用するデータ項目、共同利用を行う個人データの管理について責任を有する者を定め、それらを提示することおよび顧客からの同意を受けることを条件に共同利用が限定的に認められている。すでにグループ会社やホールディングス間では匿名化などの処理を加えたうえで共同利用に資されているものと推察するが、現在の番号法で禁止されている特定個人情報（個人番号がついた個人情報）の共同利用が可能となれば、個人番号をキーに、これまでよりもさらに精度の高い名寄せや顧客に関する最新情報の共有がグループ間で実現できる。これは、法規制がない法人番号がついた法人情報についても同様である。顧客の取引状況やステータス変化を組み合わせることで市場分析、顧客の行動予測、クロスセリングといった分野での利活用が進み、グループ企業としてのさらなるシナジー効果に寄与する。

(3) 個人番号カードを用いた申込記入の簡素化

　次に、個人番号カードのICチップに記録されている最新の4情報の活用方法を考えたい。

　銀行での取引時は本人情報を記載するシーンが多く見受けられる。たとえば、窓口で住所変更をする場合、普通口座、財形貯蓄、外貨預金といった複数の契約に対して変更手続が必要であり、複数枚の申込書のそれぞれに名前、新旧住所、生年月日や連絡先といった情報を記入しなくてはならず、手続が大変手間である。

　たとえば個人番号カードのICチップに格納された公的個人認証サービスの署名用電子証明書に記録されている利用者の氏名、住所、生年月日、性別の4情報を取得し、それを印字するような仕組みがあれば、顧客の申込手続

の効率化につながる。さらには、個人番号カードとリーダー端末機がそろえば、窓口に行かなくともオンライン上で認証と入力の省力化が図れる。大量の書類記入が必要な住宅ローンの申込業務の効率化も見込めることだろう。

こうした仕組みは記入や入力時間を短縮できるだけでなく、記載誤りや記載もれ防止にも役立ち、顧客と銀行の双方にとってメリットあるサービスとなる。このような申込手続の簡素化は個人番号カードが普及した未来においては、ごく当たり前となるかもしれない。

(4) インターネットバンキングでの認証強化

警察庁のまとめによると、インターネットバンキング（以下、「IB」という）での個人の不正送金被害額は2014年度上期で12億8,000万円にのぼり、13年度上期の11億1,800万円と比較して増加傾向にある。顧客側もセキュリティに対する意識は日に日に高まり、ワンタイムパスワードをはじめとして認証にかかわるさまざまなセキュリティ対策が利用されるものの、依然として被害は増加傾向にある。認証強化が求められるサービスにおいては個人番号カードを利用した認証が利用できる。

セキュリティの強化を強く望む顧客がIBで取引を行う際には、従来のIDとログインのための第一パスワード、振込み等の資金移動に利用する第二パスワードのほかに公的個人認証を取り入れてはどうか。認証を行うには地方自治体で個人番号カードを発行し、リーダー端末を自前で準備する必要があるが、セキュリティを強く望む顧客であれば準備可能と考えられる。

(5) デビットカード活用による「デビット領収証制度」

前述のとおり、韓国では、「現金領収証制度」が存在する。

所得税を納める勤労所得者およびその扶養家族は、総給与額の20％を超過する現金使用額の20％が、500万ウォンを限度として年末調整時に所得控除の対象となる。具体的には、商店で商品を購入する場合、消費者は商品購入時に現金とともに住民登録番号や現金領収証カード、またはあらかじめ登録

したクレジットカードや携帯電話番号などを提示する。その際、商店からは現金領収証が発給されるが、消費者における年末調整手続などを通じ、現金決済の内容別内訳が国税庁に通知され、国税庁で住民登録番号に基づき整理される仕組みだ。

韓国では実態として、現金商売が中心の小規模事業者や商店などでは、売上げの申告もれが相次ぐなど、税務当局における事業者の所得把握が困難であり、脱税の温床にもなっていた。本制度により韓国国税庁では、中小零細業者の売上げを把握することが可能となるなど、行政、消費者双方にメリットを表出しているのが特徴だ。法人から精緻に徴収された税金の一部を消費者に還元しているかのごとき制度ともいえる。

わが国においても、たとえば、銀行界ではなかなか活用されない既存の決済手段である「デビットカード」により、同様のスキームを展開できるだろう。

商店での買い物時、現金支払時には韓国同様に現金領収証に基づく年末調整で、一定額の還付を消費者が得られる仕組みは残し、新たに、デビットカードでの買い物時には現金領収証制度以上に年末調整時の還付率を引き上げたらどうか。その際、デビットカード利用履歴を金融機関は新たなマーケティングツールとして活用することも可能だし、利用者の年齢やおおまかな居住地情報などの属性データや購入内容を相手先商店へ還付することで、商店側でも売れ筋商品の正確な把握や在庫／仕入管理の効率化につながる。なお、国税庁にも利用者データを還付すれば、国税庁による還付率引上げにも合理的な理由を与えることができよう。

ここでは銀行界で考えられる番号の民間利活用の一つの考え方を披露したにすぎないが、番号制度の普及、とりわけ「個人番号カードの普及」と「国民の利便性向上」は、いわゆる「ニワトリと卵」の関係にあるものの、国民の利便性向上に関するサービスを提供できるのはあらゆる取引において認証が求められる金融機関、なかでも銀行界ではないだろうか。顧客が利便性やセキュリティ向上の恩恵が受けられるようなサービスを金融機関が提供でき

れば、利用を希望する顧客の獲得につながる。

　個人番号カードを利用したサービスへの投資を行うべきか金融機関の判断はむずかしいものの、官民連携のうえ、国民の利便性向上と金融機関の事務改善を目指したサービスの企画・提供の検討を期待したい。

3　証券業界における番号の利活用

　次に、証券業界を取り上げ、番号の利活用のあり方について考えてみたい。

(1) 番号の汎用利用による事務効率化

　日本証券業協会は、2011年に「社会保障・税番号大綱に関するコメント」を公表し、少なくとも「犯罪収益移転防止法」「金融商品取引法」「税法」などの法令や自主規制規則に基づく業務を遂行する目的での番号利用を、制度導入当初から認めるよう要望している。

　たとえば、証券会社から顧客に送付する取引残高報告書などが顧客に届かない場合がある。証券会社に通知なく住所変更などがなされた場合などが考えられるが、現状では確認がとれるまで再度の郵送を繰り返すなどの事務対応が必要となっている。証券会社から基本4情報の最新データベースを有する情報提供ネットワークへの電子的な照会が可能となれば、顧客の最新の住所情報を入手でき、事務コスト圧縮がかなう。さらに、顧客の住所変更などの情報が情報提供ネットワークなどからプッシュ型で証券会社などに配信されることとなれば、事務効率が一気に向上する。

　また、現状ではNISA口座の重複開設のチェックなどに4～6週間を要しており、当初想定されたほどの投資資金流入には至っていない。同様に情報提供ネットワークへの照会が可能となれば、申込みから口座開設までの期間が短縮され、新たな資金の呼び水となるだろう。

　なお、番号制度では、番号漏洩時などに限定されるものの、本人からの申

出を受けた番号変更の可能性が残されている。悪意をもった者が意図的に個人番号の変更請求を行い、結果として「新たな個人番号が周知されるまでの間」に不正取引が横行するのではないか、との懸念もある。個人番号が変更された場合に、変更情報が情報提供ネットワークから証券会社に対して適切にフィードバックされれば、このような懸念も消失する。

(2) 内部者取引排除に向けた番号利用

内部者（インサイダー）取引排除に際しても、番号の活用が有効となる。

証券会社では、日本証券業協会規則に基づき、インサイダー取引の未然防止を図る目的で、内部者登録カードを整備している。内部者登録カードには上場会社の内部者（役員やその同居者）に該当する顧客が記録され、証券会社ではこの「内部者登録カード」を用いて、そこに記録された顧客がその上場会社の株式の売買注文を発注した際に、未公表の重要情報をもっていないかを確認している。

また、これとは別に「J－IRISS」（Japan－Insider Registration & Identification Support System）（内部者登録・照会システム）において、上場会社の役員等に関する情報の登録を促している。具体的には、上場会社（REIT法人やその資産運用会社を含む）の役員を対象に、①姓・名（カナ）、②生年月日、③住所、④会社名、⑤役職名が登録されている。

内部者登録カードとJ－IRISSの関係だが、証券会社は内部者登録カードの整備に際し、顧客が上場会社の内部者に該当するか否かを把握するための補完手段としてJ－IRISSを利用し、内部者登録カードの精度向上を図る、といった位置づけとされている。これにより、一般社員から役員に昇格した場合など、顧客が内部者になった事実を証券会社に申告することを失念した場合であっても、証券会社における把握が可能となっている。

現状では役員のほか、執行役員や、公表前の重要事実に触れる機会の多い部署の社員についても登録は可能とされるが、それは必ずしも義務化されているわけではない。加えて、内部者登録カードとJ－IRISSの管理体系が二

重化していることで、システム運用や事務作業が複雑化している。

そこで、内部者登録カードとJ－IRISSの機能を統合し、個人番号を追加登録することで、より厳格な運用が可能となるとみられる。

4 保険業界における番号の利活用

ここでは、保険会社の課題解消と契約者の利便性という観点から、個人番号の民間活用について考えてみたい。

(1) 課題と番号制度による解決可能性

まず、保険サービス提供に伴うリスクを考えた場合、生損保ともにヒトの生命・財産を対象とした商品であるため、各プロセスでサービス提供する際にはそのサービス対象が「契約者、あるいは被保険者本人か」という問題がつきまとう。さらに、代理店・募集人による販売の場合、これらの者によってヒトの情報が改竄、あるいは誤認されるというリスクもはらんでいる。

以下、これら二つの観点から、保険の業務を「加入」「保全」「支払」の三つのプロセスに切り分け、現在の課題を念頭に今後の番号活用による解決可能性について考えたい。なお、紙幅の都合もあり、本書では生損保の厳密な区分はしていない点をご容赦いただきたい。

① 「加入」プロセス

多くの保険商品は料率区分が「年齢」「性別」に依存するため、以下のような問題が多発している。

・単純な生年月日ミスによる保険料の算定誤り
・加入手続日と保険始期日の不一致による保険料誤り（生命保険の場合、契約締結権も保険会社にあり、契約引受日が誕生日を過ぎると保険料の修正が必要となる）

この問題に対して、個人番号に紐付く4情報（氏名・生年月日・性別・住所）を取得することができれば、少なくとも単純な保険料の算定誤りについ

ては解決することだろう。

② 「保全」プロセス

　保険期間が10年、20年という長期にわたる場合、結婚・引越等によって氏名変更・住所変更などの異動が発生するが、契約者から保険会社に通知されないことが多い。これは保険会社が契約を維持管理するうえでも、代理店・募集人が契約者向けにプロモーションを実行するうえでも大きな障害となっている。

　契約維持管理の側面では、保険料控除証明や満期案内等を郵送した際、宛先不明となって返送されるケースが多発する。コールセンター等の契約者への照会や役所への照会にて宛先が判明することになるが、この対応に係る保険会社の負荷は大きい。また、契約者の所在不明は代理店・募集人の営業面にも影響を及ぼす。契約者の配偶者や子どもを対象とした保険商品を販売するためのアクセスの機会が失われてしまうからである。

　このうち代理店・募集人のプロモーションという側面では、マイポータルや情報提供ネットワークシステムへの照会が可能となれば、複数回の架電確認や役所への居所問合せなどが不要となるため、業務効率化・コスト削減に資する。一方、不正使用の危険性があると認められる場合に個人番号が変更されることがあるため、個人番号も最新化が必要である。

③ 「支払」プロセス

　保険金支払は迅速性・確実性が最も要求される場面だが、前述の保全で触れたように「所在不明」が多々あるため、支払対象者かどうかの特定に時間がかかるケースが多い。さらに、同一契約者が保有する複数の契約が保険金支払の対象となった場合、商品別に支払手続を行うための身元確認を行うことになってしまう。これは、商品別にデータベースが構築されているケースが多く、複数契約を保有する顧客の名寄せが困難なことが原因である。

　ユニークかつ不変の番号を顧客の名寄せに利用することができれば、支払手続の手間も解消され、他商品の請求勧奨をスムーズに行うこともできる。また、保険会社の統合・合併時にも同一契約者の判別が容易となる。

とはいえ、現状個人番号が変更される可能性があるため、番号や個人に関する4情報のいずれかに変更などが生じたときに変更情報が保険会社側に送信される仕組みが確立すれば、さらに望ましいだろう。これにより郵便物の到着率が大幅に向上し、もれなく保険金請求勧奨を行うことができるようになるとともに、誤った番号が法定調書に付与されることがなくなるという効果も期待できるからだ。

(2) 制度先進国の事例

最後に制度先進国の事例[1]を参照しながら、わが国の保険会社が個人番号を有効活用するための道筋を考察してみよう。

① スウェーデン

1571年に教会で住民登録が始まったという歴史的背景と、国民の政府への信頼の高さにより、スウェーデンでは政府による個人情報管理にあまり抵抗がない。正当な利用目的があれば、本人同意がなくても「個人番号」（personnummer）を利用可能であることが特徴である。ほぼすべての行政サービスと民間取引で幅広く活用され、その使用頻度は高い。病院や埋葬責任者は出生や死亡の事実を税務署へ報告する義務があるため、保険でキーとなる生死情報もキャッチ可能である。個人番号とともに登録されている氏名・住所等の情報は、SPARから民間に有料で提供され、保険業でも変更情報が自動的に通知される仕組みを導入し、顧客管理に利用している。

② 韓　　国

1962年に「住民登録法」が制定され、住民登録制度を開始したのが「住民登録番号」（주민등록번호）の始まりである。この「住民登録番号」の利用が浸透しており、保険業務でも住民登録番号をキーとしてデータの集約・名寄

---

[1] 損害保険事業総合研究所研究部『諸外国における損害保険協会等の業界団体システムの状況』（2014）、国際大学グローバル・コミュニケーション・センター「諸外国における国民ID制度の現状等に関する調査研究報告書」（2012、総務省ホームページ掲載）、総務副大臣・渡辺周「番号制度等に関するスウェーデン・オーストリア・ドイツの視察報告」（2010）。

せが行われ、保険金詐欺防止、契約管理、支払の適正化等に活用されている。

③　日本への示唆

　スウェーデンは長年制度を熟成させてきたこと、韓国は保険のバリューチェーン全体のサービスコアとして位置づけたことが大きな特徴である。わが国でも単に「制度に乗る」だけでなく、顧客の利益のための利用範囲を考え、商品をキーとした仕組みから契約者をキーとした仕組みへシフトすることが必要だろう。たとえば、個人番号に紐付いた情報にあわせて、出生・入学・就職・転居・結婚・出産といったライフイベントに応じて必要と思われる保険商品を紹介するイベント・ベースド・マーケティングの仕組みも考えられる。契約者利益をキーとした事務・システムの再構成がいまから求められる。

5　クレジットカード業界における番号の利活用

　2014年12月26日、内閣官房や経済産業省などから「キャッシュレス化に向けた方策」が公表された。ここでは、2020年の東京オリンピック・パラリンピックの開催等をふまえた「キャッシュレス決済の普及による決済の利便性・効率性向上」を念頭に、今後の事業者における現金取扱業務の削減や消費者、外国人観光客における現金引出し等の手間の削減や取引決済の安全性の向上、地域における買い物弱者や介護が必要な高齢者の利便性向上、行政分野における徴求や給付事務の効率化、決済に伴って得られるビッグデータの活用等による販売機会の拡大など、幅広い分野における検討が加えられている。

　特に電子納付についてみれば、現在、すでに国税のe‐Taxでは「Pay‐easy！」（ペイジー）に対応しているほか、一部の自治体では、自動車税やふるさと納税等をクレジットカード等で納付することが可能となり始めているが、全国的にみると可能な自治体は少ないのが実態である（地方税におけ

るクレジットカード収納については、すでに、自動車税、軽自動車税、個人住民税、固定資産税等を中心に、16都府県、51市区町で導入)。

　これに際し、内閣官房および関係省庁では、クレジットカード事業者、オンライン決済システム事業者などから地方公共団体の公金クレジットカード決済の実態などについてヒアリングおよび意見交換を数次にわたって実施している。その結果、内閣官房において、番号制度で構築されるマイナポータル(「マイポータル」および「マイガバメント」)への電子決済ポータル機能の追加が検討されるに至っている。

　具体的には、「マイポータル／マイガバメントに電子決済ポータル機能を設け、2017年1月の運用開始時を目途にマイポータル／マイガバメントからシームレスにクレジットカード決済等、公金の電子的な納付が可能となるような所要の措置の検討を行う」とされた。また、地方税の納付方法については、納税者の利便性のさらなる向上を図る観点から、クレジットカード納付等電子納付の導入団体数の増加を図るため、各自治体における納税者のニーズや自治体の負担する導入・維持コストをふまえながら、自治体に対する助言や情報提供を行う予定としている。この結果として、自治体等に対して、クレジットカード等電子収納の先行事例等を共有し、各自治体への電子収納の導入を促進するといった動きが加速する見通しとなった。

　マイポータルを利用することで将来的には、確定申告の省力化が図られ、生命保険料控除証明書や住宅ローン残高証明書などの電子データをポータル上で受領し、そのまま「e - Tax」との連動機能を用いて電子的に申告できることとなる。また、その際の支払もクレジットカードで可能となれば、これまで利用者が伸び悩んでいたe - Taxの活用機運が高まることが期待される。

　このように、今後、番号制度導入に向けて関連法規の改正などが進むことが予想されることから、決済シーンでの利用を中心に、政府主導でICカード機能を有する個人番号カードの活用シーンの拡大が図られることとなる。クレジットカード業界のほか、バンキング業界などとの顧客情報の紐付けな

どが実現されれば、個人番号をキーに、顧客情報の一元管理が可能となり、いわゆるONE－TO－ONEマーケティングのように、顧客一人ひとりの属性や消費性向に合致したオプトイン型の商品・サービスの提供も容易となるだろう。

　このように、クレジットカード業界では政府主導による決済シーンの拡大というこれまでにない大きなビジネスチャンスが到来しつつあり、クレジットカード業界と他業界との連携による新たなビジネスモデルの創出も期待されるところだ。

第 4 章

マイナンバー制度の背景

これまでの章で、金融機関は、社会保障・税番号制度によって多大な影響を受けることを説明してきた。それでは、番号制度はそもそも何のために制定されるに至ったのか。どのような制度なのか。ここからは、背景と仕組みについて理解を深めたい読者のために、詳細を解説する。

　行政機関の窓口での申請、銀行での預金口座開設申込み、医療機関での健康保険医療申請……。
　私たちは生活のさまざまな場面で、名前を書き、住所を記入し、生年月日を示している。自分の手で書かないときでも、窓口の人に名前や住所などが書かれた運転免許証や健康保険証などをみせ、確認してもらい、場合によっては書き写してもらっている。
　自分の名前などを教えているのは、それによって何らかのサービスを受けようとしている場合が多いが、税や手数料の納付のように義務として課せられているものを履行した意思表示として教えている場合もある。
　この時、名前や住所などを自分が自分であることの徴（しるし）として使い、申込みを行い権利を行使し義務を果たしていることになる。
　しかし名前だけでは同姓同名の他人がいるかもしれない。住所だけでは同居の家族と区別がつかない。部屋番号が省略されたりする場合には、同じアパートの別の部屋の住人と区別がつかない場合さえある。生年月日でも同じ日にこの世に生を受けた者がたくさんいる。したがって、名前と住所、生年月日、その他その人を表す情報、つまり属性情報をいくつか用いることで、自分を他人とは異なる個人と区別して（「識別」）表現することになる。
　だが、名前などを示しただけでは、自分が他人と異なるということを示すだけであり、たしかに実在する人間であることを示したことにはならない。架空の名前や住所を示しても識別は可能だからだ。身元不明の者にも適用されている福祉サービスなどを除き、識別された個人に対して、たしかに実在する血と肉をもった物理的な人間を紐付けることで、はじめて私の権利義務にかかわることができる。だれかがこの識別・特定を行い、たしかにこの人

は券面に書かれた人であると証明する書類が、いわゆる身分証明書である。また、この人は何かをすることができる権利をもっていることを証明するかサービス提供者が提供するサービスを受ける権利をもっていることを証明するものが資格証明書である。

　この識別と特定に用いた氏名や住所などの情報（個人情報）は、権利や義務ごとに受け入れられ、管理・保存されている。端的にいえば、自らの個人情報は多くの者によって把握され、記録・記憶されている。しかし一方で、個人情報を知る者がそれを利用して当該個人情報の本人の意に沿わないことをするのは、本人の自由を侵害することにつながる。したがって、個人情報の扱いに関しては、個人情報保護の観点から、本人への取得目的の通知に始まり、目的外利用にかかわる義務的手続など抑制的な措置が求められている。

　一方、ICT（情報通信技術）の発達は、個人情報の扱いに関して別の観点も提供してきた。個人情報を適正に流通させることで、さまざまな活動をより効率化し、個人や企業、行政機関などにより利便性のあるサービスを提供する素地をつくることができる、というものである。従来、個人情報は個々の権利や義務の関係先のなかにとどまり、そこからその個人情報を利用する者が拡大することはイレギュラーなこととして考えられた。名簿業者がどこからか名簿を入手し、その名簿を購入した業者が本人に断りなくダイレクトメールを送るといった典型例や、認知症の老人に対して複数業者が連携してさまざまなものを売りつけるといった悪事例があり、また、多数の個々人の属性をもとに複数業者が連携して個別にサービスを提供するという観念そのものがほとんどなかった。行政機関においても、縦割りの観念が強かったため、個人に対して制度を横串でみて行政サービスを提供する発想はほとんど生じなかった。このような状況であったものが、ICTの発達によって情報流通コストの低減などが可能となったことなどから、考え方の転換が起きたのである。

1 個人の識別・特定に対する課題

　しかしここで二つの問題が出てくる。
　一つは、個人の識別子をどのようにするか、という問題である。
　識別子とは、個人を識別するための記号であり、先の例でいえば「氏名」または「氏名＋住所＋生年月日」のセットなどである。また健康保険制度であれば記号番号であり、年金制度では基礎年金番号、各サービス事業者が発行する会員番号なども識別子に当たる。個人情報を流通させ制度横串で行政サービスを提供する場合は、制度ごとの個人情報を突合・紐付けすることになる。この時、これまで個々の制度ごとに異なる識別子が設けられていることが多いことから、最初に識別子どうし、たとえば制度ごとの番号を対照させることになる。ここでさらにいくつか問題が出てくる。まずは重複付番の問題で、制度のなかには個人に対して複数の番号を発行しているものがある。次に、識別子そのものの変更の問題がある。「氏名＋住所＋生年月日」に関しても、結婚等によって姓が変わったり伝統を受け継ぐために改名されたりすることがある。住所は引越によって変わるし、市町村合併や町名変更などによっても変わる。さらには漢字等表記の問題もある。氏名や住所の表記にあたり、外字を利用していることもあり、異なる制度では外字部分が一致しないことがある。日本の多様な文字文化が、識別子としての氏名や住所等の突合にあたっては逆効果となる。また生年月日については、本来変動が生じることはあまりないものの、そもそも真正な生年月日を届け出ていないケースも多い。つまり制度ごとの番号にせよ、氏名や住所、生年月日等の個人情報にせよ、複数の組織や制度、サービスをまたがった場合、ある特定個人を突合・紐付けするのはさほど容易なことではない。これまで必要により制度をまたがって特定の個人を突合・紐付けしていた場合、この細かな判断を伴う同定作業を最後は人力で行っているために、多くの稼働がかかり、効率的とは言いがたい状況もうまれがちであった。制度が類似するなどの理由

により比較的突合作業が容易であったとしても、突合し切れなかった少数の対象者の突合が困難である場合には、その解決のため、やはり多くの稼働がかけられていた。

　もう一つの問題は、プライバシー侵害をどのように防ぐか、という問題である。

　個人情報の流通は、個人の自由の抑圧につながりかねない問題をはらむ。本人の同意があった個人情報の流通は、その同意が本人の自由意思によってなされたものである限り、その同意の範囲内での流通において正当化できる。一方、本人の同意がない個人情報の流通は、個人の自由の発動を阻害するおそれがある。このため、法令で社会的な見地から本人同意を得ないでもその本人の個人情報を用いることが妥当とされるといった例外はあるものの、本人同意を得ない個人情報の流通は原則として禁止されている。この本人同意がない個人情報の流通をどのように制御するかが課題となる。特に、「意図しない名寄せ」といわれる、本人同意がないままの、本人に関する多様な情報の突合・紐付けは、究極には、本人の行動を先回りして抑圧したり、さらには本人の自由意思を萎縮・抑制させたりすることにつながる。たとえ社会防衛的な観点があるにせよ、過剰な抑圧や萎縮・抑制効果をもたらすことは、自由な社会を実現・維持するためには好ましいことではない。

　また、一般に個人は同じ名前を用いて社会とかかわり合いをもっているが、名前を使い分け、さまざまな顔を社会に対してみせるのもまた自由である。特に実名の必要があるもの以外には仮名や匿名であってもかまわないというのが自由主義社会の考え方となる。しかし制度間を横串で情報流通する場合、このような顔の使い分けがむずかしくなるケースが出てくる。これまでは制度縦割りであったため、その制度のなかで顔が一貫していれば問題が生じるおそれが比較的少なかったものが、他の制度と通じることで別の顔を用いる自由度が低くなる可能性が出てくる。名寄せ、紐付けが困難であるがゆえに護られてきた自由もあったが、こうしたことが自由の侵害につながるおそれがある。

2 番号制度の歴史

これまで日本ではいわゆる番号制度が断続的に検討され続けてきた。

第1章でも触れているが、1970年頃には行政管理庁（当時。後に総務庁）において「各省庁統一行政コード」、1980年頃には国税庁において「グリーンカード制」の検討が行われた。前者は行政内部での電子計算機利用による情報の共同利用のためのもの、後者は事実上の納税者番号制度で税の公平負担を図るためのものという違いはあるものの、いずれも国民に対して一意の識別子としての番号を交付して利用するという点では同じである。しかしながら、前者は国家権力によるプライバシー侵害などの観点から反対運動が起き頓挫し、後者は導入寸前まで行きながら資産把握に対するプライバシー侵害などの観点から廃止された[1]。

こうした前史がありつつも、行政事務における情報流通の要請は強く、2000年頃に新たな動きが起きた。「住民票コード」である。1999年には改正住民基本台帳法が成立し、2002年に住民基本台帳ネットワーク（住基ネット）が稼働開始、2003年には住民基本台帳カード（住基カード）の交付が開始された[2]。この住基ネットで住民を一意に特定する識別子として住民票コード（住基コード）が設けられた。住基ネットにより、ICTを利用した情報流通を促すことで行政事務の効率化等が構想されたものの、国家権力によるプライバシー侵害の危険性が再度訴えられ、結果として、流通する情報が住民票情報に限られ、その流通範囲もごく限られた行政関係機関に閉じられることとなった。また住基コードについても、用途を行政内のごく限られた事務にの

---

1 各省庁統一行政コードの経緯等については、古川利明『デジタル・ヘル―サイバー化「監視社会」の闇』（第三書館、2004）、中山太郎『一億総背番号』（日本生産性本部、1970）を参照。グリーンカード制の経緯等に関しては、石村耕治『納税者番号制度とプライバシー―高度情報化社会における納税者の権利』（中央経済社、1990）を参照。
2 住基ネットの経緯等については、榎並利博『共通番号（国民ID）のすべて』（東洋経済新報社、2010）を参照。

み限定され、また本人の自由な意思により変更可能とされた。一方、住基カードに関しては、ICカードであることを利用し、自治体の創意工夫によって利便性のあるサービス、たとえば図書館利用者証などにも使えるものとされたほか、公的個人認証サービスを利用するためのいわばカギとして、e‐Taxからの申告や住民票などのコンビニエンスストアでの交付などにも使うことができるものとなった。このような用途により、住民には一定の利便性はあった（筆者も利用しているが、住民票などのコンビニ交付は本当に便利）ものの、本来の用途である身分証明書としては、そもそも身分証明書として既存の運転免許証や健康保険証など普及率が高いものが存在し利用されていたことなどの理由により、人口普及率はおおむね5％程度の水準となった。

　このような住基ネットや住基コードの用途制限については、プライバシー保護と引き換えに用途を限定した情報流通の仕組みまたは識別子とするよう国民自身が選択したといえる。住基カードの普及率に関しても、住基カードの本質は純粋な身分証明書であったものの、運転免許証や健康保険証といった既存の資格証明書をもって身分証明書に代替することでよしとした国民と身元確認に関する関係機関の選択によるものといえる[3]。

　しかし一方で、増大する社会保障費用に対する負担のあり方や、その半面としての税の公平性といった観点から、社会保障制度と税制との間での制度を超えた情報流通が具体化に向けて検討されるようになってきた。たとえば2009年の民主党政策集INDEX2009で給付付税額控除の実現が書かれたが、これは社会保障制度と税制との間で特定個人に関する所得等の情報を流通させることで実現可能となる制度である[4]。また、このような新たな制度を導入するにあたっての導入コストをいかに合理的なものにするかも課題となっ

---

[3] 住基ネットと住基カードは本来用途が異なるものであり、住基ネットは情報流通のためのもの、住基カードは身分証明のためのものである。住基カードは住基ネットをもとに交付されるものであるが、住基ネットは住基カードの交付専用のシステムではなく、むしろそれ以外の用途（行政内情報流通）に本質がある。

た。つまり、特定の制度導入のみに特化した識別子や情報流通の仕組みなどを部分最適的に創設するのは合理的ではなく、全体最適の観点から将来の制度変更や制度創設などを見越し、社会の基盤としての識別子や情報流通の仕組み、身分証明の仕組みを社会投資的な観点から設け、今後それを活用することで結果として導入コストを下げ、柔軟な政策変更等を容易にすることが目指された。これには、先進諸外国に比べ社会基盤としての識別子等の整備が遅れたことへの反省があった。また電子計算機や情報ネットワークを用いて行政事務をより効率化し、国民や企業の利便性を高めながらプライバシーやセキュリティも保護するという電子行政の推進の観点からも、この機会にあわせて基盤整備を行うこととされた。政府においては、2001年のe－Japan戦略とそれに続くIT戦略において各行政手続の電子化や高速通信環境の整備等が図られたが、各府省庁の壁を超えた情報利活用を中心とした行政事務の見直しにはあまり進捗がみられなかった。そこで、政府高度情報通信ネットワーク社会推進戦略本部（情報通信技術（IT）戦略本部（当時）。現在の略称はIT総合戦略本部）（付録参照）において「国民ID制度」の検討が図られた。そこではまずは情報連携に係る基盤整備を行い、そこに情報流通を中心に見直した各府省庁の事務を載せることで行政事務の電子化を進めるとともに、行政機関による個人情報の濫用を抑制・監視し、プライバシー保護等に配慮しつつ、将来の幅広な行政事務の効率化や国民等への行政サービス向上につなげることがもくろまれた。

　このような方向性が収斂したものが、2010年から「社会保障・税に関わる番号制度に関する検討会」で行われた番号制度に関する検討であり、2011年に「社会保障・税に関わる番号制度の基本方針」「社会保障・税番号要綱」「社会保障・税番号大綱」としてまとめられ、2012年2月にマイナンバー関

4　『民主党政策集INDEX2009』（2009年7月23日）では、「税・社会保障共通の番号の導入　厳しい財政状況の中で国民生活の安定、社会の活力維持を実現するためには、真に支援の必要な人を政府が的確に把握し、その人に合った必要な支援を適時・適切に提供すると同時に、不要あるいは過度な社会保障の給付を回避することが求められます。このために不可欠となる、納税と社会保障給付に共通の番号を導入します」とされている。

連3法案（行政手続における特定の個人を識別するための番号の利用等に関する法律案、行政手続における特定の個人を識別するための番号の利用等に関する法律案の施行に伴う関係法律の整備等に関する法律案、地方公共団体情報システム機構法案）として閣議決定され、国会に提出された。

同年11月に衆議院が解散したためいったんこれらの法案は廃案となったが、翌年2013年3月に、内閣法等の一部を改正する法律案（政府CIO法案）を加えたマイナンバー関連4法案を再提出し、同年5月に衆参両院で可決・成立、同月31日に公布となった。政府CIO法案は、番号制度等に関する政府情報システムへのガバナンスを強化するため政府CIOの設置などを定めたものである。

このマイナンバー関連4法に基づく制度が「社会保障・税番号制度」、いわゆる番号制度（マイナンバー制度）である[5]。

番号制度では、識別子の問題は個人に対して「個人番号」を、法人に対して「法人番号」を創設することで解決する。さらに、プライバシー保護に関しては、後述するように、個人番号や特定個人情報（個人番号をその内容に含む個人情報）の取扱いに関して制限を設けたり、一定の場合は個人番号の変更を可能にしたり、国や地方公共団体、情報提供ネットワークシステムに接続する機関が行う一定数以上の特定個人情報を扱う事務等に対してプライバシーやセキュリティに関する安全管理措置を求めその評価を行う特定個人情報保護評価（PIA: Privacy Impact Assessment）を行う義務を課したり、これらに関する監視・監督を行う特定個人情報保護委員会を新たに創設したりといった施策がとられた。特に、行政機関であっても個人番号を利用する事務を制限し、情報流通可能な事務（情報連携を行う事務）に関しても事務を

---

[5] 社会保障・税番号制度に関して、愛称の募集が2011年2～3月に行われ、有識者による検討をふまえ、「マイナンバー」として決定された。これにより「社会保障・税番号制度」は「マイナンバー制度」とも呼ばれるが、マイナンバーという言葉は個人に交付される番号を強く連想させ、番号制度において一方の柱である法人番号を連想させることは少ないと思われる。事業者においては法人番号の扱いも非常に重要であることから、本書では社会保障・税番号制度の略称として、「番号制度」を用いる。

行う者と連携する情報を法令で規定し、規定にない事務においてみだりに情報連携されないようにする措置がとられることとなった。これらにより、国会における政府答弁によれば、法執行機関は捜査等の過程で裁判における証拠とする以外の目的で個人番号を利用できないこととされるなど、行政機関における個人番号の利用がみだりに拡大しないよう措置された。また、国や地方自治体などの間での情報連携の記録は当該情報の本人（住民）がインターネットから閲覧・確認することが可能とされ、行政機関の活動に対して住民による直接の監視ができることになった[6]。こうしたことにより、プライバシー侵害などによる個人の自由への脅威に対して一定の歯止めが設けられることとされた。

---

[6] この意味で番号制度は、PIAの情報保護評価書のパブリックコメントとあわせ住民からの行政への監視をも制度のなかに内包したものであり、住民として積極的なコミットメントを行うことが期待される。

第 5 章

マイナンバー制度の仕組み

社会保障・税番号制度により、行政機関や健康保険組合などについては、主に年金・健康保険・労働保険・生活保護など社会保障分野と国税・地方税の税分野において、個人に交付される「個人番号」や一般企業などに交付される「法人番号」を利用して給付や徴税、調査などを行う事務ができるようになる。一般企業に関しては、このような行政機関等の事務のために、行政機関等に提出する書面等に従業員や顧客等の個人番号や法人番号を記載して提出したり、個人番号や法人番号をもとに行政機関等から照会される事務に協力したりするといった事務が発生する。

　個人番号と法人番号は、2015年10月の時点で住民基本台帳や商業登記簿に記載されている者には、15年10月以降に通知が開始される。出生や新規設立登記などの事由により新たに番号が交付される場合は、その事由の発生を受けて通知される。

　個人番号と法人番号の利用は早ければ2016年1月から、行政機関等や一般企業において、上記のような事務で開始される。個人番号や特定個人情報（個人番号をそのうちに含む個人情報）の取扱いは、特定個人情報保護委員会により監視・監督を受けることになる[1]。

１　マイナンバー制度の四つの柱

　これが番号制度による基本的な影響であるが、仕組みとしてみた場合、番号制度は図表5-1のような構成となる。この図は番号制度の所管官庁である内閣官房／内閣府が公式説明で使用しているものと基本的に同じであるが、番号付番、情報連携、本人確認の3本柱に加え、事業者にとっては個人

---

[1] 特定個人情報は雑駁にいえば個人情報でもあることから、（特定）個人情報に関して番号法で特に定められた事項を除いて、個人情報部分に関しては既存の個人情報保護法の規制等を受けることになる。2015年の通常国会に個人情報保護法の改正案が提出されており、改正個人情報保護法が成立した場合、従来の個人情報保護法のもとで主務官庁による監督を受けていた個人情報の取扱いは、特定個人情報保護委員会を改組・改名した個人情報保護委員会が監督することに変わることになる。この場合でも、個人情報保護委員会は主務官庁に監督を委任することとされている。

図表5-1　番号制度の四つの仕組み

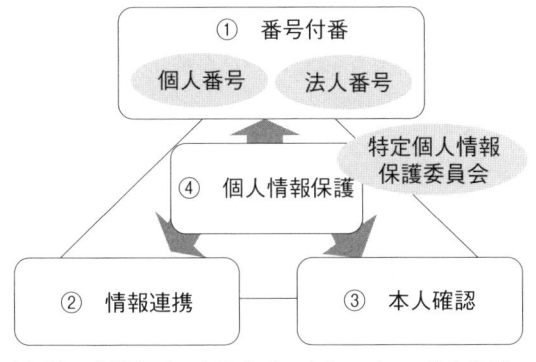

```
         ①  番号付番
      ┌─────────────┐
      │ 個人番号  法人番号 │
      └─────────────┘
            ↑
      ④ 個人情報保護    特定個人情報
                       保護委員会
       ↙         ↘
  ② 情報連携    ③ 本人確認
```

（出典）　内閣官房・内閣府「マイナンバー　社会保障・税番号制度　概要資料」（平成27年5月版）をもとに作成

情報保護対策も非常に重要であることから、それらを規律する個人情報保護を加えて4本柱としている。

(1) 番号付番

「番号」制度として、他の制度との最大の違いはこの番号付番である。個人に対して「個人番号」、法人に対して「法人番号」が交付され、これらの番号を既存の個人情報や法人情報に対して紐付けることになる。なお、このように紐付けられた「個人番号をその内容に含む個人情報」が特定個人情報（番号法[2]第2条第8号）であり、「法人番号保有者に関する情報であって法人番号により検索することができるもの」が特定法人情報[3]（番号法第59条第1項）である。

---

[2] 正式名称は「行政手続における特定の個人を識別するための番号の利用等に関する法律」。なお、2015年の通常国会に提出された番号法の改正案が成立した場合、以下で示す条文の番号の一部がずれることがある。

[3] 番号法では「法人番号により検索できるもの」との要件があるが、検索可能性を最大限にとらえ、本書では単に「法人番号をその内容に含む法人番号保有者に関する情報」を特定法人情報と呼ぶ。

第5章　マイナンバー制度の仕組み　97

(2) 情報連携

　特定個人情報または特定法人情報は、ただ単にその紐付けを行った機関のなかで使われるだけで他の機関に提供されない場合、情報流通による効率性や利便性を追求することはできず、その効果は一意性をもつ識別子による機関内名寄せによるものにとどまる。番号制度によるメリットはまさにこの情報の他機関への流通、つまり情報連携によって生じる。たとえば、税に関係する機関から所得情報を社会保障に関係する機関に連携することで、所得の程度にあわせたきめ細かい社会保障制度の運用が可能になるほか、社会保障制度による受給に関連したさまざまな情報の収集が容易になり、結果として受給者にすみやかに適切な社会保障サービスが提供できるようになるなどのメリットがある。また、さまざまな申請を行う個人にとっても、申請書類への添付が求められる行政からの証明書類の取得が不要になるなどのメリットがある（図表5－2）。

　この情報連携を行うために、国において、国、地方公共団体および独立行政法人などを結んで情報の要求と提供を行う「情報提供ネットワークシステム」（コアシステム）を構築することとされている。この情報提供ネットワークシステムは、国等の機関の間では2017年1月から情報連携が開始され、地方公共団体等を含む全体では17年7月から連携が行われることとされている。

(3) 本人確認

　しかし、このような情報連携も、そもそも他人の個人番号を自らの個人番号として申告されることでその個人番号が別人の個人情報に紐付けられてしまったり、実在しない個人番号が偽造され虚偽の個人情報が申告されたりした場合、意味をなさないものになる。また、このようなことが横行した場合、制度そのものの信頼が失われることになり、制度によるメリットを生み出せなくなるおそれがある。先行して番号制度を導入した各国（アメリカの

図表5-2　番号制度によるメリット

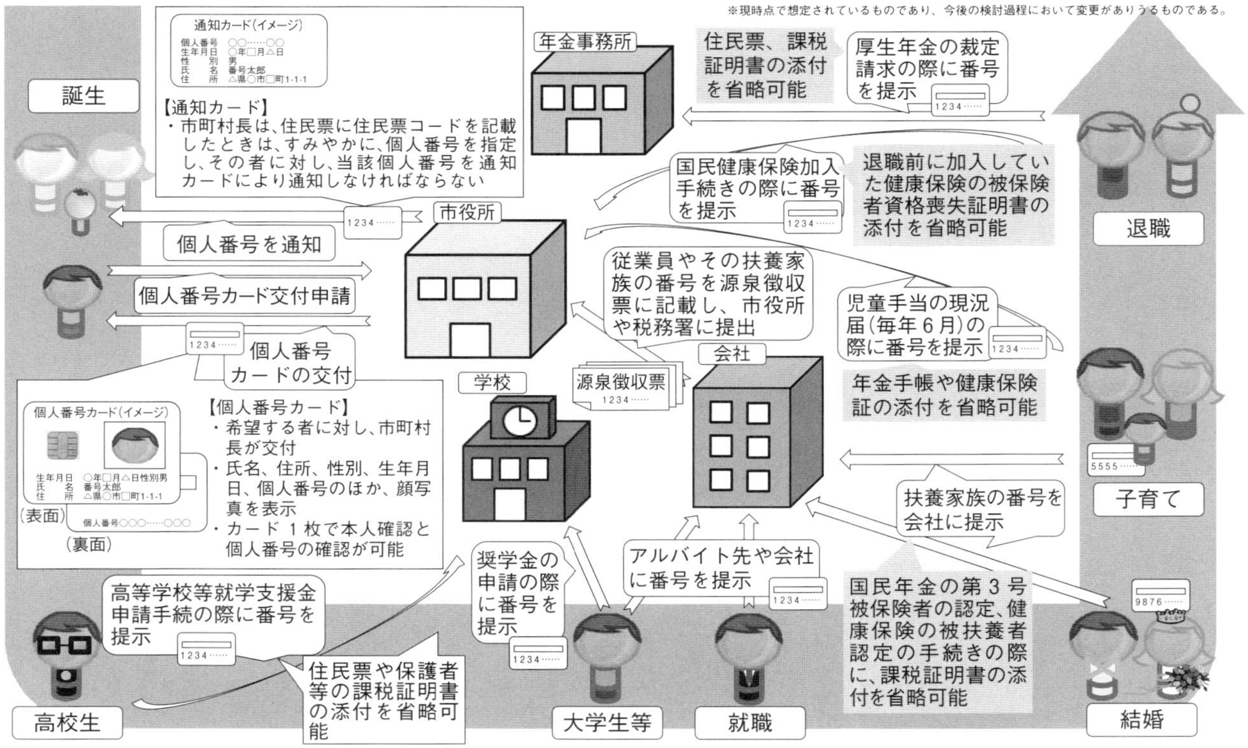

※現時点で想定されているものであり、今後の検討過程において変更があり得るものである。

(出典) 内閣官房社会保障改革担当室「個人番号の利用例」

第5章　マイナンバー制度の仕組み　99

社会保障番号（SSN）や、韓国の住民登録番号など）の教訓から、特に個人に付番された番号を知っていること、つまり個人に関する番号を暗証番号代わりに用いることによって、番号が記載された簡易な書面の提示を受けるだけで本人の番号と認めることには大きなリスクがあることがわかっている。制度開始が早かった外国の一部では、本人に関する識別子として用いることができるとの利便性から、さまざまな手続で本人の番号の提示を求めたことにより、なし崩し的に本人に関する番号を知っている者が増えてしまい、それがなりすましを発生させる原因の一つにもなっている。このことが一部の国では既存の番号に加えて別の番号などを創設することにつながっている。

このため日本の番号制度では、番号制度独自の本人確認の手続を設けることで、このなりすましを抑止し、制度への信頼を確保しようとしている。具体的には後述するが、個人に関していくつかの証明書等の提示を受け、それを本人と紐付けて確認することが、個人番号を扱うこととされた行政機関等や一般事業者に義務づけられている。特に一般事業者にとっては、本人確認に関する事務をどのようにするかが、番号制度に関する対応での要になる。こうした本人確認を経て、個人番号と個人情報との紐付けを行うことになる。

本人確認に関しては、「個人番号カード」という身分証明書が新たに交付され、オンラインでの本人確認を行うための「公的個人認証サービス」を利用できる者が一般事業者にも拡大されるなど、本人確認を確実・容易にするための仕組みも準備されている。

なお、法人に関しては、個人番号に関する本人確認に相当する義務は番号法では置かれていない。「一般に取引の相手方を確認するのと同程度の相手方の確認において法人番号を確認することになる」といった運用が想定されているが、法人番号を利用する事務を規定している個々の法律のなかで、法人番号に関する確認の規定が置かれているものがあるため、注意を要する。

(4) 個人情報保護

以上の(1)番号付番、(2)情報連携、(3)本人確認のそれぞれに対して、個人情

報保護の観点から措置がとられ規制がかかっている[4]。

　たとえば、後述のように、個人番号に関しては、それが「漏えいして不正に用いられるおそれがあると認められるとき」には変わる可能性がある。

　情報連携に関しては、個人番号を利用できる者と事務が限定されており、たとえ行政機関といえども、法で認められた範囲を逸脱して他の機関にある個人の特定個人情報を求めることができない。同じく法で認められた範囲を逸脱して他の機関に提供することもできず、収集・保管することもできない。仮にそのような収集を行った場合刑事罰の対象となる可能性がある。また違法な要求や提供は特定個人情報保護委員会から是正措置命令が下される可能性がある。国、地方公共団体、独立行政法人等の間での情報連携に関しては、原則、先述の情報提供ネットワークシステムを通して行うこととされている。この情報提供ネットワークシステムにおける情報連携のログは、その情報連携の対象となった特定個人情報の本人がインターネットから閲覧できるようになっており、自己の情報について、いつどの機関がどのような理由により提供したかわかるようなしかけ[5]が構築されることになっている。また行政機関が保有する自己の特定個人情報に関しても、一定の範囲で確認することが可能となっている[6]。

　個人番号カードに関しても、ICチップ自体のセキュリティが高いことに加え、所得や医療の診療録など機微な情報はICチップに格納しないこととされており、万が一紛失した際にも情報がICチップから漏出しないような措置がとられている。

　こうした措置に加え、特定個人情報を取り扱う事務一般に対して、特定個人情報保護委員会から「特定個人情報の適正な取扱いに関するガイドライン」が公示されている（付録15参照）。これは行政機関・地方公共団体・独立

---

[4] 法人情報の保護の観点は番号制度では特に設けられていない。既存の法体系のもとでの営業秘密の保護などで措置される。
[5] 情報提供等記録開示システム（いわゆるマイナポータルの機能の一つ）の情報提供等記録表示業務によるもの。
[6] マイナポータルの自己情報表示業務によるもの。

行政法人等に対するもの[7]、従業員等の特定個人情報を扱う一般企業・健康保険組合・企業年金基金等に対するもの[8]があり、顧客等の特定個人情報を扱う金融業務に関しては一般企業向けのものの一部を金融業務向けに置き換えたものが作成されている[9]。このガイドラインでは特定個人情報を保護するための安全管理措置が規定され、一般企業を含む各機関において特定個人情報保護のためになすべき体制や規程類の整備、教育訓練、情報システムにおける措置などの大枠が書かれており、各機関はこのガイドラインの内容に沿った安全管理措置が求められることになる。

　さらに国、地方公共団体や情報提供ネットワークシステムに接続する機関等に関しては、原則、特定個人情報保護評価（PIA）を行うことが義務づけられている（付録14参照）。PIAとは、一定数以上の特定個人情報を扱う事務等に対してリスク対策の観点からプライバシーやセキュリティに関する安全管理措置を求めその評価を行うものである。取り扱う特定個人情報の対象となる本人の数が多かったり、取り扱う者が多かったり、過去に漏出事故を起こしたりした場合、全項目評価や重点項目評価といった、より重い評価を行うことになる。評価結果は評価書として公開されることになるが、全項目評価の場合、評価の過程で国の場合は国民、地方公共団体の場合は住民からの意見を受け付けるほか、第三者による確認を経る必要があるなど、客観性をもって安全管理措置に取り組んでいることを機関外部とのコミュニケーションをふまえ示していくことが求められる。一般企業の関係では、一部の健康保険組合を除きPIAの義務づけ対象となっていないが、これは企業内の統制で安全管理措置に取り組んでいることが確認されているとみなされているためであり、安全管理措置そのものを行う義務がないという意味ではまったくない。また健康保険組合に関しては情報提供ネットワークシステムに接続

---

[7] 「特定個人情報の適正な取扱いに関するガイドライン（行政機関等・地方公共団体等編）」
[8] 「特定個人情報の適正な取扱いに関するガイドライン（事業者編）」
[9] 「（別冊）金融業務における特定個人情報の適正な取扱いに関するガイドライン」

するためにPIAの対象となるが、単一組合や密接な関係をもつ企業グループで設立した組合の場合はPIAの義務づけからは免除されている。しかしながら、免除されている場合は、一般企業と同じく企業内の統制で安全管理措置がとられていることを確認しているとされているからであり、当然安全管理措置を行う必要がある。なお、一般企業等がPIAを任意で行うことも可能である。

2 個人番号（図表5－3）

番号制度の全体概要は以上だが、以降、個々の事項についてその内容と注意点を示そう。

個人番号は、そのもととなるものは住民基本台帳に記録された住民票コー

図表5－3　個人番号

付番対象	・住民基本台帳に記載の者 ・付番開始時（2015年10月）に住基台帳に記録がある者に付番（初期付番） ・初期付番後は、出生等により住基台帳に記録されたとき付番 ・在外邦人で住基台帳に載ったことがない者は帰国時に住基台帳に記録されたときに付番 ・3カ月以上滞在する中長期滞在外国人や、特別在留外国人などにも付番
付番する者	・市町村長
個人番号を生成する者	・地方公共団体情報システム機構
もととなる番号	・住民票コード
番号の仕様	・12ケタ。ランダムな数字（11ケタ）＋チェックディジット（1ケタ）。
通知方法	・市町村長が、通知カードを付番対象者に送付
変更可否	・個人番号が漏洩して不正に用いられるおそれがあると認められるときは、本人の請求または市町村長の職権で変更可能

ド（住基コード）である。住基コードを変換してランダムな数字11ケタを生成し、その末尾に検査用数字（チェックディジット）1ケタ[10]を付した12ケタの数字となっている。個人番号の指定・通知を行う者は市町村長だが、そのもととなる個人番号は地方公共団体情報システム機構（J‒LIS）が住基ネットを使用して生成する（図表5‒4）。

個人番号の対象者（本人）に対しては「通知カード」という紙のカードが簡易書留で送付され、それで自らの個人番号が何番か知ることになる。通知カードは券面に個人番号のほか、住民票の氏名、住所、生年月日などが記載

図表5‒4　個人番号付番の基本的なフロー（出生時の例）

親が、市町村長に、本人（子ども）に係る出生届を提出

① 市町村長が、住民票に住民票コードを記載（番号法第7条第1項）

② 市町村長が、地方公共団体情報システム機構に対し、個人番号を指定しようとする者（本人）に係る住民票に記載された住民票コードを通知（第8条第1項）

③ 地方公共団体情報システム機構は、付番システムを用いて、住民票コードから個人番号を生成（第8条第2項）

④ 地方公共団体情報システム機構は、付番システムを用いて、個人番号を当該市町村長に通知（第8条第2項）

⑤ 市町村長は、本人に係る個人番号を指定（第7条第1項）

⑥ 市町村長は、通知カードにより、本人に通知（第7条第1項）

本人（または法定代理人である親）が通知カードを受領。個人番号を認知

親による代理申請により、通知カードと交換で、個人番号カードを取得

10　対象となる複数の数字の入力等が間違っていないかをある程度確認するための数字（ただし一定確率で確認をすり抜ける場合がある）。この場合は11ケタ部分の数字入力が間違っていないかを確認するためのもの。検査用数字の算式は、総務省令（行政手続における特定の個人を識別するための番号の利用等に関する法律の規定による通知カードおよび個人番号カード並びに情報提供ネットワークシステムによる特定個人情報の提供等に関する省令（平成26年総務省令第85号）第5条）（付録8参照）で示されている。

される。このほか、通知カードを忘失等した場合、その再発行を受けていないときでも、2015年10月以降、本人の申請により個人番号を記載した住民票の写しや住民票記載事項証明書の交付を受けることが可能となるため、それによっても自らの個人番号を知ることが可能となる。

また2016年1月以降は、申請により、通知カードと引き換えに「個人番号カード」というICカードの交付を受けることができるようになる。この券面（裏面）にも個人番号が記載されており、これによっても自らの個人番号を確認することが可能となる。個人番号カードは本体がプラスチックであることから、通知カードより耐久性があるため、個人番号を確認する媒体として継続使用することが見込まれている。有効期間は10年となる。

なお、個人番号は未成年の者にも交付される。未成年の場合の個人番号カードの有効期間は5年である。

個人番号に関する注意点は二つある。

一つ目は、個人番号の交付対象者である。

よく説明で丸めて「個人番号は国民に対して付番される」と表現されることがあるが、正確にはこれは間違いとなる。正しくは「住民に対して付番」であり、住民基本台帳に記録され住基コードが振られた者に対して付番されることになる。

したがって、日本国籍を保有している者でも、出生時から継続して外国に居住し、一度も日本に居住して住民基本台帳に記録されたことがない場合、その者は住基コードが交付されていないため、個人番号をもたない。

また逆に外国籍の者であっても、在留資格があり3カ月を超えて在留している者や特別永住者などは、2012年7月から住民基本台帳に記録されるようになったため、住基コードをもっており、個人番号の交付対象となる。したがって、外国人でも個人番号をもっている者がいることに注意する必要がある。

二つ目の注意点は、個人番号は変わりうるものであることである。

具体的には、番号法第7条第2項で、市町村長は、本人の個人番号が「漏

えいして不正に用いられるおそれがあると認められるとき」は、「その者の請求又は職権により」個人番号を変更しなければならないとされている。

この変更が認められるケースとして、具体的には「本人から個人番号の提供を受けた者が、当該個人番号を本人以外の第三者の利益のために不正に利用する目的で漏えいした場合」や「個人番号が記載された個人番号カードが盗まれて当該個人番号カードが不正に利用される危険性がある場合」「詐欺、暴力などで個人番号を他人に知られ、当該個人番号を不正な目的で使用される場合」などがあるとされている[11]。例示のうち個人番号カードが盗まれたケースがあるように、たとえば通知カードまたは個人番号カードを入れた財布を人混みですられた場合、スリは悪人であるから不正に利用する危険性があるとみなされる可能性がある。またその財布をどこかに落とした場合も、拾った者が悪人であり警察署に届け出ることなく不正に利用するおそれがない、とはいえない。したがって、個人番号は住民票コードとは異なり、本人の自由な意思によって変更可能なものとされておらず、原則一生涯同一の番号を利用することが想定されているが、上記のようなケースにおいて市町村長の判断により個人番号が変更される可能性がある。

通知カードや個人番号カード入りの財布を落とす者はそれなりに発生すると思われる。最終的には市町村の判断によることになるが、いずれにせよ個人番号の変更への対応が実務上生じることは十二分に想定される。

3 個人番号を利用する事務

個人番号はそれ単体でみれば単なる12ケタの数字である。個人番号は個人情報と紐付けられることで価値が生まれる。この個人番号およびそれに紐付けられた個人情報、正確には「個人番号をその内容に含む個人情報」を、番号制度では「特定個人情報」という。

---

11 内閣府大臣官房番号制度担当室『行政手続における特定の個人を識別するための番号の利用等に関する法律【逐条解説】』。

図表5－5　個人番号、特定個人情報、特定個人情報ファイル

①	個人番号	○住民票コードを変換して得られる番号。
②	特定個人情報	○個人番号をその内容に含む個人情報。 ○個人番号に対応しその個人番号に代わって用いられる番号、記号なども、個人番号として扱う。
③	特定個人情報ファイル	○個人番号をその内容に含む個人情報の電子ファイルなど。 つまり、個人情報を含む情報の集合物であって、特定個人情報を検索することができるように体系的に構成したもの。 ○具体的には以下のもの。 ・行政機関が保有する個人情報ファイル ・独立行政法人等が保有する個人情報ファイル ・行政機関および独立行政法人等以外の者（民間企業等）が保有する個人情報データベース等 ○個人番号にアクセスできる者が、個人番号と紐付けてアクセスできる情報は特定個人情報ファイルとなる。 画面上では個人番号が表示されず検索等できない場合でも、システムの内部処理で個人番号にアクセスしている場合は、個人番号に紐付けられている情報はすべて特定個人情報ファイルに該当。

またこの特定個人情報が複数人分、ある程度集まり、電子ファイル等として記録され検索可能な状態などになったもの[12]を「特定個人情報ファイル」（番号法第2条第9項）という。特定個人情報ファイルとなることで不正利用や漏出などの際の影響が大きくなる（図表5－5）。

個人番号はその利用が制限されている。具体的には、番号法第9条により、個人番号を利用することができるのは、主には次の事務と利用方法に限定されている（図表5－6、5－7）。

---

[12] 正しくは、番号法第2条第4項および第9項から、「行政機関が保有する個人情報ファイル（行政機関個人情報保護法第2条第4項のもの）、独立行政法人等が保有する個人情報ファイル（独立行政法人等個人情報保護法第2条第4項のもの）または行政機関および独立行政法人等以外の者（一般事業者等）が保有する個人情報データベース等（個人情報保護法第2条第2項）で、個人番号をその内容に含むもの」となる。

図表5-6　個人番号を使える事務（番号法第9条）：個人番号を利用できる者と事務

条文	対象者	対象事務	利用方法（歯止め）
第9条第1項	番号法別表第一の上欄に掲げる次の機関 ・行政機関（国） ・地方公共団体 ・独立行政法人等その他の行政事務を処理する者	○**個人番号利用事務**：別表第一の下欄に掲げる事務の処理	保有する特定個人情報ファイルにおいて個人情報を効率的に検索し、および管理するために必要な限度で個人番号を利用
第9条第2項	地方公共団体の長その他の執行機関	○**個人番号利用事務**：次のいずれかの事務で条例で定めるもの ・社会保障（福祉、保健または医療その他） ・地方税 ・防災 ・その他これらに類するもの	保有する特定個人情報ファイルにおいて個人情報を効率的に検索し、および管理するために必要な限度で個人番号を利用
第9条第3項	右の事務を行うものとされた者 （民間企業等幅広い者。職員の個人番号を利用する点で、国の機関や地方公共団体等も第3項事務を行う者となる）	○**個人番号関係事務**：第3項で列挙された各法に基づく、第1項または第2項の事務の処理に関して必要とされる他人の個人番号を記載した書面の提出その他の他人の個人番号を利用した事務	当該事務を行うために必要な限度で個人番号を利用
第9条第4項	第3項により個人番号を利用可能な者のうち、利子、配当、生命保険金、損害保険給付の支払を行う者	激甚災害が発生したとき等における、あらかじめ締結した契約に基づく金銭の支払	【目的外利用】 必要な限度で個人番号を利用
第9条第5項	特定個人情報保護委員会、両議院、裁判所、裁判の当事者、検察官等、警察職員等、租税犯則事件の調査に携わる税務担当職員および会計検査院	提供を受けた目的を達成するための事務	【目的外利用】 提供を受けた目的を達成するために必要な限度で個人番号を利用

図表5-7　個人番号利用事務、個人番号関係事務

```
┌─────────┐  ┌──────────────────────────────┐
│ 個人番号  │──│ 個人情報を効率的に検索・管理するために必要な限度で │
│ 利用事務  │  │ 個人番号を利用して処理する事務              │
└─────────┘  └──────────────────────────────┘
     ↑        個人番号利用事務を実施する者は、個人番号利用事務実施者
     │
  書面提出       それぞれの事務の委託を受けた者も、
     │        個人番号利用事務実施者または個人番号関係事務実施者
     │
┌─────────┐  ┌──────────────────────────────┐
│ 個人番号  │──│ 従業員や契約者等他人の個人番号を記載した書面の行政 │
│ 関係事務  │  │ 機関等への提出などのために、民間企業等において個人 │
└─────────┘  │ 番号を利用する事務                     │
             └──────────────────────────────┘
              個人番号関係事務を実施する者は、個人番号関係事務実施者
```

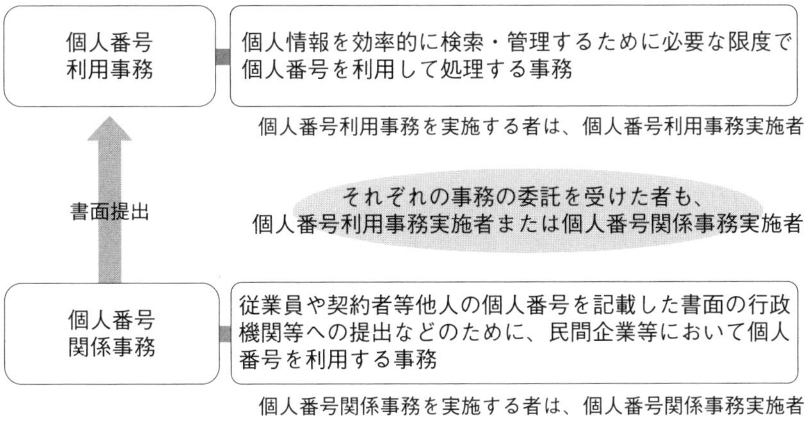

(1) 番号法別表第一に定める個人番号利用事務（番号法第9条第1項）（図表5-8）

① 利用できる者（個人番号利用事務実施者）

- 番号法別表第一の上欄の府省（厚生労働省、国税庁ほか）、地方公共団体、独立行政法人等その他の行政事務を処理する者
- 法令の規定で別表第一下欄の事務の全部または一部を行うこととされている者
- 上記の者から事務の全部または一部の委託を受けた者

② 利用できる事務

- 別表第一下欄の事務（社会保障分野：年金や雇用保険等の資格取得・確認および給付等、医療保険等の保険料徴収等の医療保険者における手続、福祉分野の給付、生活保護の実施等、低所得者対策等。税分野：税の徴収および調査等。災害対策分野：被災者生活再建支援金の支給、被災者台帳の作成）

③ 利用方法

- 別表第一下欄の事務を処理するために、保有する特定個人情報ファイルを

効率的に検索・管理するためのキーとして必要な限度のなかで個人番号を利用可能

(2) 地方公共団体が条例で独自に定める個人番号利用事務（番号法第9条第2項）（図表5－8）

① **利用できる者（個人番号利用事務実施者）**
・地方公共団体の長その他の執行機関
・上記の者から事務の全部または一部の委託を受けた者

② **利用できる事務**
・自治体による独自利用（条例で定める福祉、保健もしくは医療その他の社会保障、地方税または防災に関する事務その他これらに類する事務）

③ **利用方法**
・独自利用を処理するために、保有する特定個人情報ファイルを効率的に検索・管理するためのキーとして必要な限度のなかで個人番号を利用可能

(3) 個人番号関係事務（番号法第9条第3項）（図表5－9）

① **利用できる者（個人番号関係事務実施者）**
・個人番号利用事務実施者が行う番号法第9条第1項または第2項の事務に関して必要とされる他人の個人番号を記載した書面の提出その他の他人の個人番号を利用した事務を行うものとされた者
・上記の者から事務の全部または一部の委託を受けた者

② **利用できる事務**
・健康保険法、厚生年金保険法、雇用保険法、所得税法、相続税法、租税特別措置法、国外送金等調書法[13]、その他の法令または条例で規定された、個人番号を記載した書面の提出その他の個人番号を利用した事務

---

13 内国税の適正な課税の確保を図るための国外送金等に係る調書の提出等に関する法律

図表5－8　個人番号の利用範囲（番号法第9条第1項別表第一、第9条第2項の事務）

社会保障分野	年金分野	⇒年金の資格取得・確認、給付を受ける際に利用 別表第一（第9条関係） ○国民年金法、厚生年金保険法による年金である給付の支給に関する事務 ○国家公務員共済組合法、地方公務員等共済組合法、私立学校教職員共済法による年金である給付の支給に関する事務 ○確定給付企業年金法、確定拠出年金法による給付の支給に関する事務 ○独立行政法人農業者年金基金法による農業者年金事業の給付の支給に関する事務　等
	労働分野	⇒雇用保険等の資格取得・確認、給付を受ける際に利用。ハローワーク等の事務等に利用 ○雇用保険法による失業等給付の支給、雇用安定事業、能力開発事業の実施に関する事務 ○労働者災害補償保険法による保険給付の支給、社会復帰促進等事業の実施に関する事務　等
	福祉・医療・その他分野	⇒医療保険等の保険料徴収等の医療保険者における手続、福祉分野の給付、生活保護の実施等低所得者対策の事務等に利用 ○児童扶養手当法による児童扶養手当の支給に関する事務 ○母子および寡婦福祉法による資金の貸付け、母子家庭自立支援給付金の支給に関する事務 ○障害者総合支援法による自立支援給付の支給に関する事務 ○特別児童扶養手当法による特別児童扶養手当等の支給に関する事務 ○生活保護法による保護の決定、実施に関する事務 ○介護保険法による保険給付の支給、保険料の徴収に関する事務 ○健康保険法、船員保険法、国民健康保険法、高齢者の医療の確保に関する法律による保険給付の支給、保険料の徴収に関する事務 ○独立行政法人日本学生支援機構法による学資の貸与に関する事務 ○公営住宅法による公営住宅、改良住宅の管理に関する事務　等
税分野		⇒国民が税務当局に提出する確定申告書、届出書、調書等に記載。当局の内部事務等に利用
災害対策分野		⇒被災者生活再建支援金の支給に関する事務等に利用 ⇒被災者台帳の作成に関する事務に利用
上記のほか、社会保障、地方税、防災に関する事務その他これらに類する事務であって地方公共団体が条例で定める事務に利用		

（出典）　内閣官房社会保障改革担当室「マイナンバー　社会保障・税番号制度」

図表5－9　個人番号の利用範囲（番号法第9条第3項の事務の例）

No	法　令	主な事務例
1	健康保険法	・被保険者の資格の取得および喪失ならびに報酬月額および賞与額に関する事項の届出
2	厚生年金保険法	・被保険者の資格の取得および喪失ならびに報酬月額および賞与額に関する事項の届出
3	雇用保険法	・被保険者の資格の取得および喪失等の届出
4	所得税法	・給与等についての源泉徴収票の提出・交付
5	国税通則法 所得税法 相続税法 租税特別措置法 国外送金等調書法	・各法律で定められた法定調書等の提出

③　**利用方法**

・個人番号を記載した書面の提出その他の個人番号を利用した事務を行うために必要な限度のなかで個人番号を利用可能

(4) 激甚災害における金銭の支払（番号法第9条第4項）

① **利用できる者**（個人番号関係事務実施者）

○所得税法で支払調書および支払通知書の提出等の事務を行うこととされている次の者
　・銀行等の預金取扱金融機関
　・証券会社
　・生命保険会社
　・損害保険会社
　・生命保険会社、損害保険会社と同様の業務を行う共済

② **利用できる事務**

・あらかじめ締結した契約に基づく金銭の支払。具体的には、預貯金等の払

戻し、預り有価証券の売却、生命保険金・損害保険金等の支払、共済金の支払、契約者貸付（保険契約の解約返戻金の範囲内で保険会社が行う貸付等）など、既契約を前提とした金銭の支払に係る業務[14]

③ **利用方法**
・当該金銭の支払を行うために必要な限度のなかで個人番号を利用可能
　なお具体的な手続などについては、内閣府令によって定められる予定である。

　ここで注意したいのは、個人番号利用事務は社会保障や税、災害対策に関する事務の一部に限られており、また地方公共団体において条例で独自利用を定める場合でも別表第一で定められた事務と同様の趣旨の事務に限定され、社会保障、税、災害対策以外の事務への拡張は番号法の改正による以外に認められていないことである。なお別表第一の事務には健康保険組合が行う給付事務があることから、健康保険組合は個人番号利用事務を行う個人番号利用事務実施者となっている。

　従業員等を雇用する一般事業者、職員等を雇用する行政機関や地方公共団体等、また金融機関などは、第9条第3項の個人番号関係事務を行う個人番号関係事務実施者となる。この規定に基づき、社会保険関係（健康保険、厚生年金保険、雇用保険等）の事務や給与等の源泉徴収事務、年末調整事務、顧客等にかかわる支払調書提出事務などにおいて、行政機関等に対して個人番号を記載した書面を提出したり、調査等に応じたりすることになる。

　また、個人番号関係事務実施者は、この書面提出その他で従業員や顧客などの個人番号を利用した事務を行うために必要な範囲でのみ個人番号を利用することができ、それ以外の用途で利用することはできないことにも注意が必要である。たとえば、従業員の営業成績の管理のために個人番号を利用することや、広く社員を識別特定する用途で社員番号の代わりに個人番号を利

14　内閣府大臣官房番号制度担当室『行政手続における特定の個人を識別するための番号の利用等に関する法律【逐条解説】』。

用すること、顧客へのマーケティング目的で個人番号をもとに検索すること、信用調査の記録に個人番号を記載することなどは、個人番号関係事務とされていないことから禁じられている。

　個人番号関係事務を規定する番号法第9条第3項では、個人番号を使うことができる事務を規定している各法律の規定が列挙されているが、実務上求められる届出や調書等の多くはそれら各法律の政省令や通達等下位規範で決まり、多種類にのぼる。たとえば税の法定調書は、2016年1月以後の支払に係るすべてのもので、提出者のものを含め支払先などの個人番号または法人番号の欄が設けられ、その記載が求められる。税以外にも社会保障関係の届出なども多数ある。雇用保険関係事務では雇用保険被保険者資格取得届や介護休業給付金支給申請書などで、健康保険・厚生年金保険関連事務では健康保険・厚生年金保険被保険者資格取得届／厚生年金保険70歳以上被用者該当届や国民年金第3号被保険者関係届などで個人番号欄が追加される見込みである。また条例等で定められる地方税等の様式への記入もありえ、主に社会保障や税に関係する事務で広範な影響がある。

　個人番号関係事務実施者が個人番号を記載する対象となる者も多種類ある。
　一般企業の場合、主要なところでは自社の従業員が対象となるが、それ以外にも期間工やパート・アルバイト、謝金の支払が生じる講師、弁護士や税理士、個人の地主など現在法定調書等を提出しているときに支払を受ける者などとして記載されている者も個人番号を記載する対象となる。金融機関であれば、現在顧客にかかわる届出等を受理したり支払調書等を提出したりしている者について個人番号の扱いが生じる。また、人材派遣会社であれば派遣登録した社員で雇用が発生した者、保険会社であれば保険の代理店など、業種によってはさらに多様な者の個人番号を扱うことになる。さらには給与所得の源泉徴収票や、給与所得者の扶養控除等（異動）申告書、給与所得者の保険料控除申告書兼給与所得者の配偶者特別控除申告書、従たる給与についての扶養控除等（異動）申告書といった年末調整にかかわる書類については、控除対象配偶者や控除対象扶養親族などの個人番号を記載することにな

ることから、従業員を通じてそれらの者の個人番号の告知を受けることになる[15]。国民保険の第3号被保険者についても、その個人番号の告知を受ける必要が生じる[16]。

なお、法人番号については第9条第3項のような規定がないことから、第3項で列挙された各法律にとどまらない広い範囲で、主に行政機関や地方公共団体に提出する書面への自社の法人番号の付記を中心に対応が必要となる。

4 特定個人情報に関する制限および安全管理措置

特定個人情報に関する規制は、主に、①個人番号の本人を含む他の機関に対して特定個人情報の提供の要求を行うことができるもの（番号法第14条、第15条）、②個人番号の本人を含む他の機関に対して特定個人情報の提供を行うことができるもの（第19条）、③特定個人情報の収集・保管ができるもの（第20条、第28条）、という三つの観点から行われている（図表5－10）。

いずれも、個人番号利用事務実施者や個人番号関係事務実施者は可能とされている。つまり、個人番号利用事務実施者や個人番号関係事務実施者は、番号法で許された範囲で、個人番号利用事務や個人番号関係事務を処理するため必要があるときは、本人または他の個人番号利用事務実施者や個人番号関係事務実施者に個人番号の提供を求めること、本人または他の個人番号利用事務実施者や個人番号関係事務実施者に対してその求めにより特定個人情報を提供すること、本人または他の個人番号利用事務実施者や個人番号関係事務実施者から特定個人情報を収集・保管することが可能である。

本人またはその代理人は当然、本人の特定個人情報を保管することが可能であり、また本人の特定個人情報を個人番号利用事務実施者や個人番号関係

---

15 この場合、従業員は自らが個人番号関係事務実施者として、控除対象配偶者等の本人確認を行ったうえで控除対象配偶者等の個人番号を雇用主に報告することになる。
16 この場合は、従業員を個人番号関係事務実施者とすることができないことから、雇用主が従業員に対して、配偶者の本人確認および個人番号の告知の受付を委託する等の考え方が示されている。

図表 5 －10　個人番号と特定個人情報の制限の観点（詳細）

観点	条文	主な内容	罰則
利用	第9条各項 別表第一 第29条各項	○第9条および別表第一の特定の者と当該事務のみ個人番号を利用可能。 ・個人番号利用事務実施者または個人番号関係事務実施者の定められた業務 ・保険会社・損保会社等の激甚災害発生時の支払事務 ・その他特例的な事項（第19条第11号～第14号に該当する事務）（注） ○委託先も同様に利用可能	間接罰 ・特定個人情報保護委員会の是正命令違反等
要求	第14条	・個人番号利用事務実施者または個人番号関係事務実施者は、個人番号利用事務または個人番号関係事務を処理するため必要があるとき、本人または他の個人番号利用事務実施者または個人番号関係事務実施者に個人番号の提供を求めることが可能	直罰 ・特定個人情報ファイルの不正な提供 ・個人番号の不正な提供・盗用 ・職権濫用等
	第15条	・提供に係る第19条各号のいずれかに該当すれば他人の個人番号の提供要求が可能	
	第15条	・自己と同一の世帯に属する者には、目的を問わず個人番号の提供要求が可能	
提供	第19条	・第19条各号のいずれかに該当すれば特定個人情報の提供が可能	間接罰 ・特定個人情報保護委員会の是正命令違反等
収集・保管	第20条	・第19条各号のいずれかに該当すれば特定個人情報の収集・保管が可能	
	第28条	・個人番号利用事務または個人番号関係事務に従事する者は、個人番号利用事務または個人番号関係事務を処理するため必要な範囲であれば特定個人情報ファイルを作成可能 ・特例的事項については目的外利用であっても特定個人情報ファイルを作成可能	

（注）　人の生命、身体または財産の保護のために必要がある場合であって、本人の同意があり、または本人の同意を得ることが困難であるときは、収集したときの利用目的以外の目的で特定個人情報を利用可能　等。

事務実施者に対して提供可能である。

　このほか、地方公共団体情報システム機構、株式会社証券保管振替機構や証券会社等、いくつか特定された機関のみが、番号制度全体での効率性等の観点から、それぞれ特定の事務において限られた範囲で提供要求や提供、収集・保管が可能となっている。また、本人または本人の特定個人情報を取り扱う者は、人の生命、身体または財産の保護のために必要な事務の範囲で、特定個人情報を提供要求、提供、収集・保管が可能である。この場合、本人の同意が得られる場合は同意を得ることが必要であるが、同意を得ることが困難な場合でも提供要求等が可能となっている。逆にこのような場合であっても、同意を得ることが容易であるにもかかわらず同意を得ないままに特定個人情報を提供要求等することはできないと解される。

　また、番号法では明文の規定はないが、個人情報保護法や行政機関個人情報保護法、独立行政法人等個人情報保護法に基づく開示・訂正等・利用停止等の請求などがなされたとき、本人から個人番号を付して請求等がなされた場合や当該本人に対しその個人番号や特定個人情報を提供する場合は、社会保障・税・災害対策の用途ではないが「法の解釈上当然に」特定個人情報の提供が認められるべきとされ、特定個人情報の提供が可能とされている[17]。

　以上のようなとき以外で、番号法で認められている根拠がない場合、特定個人情報について提供要求することも、提供することも、収集・保管することも不可である。

　したがって、提供要求する場合であっても、提供する場合であっても、それが番号法に確かな根拠があることを確認し、それに基づいて提供要求または提供することが必要となる。番号法に要求の根拠がない相手方の提供要求に不用意に応じて提供すると、提供側も違法行為をしていることとなる。な

17　「特定個人情報の適正な取扱いに関するガイドライン（事業者編）」p.29、「（別冊）金融業務における特定個人情報の適正な取扱いに関するガイドライン」p.14、「特定個人情報の適正な取扱いに関するガイドライン（行政機関等・地方公共団体等編）」p.29を参照。

お自己と同一の世帯に属する者には、目的を問わず個人番号を提供要求することができる[18]。また、法定代理人である親は子どもの個人番号を知ることができる。しかし、別世帯の親兄弟や成人した子どもの個人番号を番号法の根拠がなく提供要求することは違法行為となる。

　特定個人情報の提供要求に関しては、番号法における規制を遵守するほか、個人情報保護法令に基づき、あらかじめその利用目的を公表している場合を除いて、特定個人情報の本人に対して利用目的を通知または公表する必要がある[19]。この利用目的はもちろん番号法にその根拠があるものでなければならない。個人番号利用事務においては、たとえば税の徴収や社会保障の給付の事務に用いることが取得目的となる。個人番号関係事務においては個人番号利用事務実施者に対して書面提出する際に個人番号を記載することなどが利用目的となる。しかしながら、あまりに漠と、税や社会保障の書面提出に個人番号を記載する必要があるからといった書きぶりで利用目的の通知等を行うことは、「利用目的をできる限り特定しなければならない」としている個人情報保護法令の規定[20]に反しかねないことになるため、可能な限り具体的に利用目的を示すことが求められる（p.152も参照）。

　また、ここで収集とは、「集める意思を持って自己の占有に置くこと」とされている[21]。この例としては、「人から個人番号を記載したメモを受け取ること、人から聞き取った個人番号をメモすること等、直接取得する場合の

18　番号法第15条で、「何人も、第19条各号のいずれかに該当して特定個人情報の提供を受けることができる場合を除き、他人（自己と同一の世帯に属する者以外の者をいう。（中略））に対し、個人番号の提供を求めてはならない」とされていることによる。
19　事業者の場合。個人情報保護法第18条第1項による。行政機関や独立行政法人等については、行政機関個人情報保護法第4条本文または独立行政法人等個人情報保護法第4条本文により、本人から直接書面で特定個人情報を取得するときは、原則、本人に対して利用目的を明示することになる。
20　個人情報保護法第15条第1項、行政機関個人情報保護法第3条第1項、独立行政法人等個人情報保護法第3条。
21　「特定個人情報の適正な取扱いに関するガイドライン（事業者編）」p.30、「（別冊）金融業務における特定個人情報の適正な取扱いに関するガイドライン」p.15、「特定個人情報の適正な取扱いに関するガイドライン（行政機関等・地方公共団体等編）」p.33。

ほか、電子計算機等を操作して個人番号を画面上に表示させ、その個人番号を書き取ること、プリントアウトすること等を含む」とされているが、「特定個人情報の提示を受けただけでは、「収集」に当たらない」ともされている[22]。したがって、情報システムに個人番号を記録する行為は収集に当たるが、単に個人番号カードや通知カードの券面に記載された個人番号をみせられるだけでは、あるいは給与所得の源泉徴収票に記載された個人番号をみただけでは収集には当たらない。したがって、番号法で可能とされた事務を行う以外で、店頭で身分証明書として個人番号カードや個人番号が記載された住民票の写しの提示を受けたときに、うっかり個人番号をみただけでは違法行為とはならない[23]。

こうした特定個人情報に関する制限の考え方から、「不必要になったときに個人番号を消去する」という考え方が生まれた。具体的には、p.184以降を参照されたい。

こうした特定個人情報の扱いに関する制限のほか、義務として、安全管理措置が課せられている。具体的には、特定個人情報保護委員会が作成・公表している「特定個人情報の適正な取扱いに関するガイドライン（事業者編）」と「特定個人情報の適正な取扱いに関するガイドライン（行政機関等・地方公共団体等編）」には、それぞれ別添として「特定個人情報に関する安全管理措置」が附せられ、安全管理措置として、個人番号および特定個人情報の漏洩、滅失または毀損の防止等のためにとるべき措置が示されている。この安全管理措置を実施する必要がある（付録15参照）。

安全管理措置には、個人番号や特定個人情報の適正な取扱いの確保のために組織として取り組む拠り所となる基本方針の策定や、個人番号や特定個人

---

[22] 「特定個人情報の適正な取扱いに関するガイドライン（事業者編）」p.30、「（別冊）金融業務における特定個人情報の適正な取扱いに関するガイドライン」p.15、「特定個人情報の適正な取扱いに関するガイドライン（行政機関等・地方公共団体等編）」p.33。
[23] もちろん個人番号を書き取ったり、個人番号が書かれた面のコピーを取得すれば、違法となる。したがって番号法による事務以外で個人番号が書かれた書面の提出を受けたときには、受領する前にあらかじめ個人番号の消去（マスキングなど）を求めることが原則となる。

情報を適正に取り扱うための具体的なワークフローを定める取扱規程等を策定することのほか、組織的・人的・物理的・技術的の四つの観点から具体的な安全管理措置の考え方が示されている。そこでは手法の例示として、たとえば、組織的安全管理措置では「事務における責任者の設置および責任の明確化」、人的安全管理措置では「特定個人情報等の取扱いに関する留意事項等について、従業者に定期的な研修等を行う」といった取組みが示されている。また、物理的安全管理措置では、「ICカード、ナンバーキー等による入退室管理システムの設置等」「特定個人情報等が記録された電子媒体を安全に持ち出す方法としては、持出しデータの暗号化、パスワードによる保護、施錠できる搬送容器の使用等」「特定個人情報ファイル中の個人番号又は一部の特定個人情報等を削除する場合、容易に復元できない手段を採用」「特定個人情報等を取り扱う情報システムにおいては、保存期間経過後における個人番号の削除を前提とした情報システムを構築」といった例示がなされている。技術的安全管理措置では、「個人番号と紐付けてアクセスできる情報の範囲をアクセス制御により限定」「情報システムと外部ネットワークとの接続箇所に、ファイアウォール等を設置し、不正アクセスを遮断」「ログ等の分析を定期的に行い、不正アクセス等を検知」「通信経路における情報漏えい等の防止策としては、通信経路の暗号化等」「情報システム内に保存されている特定個人情報等の情報漏えい等の防止策としては、データの暗号化又はパスワードによる保護等」といった例示となっている。

　ここでポイントとなるのは、たとえば安全管理措置の例示としてあげられている通信経路の暗号化が必須とされているわけではない、ということである。また個人番号が格納されたデータベースを既存の人事給与システム等の外側に設置しなければならないとされているわけでもない。これらの措置は安全管理措置をとるにあたっての手段の一つであり、安全管理措置でなすべきこととされていることができていれば別の手段をとることも可能である。むしろ一点豪華主義ではなく、全体としてセキュリティレベルを向上させ、総合的にみて十分といえる安全管理措置となっていることが求められる。ま

た、こうした安全管理措置のうちどれをとるべきかについては、個々の事業者等の判断に委ねられており、これまでの業務やシステム等のあり方、対応にかかるコストなどから総合的に判断して決定することになる。

5 罰　　則

こうした特定個人情報に関する制限や義務、安全管理措置について、それに反した場合や十分な措置がとられなかった場合には、罰則が適用されることもありうる（図表5－11）。

具体的には、間接罰として、番号法第73条には、特定個人情報保護委員会から特定個人情報の取扱いに関して、法令違反があるため下された是正措置命令に対して違反するときに、罰則が適用される（2年以下の懲役または50万円以下の罰金）。これは、個人情報保護法において個人の重大な権利利益の侵害が切迫していると主務大臣が認め、是正措置命令を下した場合になおも違反した場合に適用される罰則（6月以下の懲役または30万円以下の罰金）より重い。

直罰としては、番号法第67条で、個人番号利用事務実施または個人番号関係事務などに従事する者または従事していた者が、正当な理由がないのに、その業務に関して取り扱った個人の秘密が属する事項が記録された特定個人情報ファイルを提供したときに罰せられる（4年以下の懲役または200万円以下の罰金。併科がある）。

また、第68条で、個人番号利用事務実施または個人番号関係事務などに従事する者または従事していた者が、その業務に関して知りえた個人番号を自己もしくは第三者の不正な利益を図る目的で提供し、または盗用したときにも罰せられる（3年以下の懲役または150万円以下の罰金。併科がある）。こうした罰則は、住民票コードなどの漏洩より重いものになっている。

一般に第67条の罰則は、故意で特定個人情報ファイルを不正に提供したときに適用されることになる。また第68条の罰則は、業務で知りえた他人の個

図表5－11 具体の罰則（特定個人情報保護委員会職員等関係以外）

	条文	罰則の対象	法定刑	併科	両罰
間接罰	第73条	第51条に基づく特定個人情報の取扱いに関する法令違反に対する特定個人情報保護委員会による是正措置命令違反	2年以下の懲役または50万円以下の罰金	-	○
直罰	第74条	第52条第1項に基づく特定個人情報保護委員会の検査等忌避	1年以下の懲役または50万円以下の罰金	-	○
要注意 第67条		個人番号利用事務・個人番号関係事務または個人番号の指定・通知、個人番号の生成・通知・機構保存本人確認情報の提供の従事者による特定個人情報ファイル漏洩（正当な事由のない提供）	4年以下の懲役または200万円以下の罰金	○	○
	第68条	個人番号利用事務・個人番号関係事務または個人番号の指定・通知、個人番号の生成・通知・機構保存本人確認情報の提供の従事者による個人番号の不正提供・盗用	3年以下の懲役または150万円以下の罰金	○	○
	第69条	情報提供等事務または情報提供ネットワークシステムの運営の従事者による秘密漏洩・盗用	3年以下の懲役または150万円以下の罰金	○	-
	第70条	不正な手段（詐欺、暴行、脅迫、窃取、不正侵入、不正アクセス等）による個人番号の取得	3年以下の懲役または150万円以下の罰金	-	○
	第71条	行政職員等の職権濫用による特定個人情報の収集	2年以下の懲役または100万円以下の罰金	-	○
	第75条	通知カードまたは個人番号カードの不正取得	6月以下の懲役または50万円以下の罰金	-	○

人番号を不正に売却したり、なりすましするための手段として用いたりしたときに適用される。したがって、たとえば特定個人情報ファイルが入ったUSBメモリや他人の個人番号が書かれたメモを過失で紛失した場合には、これらの罰則は適用されないとみられる[24]。

従来は個人情報保護法においては「個人情報漏洩罪」的な罰則は設けられていなかった[25]。それに対して番号法では、特定個人情報ファイル漏洩罪が

---

24 最終的には裁判所の判断による。

122

設けられたことになる。

　特定個人情報の収集に関しては、第71条で、国の機関、地方公共団体の機関または地方公共団体情報システム機構の職員や、独立行政法人等または地方独立行政法人の役員・職員が、職権を濫用して、職務以外の用途で特定個人情報を収集した場合に罰則の適用がある（2年以下の懲役または100万円以下の罰金）。つまり、行政機関の職員が「その職権を濫用して、専らその職務の用以外の用に供する目的で」不正に特定個人情報を収集した場合には、直罰が適用されるが、民間企業の従業員が不正に特定個人情報を収集した場合には、この第71条は適用されず直罰の適用はない。この場合は特定個人情報保護委員会の是正措置命令にも違反したときに、第73条の間接罰が適用されることになるとみられる[26]。

　なお、法人ぐるみで違法行為を行っていた場合は、法人に対しても罰則が適用されることがある（両罰）。また法人が従業員に対して監督責任を果たしておらず、従業員が故意に漏洩させたときも法人に罰則が適用される可能性がある。

　このようにみたとき、番号法において従来の同様の罰則より重くなっており、直罰も設けられたことから、社会的には漏洩等に関して一定の抑止効果はあるものと思われる。個人に対しては過失による漏洩が直ちに罰を受けるわけではないとみられることから罰則に対する過剰なおそれは無用と思われるが、このような場合にも番号制度での安全管理措置が十分なものとなっていない場合、漏洩した特定個人情報の本人から民事訴訟を起こされ損害賠償請求を受けることがありえることに注意が必要になる。また刑事罰や民事での損害賠償請求といったリスクのほかに、事案によっては公共調達の指名停止や、レピュテーション（評判）の毀損につながることもありえるため、経

---

[25] 2015年通常国会で審議されている個人情報保護法の改正案では、第83条に個人情報の漏洩に関する罰則が設けられている（個人情報データベース等を自己もしくは第三者の不正な利益を図る目的で提供し、または盗用したとき、1年以下の懲役または50万円以下の罰金）。

[26] 不正な特定個人情報に関連して、詐欺罪などに問われる可能性はある。

営上の課題として番号制度をとらえることが必要である。

6 法人番号

ここまで主に個人番号や特定個人情報に関してその取扱い等について述べてきたが、番号制度のもう一方の主役は、法人に対して交付される法人番号

図表5－12　法人番号

付番対象	① 国の機関 ② 地方公共団体 ③ 会社法その他の法令の規定により設立の登記をした法人 ④ ①〜③以外の法人 ⑤ 法人でない社団または財団で代表者または管理人の定めがあるもの（「人格のない社団等」） ⑥ 法人等以外の法人または人格のない社団等で国税庁長官に届け出た者
付番する者	・国税庁長官
個人番号を生成する者	・国税庁長官
もととなる番号	・登記されているもの：会社法人等番号 ・登記されているもの以外：なし（国税庁長官の独自付番）
番号の仕様	・13ケタ （商業登記されたもの：チェックディジット（1ケタ）＋会社法人等番号（12ケタ）） （商業登記されていないもの：チェックディジット（1ケタ）＋独自付番（12ケタ））
法人番号の公表	・法人番号保有者の商号・名称、本店・主たる事務所の所在地、法人番号を公表 ・人格のない社団等は、その代表者または管理人の同意を得た場合に公表
変更可否	・番号法上、変更可能とされていない

である（図表5-12）。

　法人番号は国税庁が交付する。法人番号交付対象は①国の機関、②地方公共団体、③会社法その他の法令の規定により設立の登記をした法人（設立登記法人）、④①～③以外の法人、といった法人のほか、⑤人格のない社団、⑥その他国税庁長官に法人番号の交付申請をした者となる。

　登記されている法人などについては、商業登記等と連動して自動的に法人番号が交付される。上記の⑤⑥に関しては、法人番号の交付申請を受けて法人番号が交付されることになる。

　法人番号のもととなるものは、登記されているものに関しては、商業登記の会社法人等番号であり、それ以外は主に国税庁長官が独自に生成したものになる。法人番号の仕様は、登記されている法人に関しては、先頭1ケタは検査用数字（チェックディジット）[27]であり、続く12ケタが会社法人等番号そのものである。会社法人等番号は登記所番号や会社種別等によって構成されていることから、法人番号は全体として意味のある13ケタの数字によって構成されている[28]。

　法人番号の対象となる者に対しては、登記されている本店所在地または主たる事務所の所在地宛に「法人番号通知書」が送付され、これにより自らの法人番号が何番か知ることになる。自社の会社法人等番号を把握していれば、それの先頭に計算した検査用数字を付すことで、法人番号通知書が到着する前に自社の法人番号を知ることができる。なお法人番号通知書には、法人番号とともに、法人番号の指定を受けた者の商号または名称、本店または主たる事務所の所在地、法人番号を指定した年月日等が記載される。

　法人番号は、主に税の事務で用いられることが想定されている。たとえば、自社の法人番号を法定調書等に付記し、取引先の他社の法人番号を記載

---

[27]　検査用数字の算式は、法人番号の指定等に関する省令（平成26年8月12日財務省令第70号）第2条において公開されている（付録9参照）。
[28]　ただし、有限会社から株式会社に組織変更があっても会社法人等番号は変更されないことから、株式会社や特例有限会社、合同会社等の法人種別に関しては法人番号そのもののみによって判断しないほうがよいとされる。

した法定調書等を税務署に提出するなどの用途が想定されている。国や地方自治体で、税以外の用途で法人番号記載の書面提出を幅広く求めていくことにより、より事務効率性が増すことが想定される。なお、社会保険関係の届出にも法人番号を記入して提出するものがある。

　法人番号に関する注意点は四つある。

　1点目は、法人番号は個人番号と異なり、個人情報保護の規制を受けないため、自由に利用し、提供要求、提供、収集・保管が可能であることである。

　このため、法人番号を自社の既存の取引先管理番号等に置き換えることも自由にできる。

　また、名刺等に印刷して提示することや自社ホームページの自社紹介ページに自社の法人番号を掲載することによる問題も生じない。

　2点目は、法人番号は原則として公開されることである[29]。

　国税庁が開設する「法人番号公表サイト」において、法人番号と商号・名称、本店または主たる事務所の所在地が公開される。公開にあたっては、法人の情報を法人番号や名称、所在地で検索可能とするとともに、法人情報を電子ファイルでダウンロード可能としたり、媒体での提供も可能としたりしている。またWeb－API機能を設け、たとえば、自社コンピュータから法人番号公表サイトに対して自動的に問合せを行い情報取得することも可能としている。さらに法人情報の変更履歴等も2015年10月以降に生じたものについてはホームページで情報提供されるなど、法人に関する基礎的な情報を得ることが可能なものになっている[30]。なお、これらの情報は設立登記法人に関しては商業登記の情報と基本的に同じであることから、法人に関しては法人番号公表サイトに対して法人番号を用いて検索することで、法人の簡易な実在確認を行うことが可能である。

29　人格のない社団の法人番号については、その社団の意思により法人番号公表サイトで当該法人番号が公開されないことがある。
30　国税庁法人番号準備室『法人番号の公表機能に係る仕様』（平成26年11月版）を参照。

3点目は、法人番号は個人番号と異なり、変更されないということである。したがって、変更に係る履歴管理等を意識することなく、安定的に運用することが可能である。会社合併等があった場合は、商業登記の会社法人等番号のルールに従い、存続法人の法人番号が用いられることになる。
　4点目は、法人番号は個人事業主には交付されないということである[31]。
　個人事業主は、税務においては法定調書や届出等の書類に自らの個人番号を付記することになる。取引先管理番号等を法人番号に置き換えることも自由であるが、取引先に個人事業主がある場合は、その個人事業主は個人番号のみ保有しており法人番号の交付を受けていないため、取引先管理番号を用いる事務が番号法で定められた税などの事務に限られていない場合、個人事業主の個人番号で取引先管理番号を置き換えることに問題が生じる。なお法人番号は1法人につき1番号となり、支社や営業所など法人内の機関については付番されない。

7 番号制度において事業者が行うこと

(1) 特に注意を必要とする事項

　事業者における番号制度への対応にあたり、特に注意を必要とする事項は、①番号を利用する事務および番号を受け入れる対象者の確認、②番号法上の本人確認、③番号制度における安全管理措置、④個人番号の消去・廃棄、である。
　これらは従前行っておらず、新規で業務フローを整備する必要があるものや、従来の水準が番号制度で求められる水準に満たなかった場合に追加で措置する必要があるものとなる。
　①の番号を利用する事務の確認は、これまで自社が受け入れ、提出してき

---

[31] もちろん個人事業主であった者でも、法人として設立登記すれば法人番号が交付される。

た、社会保障や税に関する書面（法定調書や届出等）について、そのどれに個人番号または法人番号を記入することになるのかを調査することになる。また、番号制度導入と同じ時期に新たに導入される制度、導入が予定されている制度がある。たとえば税では国外証券口座の法定調書の新設、社会保障では年金一元化法などがある。こうした新たな制度により、これまでに加えて提出することになる法定調書や届出などについても個人番号や法人番号を記載するものがあるため、どの提出書類にどの番号を記載するか（あるいはしないか）を最新の情報をもとに確認する。こうしたことにより番号制度による提出書類への影響を測る。

②の本人確認は、一般事業者にとってはこれまで行ったことがない事務となる。また金融機関などについては、犯罪収益移転防止法に基づく本人確認は従来行われてきたが、番号法における本人確認は犯罪収益移転防止法の本人確認とは異なるところがあるため、要注意となる。一定の負担軽減措置はあるものの、場合によっては諸々の証跡を残すことが求められるなど、行うべきことは多い。

③の安全管理措置は、保管する個人番号および特定個人情報に関して、そのセキュリティ対策をどのように施すかが問題になる。先に述べたように、求められる安全管理措置に対して十分な対応ができていなければならない。どのような考え方に基づき、具体的にどのような措置をとるか、検討する必要がある。

④の個人番号の消去・廃棄は、これも先に述べたように、事業者にとってはこれまで行ったことのない作業になる。この消去・廃棄事務の設計を誤ると、膨大な作業を行うことになりかねない。

(2) 特定個人情報の取扱いに関する基本方針や取扱規程の整備

個人番号や特定個人情報を取り扱う前に、特定個人情報に関する安全管理措置の観点から、①基本方針の策定、②取扱規程等の策定を実施することに

図表5－13　特定個人情報の適正な取扱いに関する安全管理措置の内容

〈番号法における安全管理措置の考え方〉

- 事業者は、安全管理措置の検討にあたり、次の事項を明確にすることが重要である。
  ① 個人番号を取り扱う事務の範囲
  ② 個人番号および特定個人情報の範囲
  ③ 個人番号および特定個人情報を取り扱う事務に従事する従業者（事務取扱担当者）

〈安全管理措置の検討手順〉

- 事業者は、特定個人情報等の適正な取扱いに関する安全管理措置について、次のような手順で検討を行う必要がある。
  ① 個人番号を取り扱う事務の範囲の明確化
  ② 個人番号および特定個人情報の範囲の明確化
  ③ 事務取扱担当者の明確化
  ④ 個人番号および特定個人情報の安全管理措置に関する基本方針（「基本方針」）の策定
  ⑤ 取扱規程等の策定

〈講ずべき安全管理措置の内容〉

- 事業者は、安全管理措置の検討にあたり、番号法および個人情報保護法等関係法令ならびに本ガイドラインおよび主務大臣のガイドライン等を遵守しなければならない。
- 本ガイドラインでの安全管理措置は次のとおり。
  ① 基本方針の策定（特定個人情報等の適切な取扱いの確保について組織として取り組むためのもの）
  ② 取扱規程等の策定（特定個人情報等の具体的な取扱いを定めるもの）
  ③ 組織的安全管理措置
    (a) 組織体制の整備（手法の例示：責任者設置、報告体制等）
    (b) 取扱規程等に基づく運用（手法の例示：書類・媒体等の持出しの記録、システムログ記録等）
    (c) 取扱状況を確認する手段の整備（取扱状況を確認するための記録等）
    (d) 情報漏えい等事案に対応する体制の整備（手法の例示：事実関係調査・原因の究明、委員会および主務大臣等への報告、再発防止策の公表等）
    (e) 取扱状況の把握および安全管理措置の見直し

④　人的安全管理措置
　　(a)　事務取扱担当者の監督
　　(b)　事務取扱担当者の教育
　⑤　物理的安全管理措置
　　(a)　特定個人情報等を取り扱う区域の管理（管理区域と取扱区域の明確化。手法の例示：入退出管理、壁・間仕切り等設置等）
　　(b)　機器および電子媒体等の盗難等の防止（手法の例示：施錠保管等）
　　(c)　電子媒体等を持ち出す場合の漏えい等の防止（手法の例示：暗号化、封緘・目隠しシール貼付等）
　　(d)　個人番号の削除、機器および電子媒体等の廃棄（手法の例示：焼却、復元不可能な手段の採用、保存期間経過後の個人番号削除を前提としたシステム構築等）
　⑥　技術的安全管理措置
　　(a)　アクセス制御
　　(b)　アクセス者の識別と認証
　　(c)　外部からの不正アクセス等の防止（手法の例示：ファイアウォール等設置、セキュリティ対策ソフトウェア等導入、不正ソフトウェアの有無の確認等）
　　(d)　情報漏洩等の防止（手法の例示：通信経路暗号化、情報システム内データの暗号化・パスワードによる保護等）

（出典）「特定個人情報の適正な取扱いに関するガイドライン（事業者編）」（2014年12月）を一部改変

なる[32]（図表5-13）。

①の基本方針の策定は、事業者が組織として特定個人情報等の適正な取扱いの確保に取り組むためのものである。基本方針には、事業者の名称や関係法令・ガイドライン等の遵守、安全管理措置に関する事項、質問や苦情処理の窓口（連絡先）などを含めることが特定個人情報取扱ガイドラインにおいて例示されている。ただし、特定個人情報取扱ガイドライン上は基本方針の

---

[32]　「特定個人情報の適正な取扱いに関するガイドライン（事業者編）（別添）特定個人情報に関する安全管理措置（事業者編）」を参照。なおこのガイドラインでは検討順としては、「個人番号を取り扱う事務の範囲の明確化」→「特定個人情報等の範囲の明確化」→「事務取扱担当者の明確化」→「基本方針の策定」→（具体的な安全管理措置を含む）「取扱規程等の策定」となることが示されている。

策定は義務づけられていない。基本方針の公開については特定個人情報取扱ガイドラインで義務づけられていないが、多くの企業が個人情報の取扱方針を公表しているように、インターネットのホームページなどで公開することが考えられる[33]。

②の取扱規程等の策定では、安全管理措置を検討するにあたり、特定個人情報を取り扱う事務の範囲や、特定個人情報等の範囲、事務取扱担当者[34]に関して明確化した事務に関して、事務フローを整理したうえで、特定個人情報等の具体的な取扱いを定める取扱規程等を定めることになる。具体的には、後述する基本的なフローの各段階ごとに、特定個人情報の取扱方法や責任者・事務取扱担当者、任務等を定めることになる。この時、具体的な安全管理措置を盛り込むことが求められている。安全管理措置としては、フローの各段階ごとに必要に応じて、組織体制の整備や運用状況等のモニタリング手段、特定個人情報の漏洩などに事前・事後に対応するための体制整備、体制や安全管理措置の見直しを行う「組織的安全管理措置」や、事務取扱担当者の監督や教育を行う「人的安全管理措置」、特定個人情報を取り扱う区域の設定管理や機器・電子媒体等の盗難防止、電子媒体の持出しの際の特定個人情報の漏洩等防止、個人番号の削除や特定個人情報が記録された機器や電子媒体の廃棄に関する「物理的安全管理措置」、特定個人情報に対するアク

33　経済産業省「個人情報の保護に関する法律についての経済産業分野を対象とするガイドライン」では、「個人情報取扱事業者は、「個人情報保護を推進する上での考え方や方針（いわゆる、プライバシーポリシー、プライバシーステートメント等）」を策定し、それをウェブ画面への掲載又は店舗の見やすい場所への掲示等により公表し、あらかじめ、対外的に分かりやすく説明することが、消費者等本人との信頼関係を構築し事業活動に対する社会の信頼を確保するために重要である」とされている。なお個人情報保護制度の分野別ガイドラインのうち、「金融分野における個人情報保護に関するガイドライン」では、基本方針を策定するとともに、個人情報保護方針を公表することが義務づけられている。

34　「特定個人情報の適正な取扱いに関するガイドライン（事業者編）」によれば、事務取扱担当者とは、「特定個人情報等を取り扱う事務に従事する従業者」をいう。また「従業者」とは、「事業者の組織内にあって直接間接に事業者の指揮監督を受けて事業者の業務に従事している者」であり、「具体的には、従業員のほか、取締役、監査役、理事、監事、派遣社員等を含む」とされている。

セス制御やアクセスする者の識別・認証、外部からの不正アクセス等の防止、特定個人情報の漏洩等の防止に関する「技術的安全管理措置」を策定することになる。

　また、委託契約に関しても注意が必要である。特定個人情報の収集・保管などについて外部への委託が可能だが、委託に先立ち、委託先が自社と同程度の安全管理措置をとっているか確認する必要がある。また委託先との間で守秘義務などガイドラインで掲げられた項目を盛り込んだ契約を結ばなければならない。再委託もできるが、再委託は委託元の許可が必要となる。また委託元は再委託先にも間接的に責任を負う。委託元は委託先、再委託先をどのように監督するかが課題となる。

(3) 基本的なフロー

　基本的には図表5－14で示した「1　告知依頼」－「2　告知・受付」－「3　身元（実存）確認」－「4　番号確認」－「5　記録保管」－「6　番号登録管理」－「7　提出」の流れで番号制度に対応した事務を行う。このフロー全体を通じて、個人番号関係事務実施者は「7　提出」で提出する法定調書や届出等の提出に必要な範囲で「1　告知依頼」〜「6　番号登録管理」を行うことになる。なお、特定個人情報を取り扱う事務を行う担当者は、各事業者で定める特定個人情報等の適正な取扱いに関する基本方針や特定個人情報等の具体的な取扱いを定める取扱規程等に基づき定められた事務取扱担当者となっていることが必要である。

　このフローは、主に個人番号に関する事務に関するものになる。法人番号に関しては、原則、扱いに制限がないため、法定調書や届出等を提出する者が自由に扱いを決めることができるが、一部の金融商品については契約者に告知義務が設けられ、事業者に確認義務があるものがあるため、要注意である。

図表5-14 番号制度に対応して新たに必要となる業務フロー

No	業務フロー	業務内容
1	告知依頼	個人番号または法人番号(注1)を告知してもらうため、従業員や顧客等に依頼を発出
2	告知・受付	窓口やオンラインなどの方法で、個人番号または法人番号を受付
3	身元(実存)確認	従業員や顧客等本人であることを確認(注2)
4	番号確認	個人番号が、従業員や顧客等本人のものであることを確認(注2)
5	記録保管	個人番号または法人番号の受付および本人確認(注2)の記録の保管
6	番号登録管理	個人番号または法人番号をデータベースに登録し、アクセス権限などを適正に管理(注3)。また期限後に個人番号を廃棄・削除(注4)
7	提出	法定調書等の提出の際に、個人番号または法人番号を付与して提出

(注1) 法人番号は告知によらず国税庁法人番号公表サイトでも確認可能。
(注2) 法人番号の身元確認および番号確認は、通常の商取引で行われている程度とされ、番号法では規定がない。
(注3) 法人番号には厳密なアクセス制限等を要しない。
(注4) 登録された個人番号について廃棄または削除を要する(法定保存年限等を超えた書面に個人番号が記載されている場合、当該個人番号をすみやかに廃棄または削除)。

(4) 告知依頼

「1 告知依頼」は、番号制度に対する対応の起点となるもので、従業員や顧客などに個人番号の告知を依頼するものである。

告知依頼にあたっては、「だれに対して」「どの機会で」「いつ」「どのよう

にして」告知を依頼するかを決めることになる。

　これにあたり、まず個人番号を記載することになる法定調書や届出等の洗出しと選定を行う。基本的にはこれまで提出してきた法定調書や届出等を洗い出し、それに番号制度によって個人番号の記載が求められるようになるかを調べ、個人番号を記載すべき法定調書や届出等を特定する。また、この法定調書や届出等で具体的にどの者の個人番号を記載することになっているかを調べる。

　一般事業者関係では、従業員（給与所得の源泉徴収票や社会保険関係届出等）、受給者と退職者（退職手当金等受給者別支払調書）、弁護士や税理士、講師（報酬、料金、契約金および賞金の支払調書）、株主（配当、剰余金の分配および基金利息の支払調書）、個人の地主（不動産の使用料等の支払調書）等個人の支払先に対する個人番号を扱うことになる。また年末調整の申告書（給与所得者の扶養控除等（異動）申告書、給与所得者の保険料控除申告書兼給与所得者の配偶者特別控除申告書など）において従業員だけではなく、控除対象配偶者や控除対象扶養親族などの個人番号の記載が求められている（章末の図表5－37～5－43参照）。

　金融機関等では法定調書に記載する支払を受ける者（利子等の支払調書、オープン型証券投資信託収益の分配の支払調書（支払通知書）など）や、保険金等受取人と保険契約者等または保険料等払込人（生命保険契約等の一時金の支払調書、生命保険金・共済金受取人別支払調書、損害保険契約等の満期返戻金等の支払調書、損害（死亡）保険金・共済金受取人別支払調書）、信託財産に帰せられる収益および費用の受益者等と元本たる信託財産の受益者等、委託者（信託の計算書）、先物取引の差金等決済をした者（先物取引に関する支払調書）、特定口座開設者（特定口座年間取引報告書）、非課税口座開設者（非課税口座年間取引報告書）、国内の送金者または受領者（国外送金等調書）など主に支払を受ける者について個人番号の記載が求められている。生命保険や損害保険に関しては保険契約者だけではなく保険金等受取人の個人番号の記載も求められていることに注意が必要である（章末の図表5－44、5－45参照）。

これらの個人番号の記載については、法定調書や届出等の提出にあたり支払額に応じた提出除外規定などが設けられているものが多いため、番号制度による影響範囲を見極めるためには、従来自社がどの法定調書や届出等をどのように提出していたか、その実態を洗い出すことが重要である。

　次に、法定調書や届出等で個人番号を記載することとされている者と既存で雇用関係や取引関係等があるかを検討する。これまで雇用関係や取引関係等がなく、新たにこうした関係を結ぶ者に対しては、原則、関係を結ぶにあたり個人番号の記載が求められている届出等の提出を受けるときに、その届出等に個人番号の記載を受けることになる。そうした届出書類がない場合は、個人番号を記載する法定調書の提出を行うことが明らかになった時に個人番号の告知を求めるか、契約などを結ぶ時に契約にあわせて個人番号の告知を受ける。後者の場合は告知を受けた個人番号を使用しないときがあることに注意が必要である。なお新たに雇用契約などを結ぶときは、給与等を支払うにあたり法定調書の提出が想定される場合、雇用契約を結ぶ時点で個人番号の提供を求めることができる。

　一方、既存で雇用関係や取引関係等がある者については、これまでおおむね氏名や住所等の告知を受けていたことから、今後発生する法定調書や届出等に個人番号を記載するために、個人番号の提供のみを追加して求めることになる[35]。

　さらに、告知依頼対象の選定を行う。告知依頼対象となるのは、番号制度で個人番号を記載することとされている法定調書や届出等にかかわる手続で、個人番号を個人番号関係事務実施者に告知することとされている者など番号を保有する者などとなる。具体的には、

① 法令で個人番号の告知をすることとされている者
② 事業者や金融機関等が提出する法定調書等に記載する個人番号を保有する本人

---

[35] 実務上、個人番号の提供を受けるときに、本人の同定を行い誤認を避け変更の有無を確認するために、あわせて氏名や住所等の告知を受けることも考えられる。

③ 個人番号を保有する本人から番号の提供を受け事業者や金融機関等に番号を提供する個人番号関係事務実施者

に対して、告知依頼を行う。なお場合によっては本人の代理人（法定代理人および任意代理人）に対して告知依頼を行うことも考えられる。

①は、株式等の譲渡の対価の受領者等（所得税法第224条の3第1項）、利子・配当等の受領者（所得税法第224条第1項）、信託受益権の譲渡の対価の受領者（所得税法第224条の4）、先物取引の差金等決済をする者（所得税法第224条の5第1項）、特定口座開設届出書の提出をする者（租税特別措置法第37条の11の3第4項・第5項）、非課税口座開設届出書の提出をする者（租税特別措置法第37条の14第7項・第8項）、国外送金または国外からの送金等の受領をする者（国外送金等調書法第3条第1項）、有価証券の国外証券移管または国外証券受入れの依頼をする者（国外送金等調書法第4条の2第1項）等が該当する[36]。これらについては本人等からの番号の告知は義務となるため、個人番号関係事務実施者は法で定められた義務に基づいて告知を求めることができる。

②は主に①以外で法定調書等に個人番号を記載する場合に告知を求める対象となる。この時、①とは異なり、その個人番号を記載することとされている個人番号の本人が個人番号関係事務実施者に対して個人番号を告知する義務は明文では規定されていない。一方で個人番号関係事務実施者は、改正国税通則法の未施行条文の第124条に基づき法定調書等に個人番号を記載する義務があるため、本人に対して個人番号告知協力を求めることになる。新規で取引等を行う場合は、取引等に係る書類に本人の氏名や住所等に加え個人番号欄を設け、それに個人番号を記載することで告知依頼に代えることができる。既存で雇用関係や取引関係等がある場合は、あらためて本人に対して告知依頼をし、協力を求めることになる。

③は、特に、年末調整事務における控除対象配偶者や控除対象扶養親族な

---

[36] 未成年口座開設届出書についても個人番号の告知が求められる。

どの個人番号や、生命保険契約等の一時金の支払調書などの法定調書提出事務における保険金等受取人の個人番号といった、直接一般事業者や金融機関等と雇用契約関係などにある従業員や、保険契約者等または保険料等払込人以外の個人番号の提供を求める場合が該当する（保険契約者等については、保険金等受取人の個人番号の報告を求める場合）。この時、従業員や保険契約者等は自らが個人番号関係事務実施者として、控除対象配偶者・控除対象扶養親族などや保険金等受取人から個人番号の告知を受け、その個人番号を従業員が一般事業者に、保険契約者等が金融機関に告知することになる。

　個人番号の告知を求める対象者については、法定調書等に支払額に応じた提出免除基準などが定められている場合があり、その基準に満たない者については法定調書等の提出が求められないことがある。これにより、あらかじめ法定調書等の提出対象になる可能性がある者すべてに対して個人番号の提供を求める考え方と、法定調書等の提出対象となることが確定してからその対象者に対してのみ提供を求める考え方の二つがありうる。このいずれをとるかは、個人番号の提供を求める者へのアプローチ機会・手段や個人番号の取扱いに関して求められる事務コストの多寡、法定調書等の提出期限までに個人番号の告知が間に合うか、また金融機関に関しては番号法で定められた激甚災害対応（番号法第9条第4号）において払戻しに個人番号を利用するか否かなどを総合的に勘案して検討することになる。

　なお国民年金第3号被保険者の場合は、法の建付的には事業者が直接被保険者の本人確認を行うことになるため注意が必要である。

　こうして「だれに対して」個人番号の提供を求めるかを明らかにしたうえで、「どの機会で」「いつ」個人番号の提供を求めるかを決める。先にも述べたように、新規で関係を結ぶ場合には、基本的に番号制度による個人番号の利用が開始される2016年1月以降、その関係を結ぶときに個人番号の提供を求めることになる。既存で関係がある場合には、その個人番号を記載する法定調書や届出等の提出期限に間に合うように個人番号の告知を受ける必要がある。したがって、番号制度による個人番号の利用が開始される2016年1月

以降で最初に個人番号が記載された法定調書や届出等を提出する機会までが期限となる[37]（図表 5 − 15、5 − 16、5 − 17）。法定調書については、最短では、退職所得の源泉徴収票・特別徴収票について、退職の日以後 1 カ月以内の提出が求められることから、2016年 1 月に退職したときは 2 月に退職者の

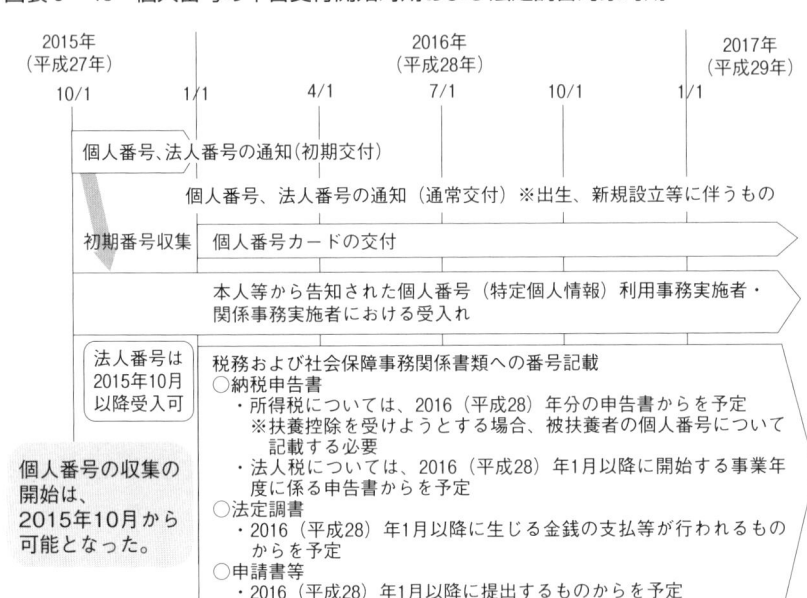

図表 5 − 15　個人番号の申告受付開始時期および法定調書対象時期

2015年10月1日〜	個人番号、法人番号の通知（初期交付）
2016年1月1日〜	個人番号、法人番号の通知（通常交付）※出生、新規設立等に伴うもの 個人番号カードの交付
2016年1月1日〜	本人等から告知された個人番号（特定個人情報）利用事務実施者・関係事務実施者における受入れ
法人番号は2015年10月以降受入可	税務および社会保障事務関係書類への番号記載 ○納税申告書 ・所得税については、2016（平成28）年分の申告書からを予定 ※扶養控除を受けようとする場合、被扶養者の個人番号について記載する必要 ・法人税については、2016（平成28）年1月以降に開始する事業年度に係る申告書からを予定 ○法定調書 ・2016（平成28）年1月以降に生じる金銭の支払等が行われるものからを予定 ○申請書等 ・2016（平成28）年1月以降に提出するものからを予定

個人番号の収集の開始は、2015年10月から可能となった。

（出典）　内閣官房・内閣府「マイナンバー制度の概要　円滑な導入・利用に向けた最新動向について」等をもとに作成

---

[37] ただし、2016年 1 月 1 日前に締結された「税法上告知したものとみなされる取引」に基づき、同日以後に金銭等の支払等が行われるものに係る「番号」の告知および本人確認については、同日から 3 年を経過した日以後の最初の金銭等の支払等の時までの間に行うことができるとの経過措置が設けられている。2016年 1 月より前に開設されていた特定口座や非課税口座に関しては、2019年 1 月以後、最初に特定口座や非課税口座に配当等を受入れする日までに、個人番号を証券会社等に告知することとされており、実質的に 3 年程度の猶予期間がある。また国外送金に関しては、2019年 1 月以降、最初に本人口座で国外送金等する日までに個人番号または法人番号を当該金融機関の営業所等の長に告知することとされており、こちらについても 3 年程度の猶予期間が設けられている。経過措置が設けられている法定調書は図表 2 − 6 を参照。

図表 5 －16　税務関係書類への番号記載時期

	記載対象	一般的な場合	2016年中に提出される主な場合
所得税	2016年 1 月 1 日の属する年分以降の申告書から	2016年分の場合⇒ 2017年 2 月16日～ 3 月15日まで	○年の中途で出国⇒出国の時まで ○年の中途で死亡⇒相続開始があったことを知った日の翌日から 4 月を経過した日の前日まで
贈与税	2016年 1 月 1 日の属する年分以降の申告書から	2016年分の場合⇒ 2017年 2 月 1 日～ 3 月15日まで	○年の中途で死亡⇒相続の開始があったことを知った日の翌日から10月以内
法人税	2016年 1 月 1 日以降に開始する事業年度に係る申告書から	2016年12月末決算の場合⇒ 2017年 2 月28日まで （延長法人は2017年 3 月31日まで）	○中間申告書⇒事業年度開始の日以後 6 月を経過した日から 2 月以内 ○新設法人・決算期変更法人⇒決算の日から 2 月以内
消費税	2016年 1 月 1 日以降に開始する課税期間に係る申告書から	〈個人〉 2016年分の場合⇒ 2017年 1 月 1 日～ 3 月31日まで 〈法人〉 2016年12月末決算の場合⇒ 2017年 2 月28日まで	○個人事業者が年の途中で死亡⇒相続開始があったことを知った日の翌日から 4 月を経過した日の前日まで ○中間申告書 ○課税期間の特例適用
相続税	2016年 1 月 1 日以降の相続または遺贈に係る申告書から	2016年 1 月 1 日に相続があったことを知った場合⇒ 2016年11月 1 日まで	○住所および居所を有しないこととなるとき⇒住所および居所を有しないこととなる日まで
酒税・間接諸税	2016年 1 月 1 日以降に開始する課税期間（ 1 月分）に係る申告書から	2016年 1 月分の場合⇒ 2016年 2 月 1 日～ 2 月29日まで	○2016年中から提出
法定調書	2016年 1 月 1 日以降の金銭等の支払等に係る法定調書から （注）	（例）　2016年分給与所得の源泉徴収票、2016年分特定口座年間取引報告書⇒2017年 1 月31日まで （注）　2016年 1 月 1 日前に締結された「税法上告知したものとみなされる取引」に基づき、同日以降に金銭等の支払等が行われるものに係る「番号」の告知および本人確認については、同日から同日以降 3 年を経過した	（例） ○配当、剰余金の分配および基金利息の支払調書は、支払の確定した日から 1 月以内 ○退職所得の源泉徴収票は、退職の日以後 1 月以内

		日以後の最初の金銭等の支払いの時までの間に行うことができる。		
申請書・届出書	2016年1月1日以降に提出すべき申請書等から	各税法に規定する、提出すべき期限	○2016年中から提出	

（出典）　国税庁「税務関係書類への番号記載時期」をもとに作成

図表5−17　社会保障関係届出等への個人番号・法人番号の追加予定日

分野	主な届出書等の内容	施行日
雇用保険	以下の様式に「個人番号」を追加予定 ・雇用保険被保険者資格取得届 ・雇用保険被保険者資格喪失届　等 以下の様式に「法人番号」を追加予定 ・雇用保険適用事業所設置届　等	2016年1月1日提出分〜
健康保険・厚生年金保険	以下の様式に「個人番号」を追加予定 ・健康保険・厚生年金保険被保険者資格取得届 ・健康保険・厚生年金保険被保険者資格喪失届 ・健康保険被扶養者（異動）届　等 以下の様式に「法人番号」を追加予定 ・新規適用届　等	2017年1月1日提出分〜

（注1）　このほか、既存の従業員・被扶養者分の個人番号について、2016年1月以降いずれかの時期に、健康保険組合・ハローワークにご報告のお願いをする予定。
（注2）　国民健康保険組合については、2016年1月1日〜各種届出等にマイナンバーを記載することとなる。
（出典）　厚生労働省「社会保障・税番号制度の導入に向けて（社会保障分野）〜事業主の皆様へ〜」から抜粋

個人番号が記載された法定調書を税務署長に提出することになる[38]。また社会保険関係（雇用保険および健康保険）について、厚生労働省は事業者に対して「既存の従業員・被扶養者分の個人番号について、平成28年1月以降いず

38　ただし中途退職者については翌年1月31日までに適宜まとめて提出してよい。

れかの時期に、健康保険組合・ハローワークにご報告のお願いをする予定」[39]としており、最短で2016年に入って早々の時期にこの報告を行う可能性がある。この場合は全従業員に関係するものとしては2017年1月31日までの提出が求められる給与所得の源泉徴収票よりも前となるため注意が必要となる。なお、退職者に関しては、退職した後は退職者と連絡がとりにくくなったり告知が遅延したりすることも予想されるため、退職する日の前までに退職者の個人番号の告知を受けることも考えられる。

　こうした期限を考慮し、実際に告知を受ける日よりも十分前から告知依頼を発出することも考えられる。

　「どのようにして」告知を依頼するかに関しては、(a)対面での依頼、(b)個別の対象者に対して依頼書を郵送または電子メールを送付、(c)営業所内でのポスター掲示やチラシ・パンフレット等の配布、(d)イントラネットやインターネットのサイトに掲載、といった方法（あるいはこれらの組合せ）が考えられる。政府や業界団体等からの番号制度に関する周知・広報活動とあわせて行うことでより効果的な依頼が可能となると考えられるが、訴求できる対象者の範囲、従業員（特に事業所が点在している場合が要注意）や顧客等とのコンタクト頻度やチャネル、認知の確度、告知依頼のタイミング、告知依頼に係るコストなどの観点から、まずは自社でどのような方法をとるかを検討することになる。なお対面で依頼する場合、営業店や代理店の店頭等での依頼のほか、営業職員等が対象者を訪問し依頼文書を直接手交することも考えられる。

　こうして告知依頼する際に、さらに論点となるのが、告知依頼の文言である。特に個人番号に関しては個人情報保護法令の観点から利用目的の通知が必要となる[40]ため、告知依頼の依頼文には利用目的を明示することが考えられる。この利用目的の書きぶりについては、基本的には可能な限り具体的な書きぶりが求められる[41]が、利用目的を限定しすぎた場合、利用目的が変更

39　厚生労働省「社会保障・税番号制度の導入に向けて（社会保障分野）～事業主の皆様へ～」p.9。

したとき、改めての本人への利用目的の通知または公表が必要となることがありうることから、一般事業者や金融機関等としては、可能な限り包括的な書きぶりとしたいところである。特定個人情報取扱ガイドラインでは、従業員等に関するものについては「源泉徴収票作成事務」「健康保険・厚生年金保険届出事務」、顧客等に関するものについては「金融商品取引に関する支払調書作成事務」「保険取引に関する支払調書作成事務」[42]といった例が示されているものの、具体的な書きぶりに関しては、2015年5月31日時点で標準の書きぶりが示されていないこともあり、各事業者の判断で決めることになる。なお個人番号の提出先を明示する必要はなく、個人番号の利用目的に関して本人の同意を得る必要もない[43]。

こうして告知依頼をしても、対象者となる個人が期限までに個人番号を告知しないことがありうる。そうした場合には、内閣官房のQ&Aサイトでは「社会保障や税の決められた書類にマイナンバーを記載することは、法令で定められた義務であることを周知し、提供を求め」「それでも提供を受けられないときは、書類の提出先の機関の指示に従」うとされている[44]。書類の提出先の機関とは、具体的には税であれば国税庁や地方公共団体、社会保障

---

[40] 個人情報保護法第18条第2項で、「個人番号取扱事業者は、(中略) 本人から直接書面に記載された当該本人の個人情報を取得する場合は、あらかじめ、本人に対し、その利用目的を明示しなければならない」とされ、第3項では「個人情報取扱事業者は、利用目的を変更した場合は、変更された利用目的について、本人に通知し、又は公表しなければならない」とされている。これにより、個人情報取扱事業者となっている場合は、従業員や顧客等から直接個人番号の提供を書面で受ける場合は従業員や顧客等に対してあらかじめ利用目的を通知することが必要である。

[41] 個人情報保護法第15条第1項で「個人情報取扱事業者は、個人情報を取り扱うに当たっては、その利用の目的(中略)をできる限り特定しなければならない」とされていることによるもの。

[42] 「特定個人情報の適正な取扱いに関するガイドライン(事業者編)」p.15、および、「(別冊) 金融業務における特定個人情報の適正な取扱いに関するガイドライン」p.2を参照。

[43] 「「特定個人情報の適正な取扱いに関するガイドライン(事業者編)」および「(別冊) 金融業務における特定個人情報の適正な取扱いに関するガイドライン」に関するQ&A」による。

[44] 内閣官房社会保障改革担当室ホームページ「よくある質問(FAQ)」Q4-2-5参照。

であれば厚生労働省等となるが、国税に関してはこのような拒否にあった場合に個人番号の提供の求めの経過を記録・保存するなどし、国税の法定監査のときに督促したことを説明できるようにすることが求められると考えられる。これは実際は個人番号の告知を受けたにもかかわらず事業者内で個人番号を紛失する等したことによる記載もれではないことを立証するためである。

　法人番号に関しては、現時点で、前述の利子・配当等の受領者（所得税法第224条第1項）といった特定の税の法定調書事務に関連して、法人番号の告知義務がある。したがって、法人番号の告知義務があるものに関しては、法人番号の告知を受けることが原則と考えられる。また、告知義務が明文で規定されていないものに関しても、義務があるものと同じく個人番号の場合に準じて法定調書の提出スケジュールにあわせて告知依頼をするタイミング等を設定することになる。いずれにせよ法人番号は国税庁法人番号公表サイトで公表されるため、金融機関等は受領者等に告知義務があるもの以外は国税庁法人番号公表サイトをもとに法人番号を法定調書等に記載することもできるが、当該法人から告知を受けるほうが確実といえる。

(5)　番号の受付

　告知依頼の後は、この依頼を受けて従業員や顧客などが個人番号を告知するため、「2　告知受付」を行う。

　告知受付に関しては、告知受付の手段や様式をどのようにするかが論点になる。また告知受付の時期についても検討が求められる。いずれについても、「3　身元（実存）確認」「4　番号確認」「5　記録保管」「6　番号登録管理」と続く後の作業を容易にするとともに、従業員や顧客等からの個人番号告知を円滑にするといった観点からの検討が必要となる。

　告知受付の手段については、番号法上の本人確認の観点から、
・対面
・書面送付
・オンライン（インターネットやイントラネット）

・電話

のいずれかをとることになる。それぞれの手段で求められる確認対象書類などが異なるが、具体的にはこの後の(6)本人確認（身元（実存）確認、番号確認）で説明する。

　告知を受ける様式については、大きく分けて、
① 事業者が対象者の個人番号を提示や記入して行政機関等に提出するもの
② 本人が個人番号を記入して事業者に提示した書類が行政機関等の他の機関に提出されるもの

がある。

　①は特段定まった様式はないため、一般事業者や金融機関等がそれぞれ様式を定め、対象者に示して記入を求めることになる。この様式に記入された個人番号を一般事業者や金融機関等が法定調書や届出等に転記して行政機関等に提出することになる。したがって、手書きで個人番号を受け付ける場合は12ケタの数字を記入するよう記入欄を12個のボックスで構成したり、個人番号カード等の券面に記載されているように4ケタごとにハイフンを入れるなどしたりし、記入誤りを極力減らすことが考えられる。また、場合によってはマークシート方式も検討対象となりうる。オンラインで個人番号の送信を受ける場合は、入力時等にチェックディジットを検査することも考えられる。なお、様式への記入を求めず、個人番号カードや通知カードの券面のコピー等の提示・送付を受け事業者側で個人番号を読み取る方法も考えられ[45]、また個人番号カードのICチップに格納された個人番号をICカードリーダから確認することも考えられる[46]。

　②については、一般事業者や金融機関等は基本的に本人から受け取った個人番号記載の書類に対して、必要に応じて自らの法人番号（個人事業主については個人番号）を付記して行政機関等に提出することになるが、行政機関

---

[45] 券面に印字された個人番号を読み取って転記する方法のほか、個人番号カードに関しては個人番号をその内容とするマトリックス型二次元コードが券面に記載されているため、それを読み取る方法も考えられる。

等が定めた様式があるため、基本的にはそれに従うことになる。この流れは従前と本質的には変わらないが、個人番号を記入することによる本人確認や自らの番号の付記などが事務に付加され、番号制度によって既存の様式が変わるため、変更後の様式に対応することが求められる。国税関係の様式については、おおむね、省令や法令解釈通達等による様式の確定が2015年中に行われる見込みである[47]。

　告知受付の時期については、特に告知が集中する時期の対応が課題となる。従業員に関しては2015年10月以後のいずれかのタイミングで全従業員から個人番号の告知を受けることになるため、多くの従業員を雇用する事業主は告知受付に係る事務処理を分散するための工夫が求められる。たとえば従業員をいくつかのグループにまとめ、それぞれが告知をする時期をずらすといった方策が考えられる。

　法人番号に関しては、告知義務があるものに関して告知を受けるための様式を用意するなどの準備が必要となるが、告知受付の手段に関しては特段の

---

[46] 個人番号カードのICチップには、「券面事項入力補助アプリケーション」が格納されている。

　総務省の説明資料では、対面で個人番号カードを窓口担当者がみることができる場合には、担当者がカードの券面の個人番号を所要のソフトウェアに入力し、それとともにカードに正誤の照会をかけ、入力が正しければカードから個人番号が返されそれをシステムに取り込むことが可能。誤っている場合はその旨がソフトウェアに表示される。これにより個人番号の正確な入力が可能となる。

　個人番号に加え4情報（氏名、住所、生年月日、性別）の入力を正確に行う場合は、個人番号の告知を行う者がICカードリーダにカードを読み取らせ、4ケタの暗証番号を入力することでICチップに格納された個人番号および4情報を読み出し、それの送信を受けることでシステムに取り込むことが可能。これは対面でもオンラインでも可能であり、個人番号と4情報の正確な入力と入力に係る負担軽減に資する。

　これに加え、ウェブ上での申請画面の改修を行うことで、ウェブに表示された申請書様式に4ケタの暗証番号の入力により読み出した個人番号と4情報を自動で取り込んだものの送信を受けることも可能となる。

　こうしたことを可能とする、券面事項入力補助アプリのインタフェースの開示が予定されている。

　（参考）　総務省「個人番号カードの概要ならびに個人番号カードを活用したオンライン取引等の可能性について」

[47] 相続税申告書、所得税申告書、贈与税申告書については、2016年中に確定する見込み。

規定がないため、事業者が自由に設定することになる。また、告知受付が集中することが予想される場合、個人番号の場合と同様になんらかの負荷分散のための方策を検討することもありうる。

(6) 本人確認（身元（実存）確認、番号確認）

　告知受付を受け、番号法上での本人確認である「3　身元（実存）確認」と「4　番号確認」を行う。基本的には個人に対する本人確認は番号法に基づき行う必要があるが、利子・配当等の受領者となる場合など税法で定められた特定の場合は、所得税法等に基づき法人に対しても行う。またこの身元（実存）確認と番号確認は基本的には同時に証跡等に基づき対面または書面送付で行うが、一定の特例があり、証跡等に関する軽減措置やオンラインや電話による確認が可能なようになっている。

　個人番号に係る番号法上の本人確認に関しては、どの書類等を本人確認で用いる書類等とするかと、本人確認に係る事務をどのように行うかといった論点がある。

　番号法上の本人確認は、個人番号利用事務実施者や個人番号関係事務実施者が個人番号の提供を求め、本人または本人の代理人から個人番号の提供を受けるときに行う。この時、個人番号利用事務実施者や個人番号関係事務実施者は本人確認に必要な書類等の提示を受けるか、またはこれらに代わる本人確認措置を行う。

　本人確認は、身元（実存）確認と番号確認の二つの確認によって構成される。身元（実存）確認は、「現に手続を行っている者が個人番号の正しい持ち主であることの確認」であり、現に個人番号の告知を行っている者がたしかに存在していることの確認である。他人のなりすましや仮空人物でないことを確認する。番号確認は告知される個人番号が正しいものであることの確認となる。基本的にはこの二つをともに行うことによって番号法上の本人確認となるため、たとえば個人番号の確認だけ行うのでは本人確認とならず、あわせて身元確認も行う必要がある（図表5－18、5－19）。

図表5-18　番号法上の本人確認措置が必要なとき

本人確認措置を行う者	個人番号の提供をする者	本人確認措置をしなければならないとき	しなければならないこと
・個人番号利用事務実施者 ・個人番号関係事務実施者	・本人 ・本人の代理人	個人番号利用事務実施者または個人番号関係事務実施者が個人番号の提供を求め、本人または本人の代理人から個人番号の提供を受けるとき	本人確認に必要な書類の提示を受けること、またはこれらに代わるべき本人確認措置

図表5-19　番号法上の本人確認措置で行うこと

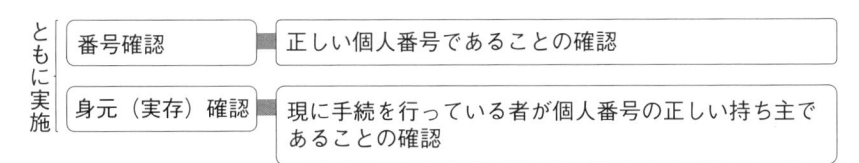

ともに実施
- 番号確認 ⇒ 正しい個人番号であることの確認
- 身元（実存）確認 ⇒ 現に手続を行っている者が個人番号の正しい持ち主であることの確認

　個人番号に関する番号法上の本人確認は、基本的には対面で必要書類の提示を受けるか、必要書類の原本または写しの送付を受けることで行う。必要書類としては、

① 個人番号カード
② 通知カードと公的機関が発行した顔写真付き[48]の身分証明書（運転免許証等）のセット
③ 個人番号が記載された住民票の写しまたは住民票記載事項証明書と、公的機関が発行した顔写真付きの身分証明書（運転免許証等）のセット

のいずれかが基本形となる（図表5-20）。②と③の顔写真付き身分証明書としては、運転免許証、運転経歴証明書（2012年4月1日以降に交付されたものに限る）、旅券（パスポート）、身体障害者手帳、精神障害者保健福祉手帳、

---

[48] 正確には、「写真の表示その他の当該書類に施された措置によって、当該書類の提示を行う者が当該個人識別事項により識別される特定の個人と同一の者であることを確認することができるもの」が要件となる。

療育手帳、在留カード、特別永住者証明書、個人番号利用事務実施者が適当と認めるもの[49]となる。

①の個人番号カードに関しては、これ１枚で身元確認と番号確認をともに行うことができる。個人番号カードの表面は住民基本台帳に記録された氏名、住所、生年月日が記載されており、また顔写真も記載されている。個人番号カードは公的機関（地方公共団体）が氏名等と顔写真との紐付けを確認したうえで発行し顔写真の本人に交付したものであるため、公的身分証明書としての機能をもつ。また個人番号に関しても公的機関が確認して記載している。したがって、対面で本人確認する場合は表面の氏名等で本人確認したうえで、同一の個人番号カードの裏面の個人番号を確認することで番号法上の本人確認を行うことが可能となり、個人番号カードの提示をする本人の顔と個人番号カードの顔写真とを対照させて、たしかに本人から個人番号の告知を受けていることを確認できる。対面で確認するときは個人番号カードを表裏両面で確認ができるが、書面送付で確認する場合は、個人番号カードのコピーの送付を受けることが想定されるため、表面と裏面の双方のコピーの送付を受けることになる。この時、表面と裏面がたしかに同一の個人番号カードのものであることを確認することが必要だが、これは裏面に個人番号

---

[49] 官公署または個人番号利用事務実施者から発行または発給されたもので、通知カードに記載された個人識別事項（後述。「氏名＋住所」または「氏名＋生年月日」のいずれか）の記載があるものであり、写真等により当該書類の提示者が当該個人識別事項の個人であることを確認できるものに限る。この個人番号利用事務実施者が認めるものは、国税に関する事務であれば国税庁、社会保障に関する事務であれば厚生労働省といった個人番号利用事務実施者がそれぞれ示すこととされている。
　このうち国税庁の告示では、個人識別事項が記載された写真付きの学生証や社員証・職員証、ICチップ内に個人識別事項が記録されたもの（パスワード入力すること等によりその情報を読み出すことが可能なもの）で個人番号利用事務実施者または個人番号関係事務実施者が発行したものなども国税関係の事務では写真付身分証明書として扱ってよいとされており、たとえば未成年者に関しては個人番号カードの交付を受けていない場合、個人識別事項が記載されている顔写真付学生証の提示を受けることでも本人確認を行うことができる。
　また、個人番号関係事務実施者が個人識別事項を印字したうえで本人に交付または送付した書類で、その個人番号関係事務実施者に対してその書類を身元確認のための書類として利用する場合も、その書類を写真付身分証明書がわりとすることが可能となる。

図表5-20 番号法上の本人確認で用いる書類(原則):本人

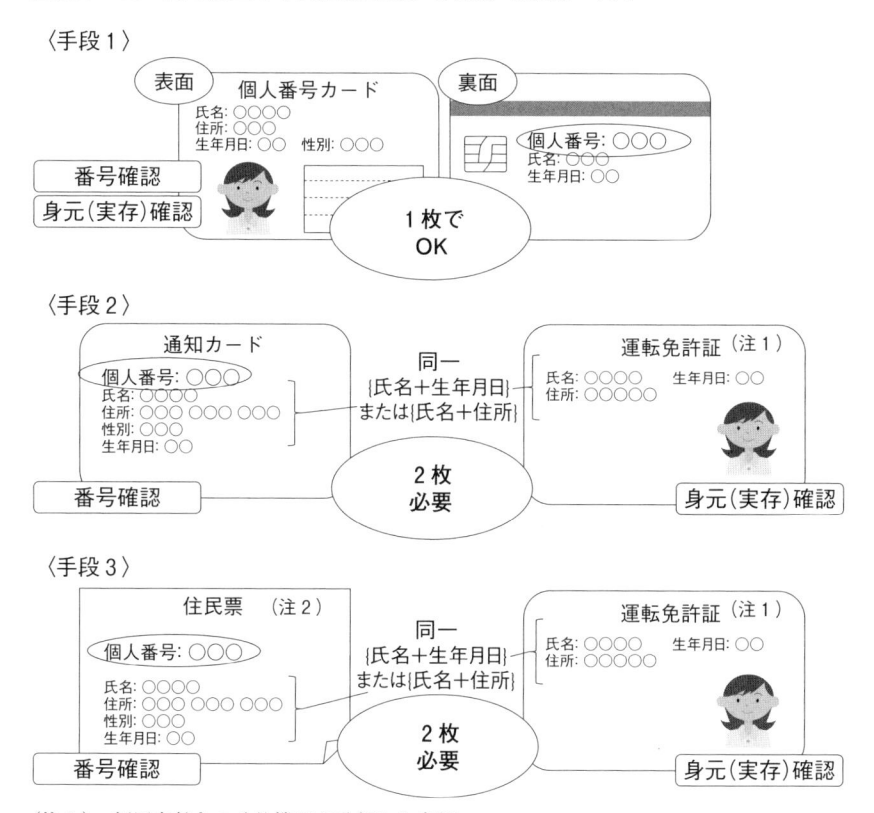

〈手段1〉

表面 個人番号カード
氏名:○○○○
住所:○○○
生年月日:○○○ 性別:○○○

裏面
個人番号:○○○
氏名:○○○○
生年月日:○○

番号確認
身元(実存)確認

1枚でOK

〈手段2〉

通知カード
個人番号:○○○
氏名:○○○○
住所:○○○
性別:○○○
生年月日:○○

同一
{氏名+生年月日}
または{氏名+住所}

運転免許証(注1)
氏名:○○○○ 生年月日:○○
住所:○○○

番号確認

2枚必要

身元(実存)確認

〈手段3〉

住民票 (注2)
個人番号:○○○
氏名:○○○○
住所:○○○
性別:○○○
生年月日:○○

同一
{氏名+生年月日}
または{氏名+住所}

運転免許証(注1)
氏名:○○○○ 生年月日:○○
住所:○○○

番号確認

2枚必要

身元(実存)確認

(注1) 顔写真付きの公的機関が発行した書類。
(注2) 住民票記載事項証明書も可。

のほかに氏名と生年月日が記載されているため、これと表面の氏名・生年月日とを対照させることで可能となる。

②の通知カードと公的機関が発行した顔写真付きの身分証明書(運転免許証等)のセットについては、通知カードで個人番号を確認し、あわせて運転免許証等で身元確認を行うことになる。通知カード単体では顔写真がついていないため、提示した者が通知カード券面に記載された氏名や住所などの者と確認できない。したがって、通知カードの券面に記載された個人番号がた

第5章 マイナンバー制度の仕組み 149

しかに通知カードを提示している本人のものであることが確認できない。そこで原則、通知カードに加えて、身分証明書の顔写真を通じて、提示した者の顔と券面の氏名や住所などとを結びつけ、さらにその身分証明書と通知カードとを結びつけることで、提示した者の個人番号が通知カード券面の個人番号であることを確認できるようになる[50]。ここで重要なのは、通知カードと身分証明書とが同一人のものであることを確認することである。これは通知カードと身分証明書の券面に記載されている「氏名＋住所」または「氏名＋生年月日」のいずれか（個人識別事項）が一致していることを確認することで行う[51]。通知カードと顔写真付身分証明書とで番号法上の本人確認を行う場合、この個人識別事項の確認を行わないと本人確認したことにならないため、注意が必要である。

③の個人番号が記載された住民票の写し、または住民票記載事項証明書と公的機関が発行した顔写真付きの身分証明書（運転免許証等）のセットについても、②の通知カードの場合と同様の考え方で本人確認を行う。ここでの注意点としては、住民票の写しや住民票記載事項証明書に個人番号が記載されていることが必要なことである。2015年10月以降、住民票の写しや住民票記載事項証明書に個人番号を記載することが可能となるが、これは任意であり、個人番号が記載されていない住民票の写し等もありうるためである。

こうした①～③の原則に加え、番号法施行規則や国税庁の告示「行政手続における特定の個人を識別するための番号の利用等に関する法律施行規則に基づく国税関係手続に係る個人番号利用事務実施者が適当と認める書類等を定める件」（付録5参照）により、本人確認で用いることができる書類などの種類が追加されている（図表5－21、5－22）[52]。

個人番号が記載された書類については、原則は個人番号カードや通知カー

---

[50] 対面での確認の場合、身分証明書の顔写真と提示した者の顔との一致の確認が可能だが、書面の送付の場合は書面送付を受けただけではこの一致の確認ができない。
[51] 番号法施行令第12条。
[52] 厚生労働省等の個人番号利用事務実施者がそれぞれ、国税庁の告示と同様の「個人番号利用事務実施者が適当と認める書類等」に関する告示等を定めるとみられる。

図表5-21 本人が個人番号利用事務実施者・個人番号関係事務実施者に提示する書類等

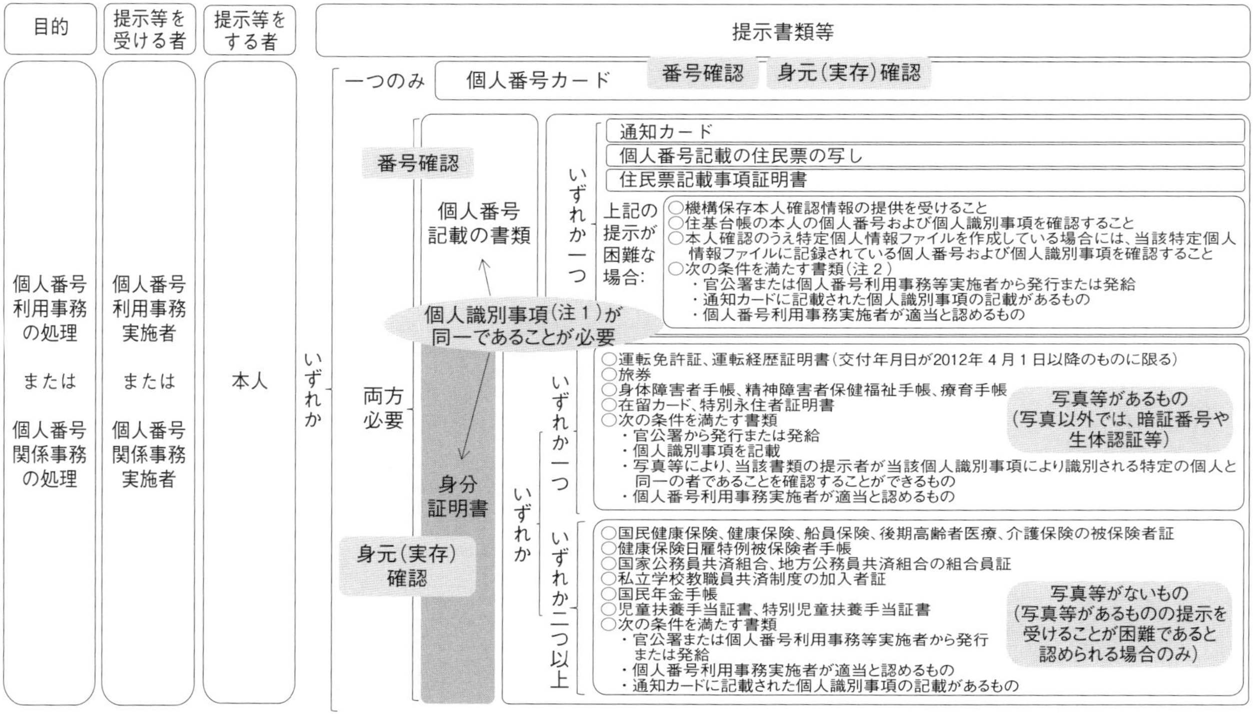

目的	提示等を受ける者	提示等をする者	提示書類等		
				番号確認	身元(実存)確認
個人番号利用事務の処理 または 個人番号関係事務の処理	個人番号利用事務実施者 または 個人番号関係事務実施者	本人	個人番号カード		
			通知カード		
			住民票記載の住民票の写し		
			上記のいずれの提示が困難な場合		

番号確認：一つのみ
身元(実存)確認：両方必要

個人番号記載の書類：
- 機構保存本人確認情報の提供を受けること
- 住基台帳の本人確認のうえ特定個人番号および個人識別事項を確認すること
- 本人確認のうえ作成した特定個人情報ファイルに記録されている個人識別事項および個人番号を確認すること
- 次の条件を満たす書類（注2）
・官公署または個人番号利用事務実施者から発行または発給
・通知カードに記載された個人識別事項の記載があるもの
・個人番号利用事務実施者が適当と認めるもの

個人識別事項（注1）が同一であることが必要

身分証明書：
いずれか一つ：写真等があるもの
・個人番号カード、運転免許証、運転経歴証明書（交付年月日が2012年4月1日以降のものに限る）、旅券、身体障害者手帳、精神障害者保健福祉手帳、療育手帳、在留カード、特別永住者証明書
・次の条件を満たす書類
・官公署から発行または発給
・写真により、当該書類の提示者が当該個人識別事項により識別される特定の個人と同一の者であることを確認できるもの
・個人番号利用事務実施者が適当と認めるもの

（写真以外では、暗証番号や生体認証）

いずれか二つ以上：写真等がないもの
・国民健康保険、健康保険、船員保険、後期高齢者医療、介護保険の被保険者証
・国家公務員共済組合、地方公務員共済組合の組合員証
・国家公務員共済組合日本私立学校振興・共済事業団、私立学校教職員共済制度の加入者証
・国民年金手帳、児童扶養手当証書、特別児童扶養手当証書
・次の条件を満たす書類
・官公署または個人番号利用事務実施者から発行または発給
・個人番号利用事務実施者が適当と認めるもの
・通知カードに記載された個人識別事項の記載があるもの

（写真等があることが困難であるとき、自己の個人番号に相違ない旨の本人の認められる場合のみ）

（注1）個人識別事項……「氏名と生年月日」または「氏名と住所」。
（注2）源泉徴収票など個人番号利用事務実施者・個人番号関係事務実施者が発行等する書類や、自己の個人番号に相違ない旨の本人による申告書など。

図表5−22　本人確認の方法　本人：対面・書面送付（書類等の詳細）
　　　　　　―個人番号利用事務実施者（国税庁）が適当と認めるもの―

確認種別	番号法、番号法施行令、番号法施行規則における書類等		国税庁が認める書類等
番号確認 身元(実存) 確認	個人番号カード		—
番号確認	通知カード 個人番号記載の住民票の写し 個人番号記載の住民票記載事項証明書		—
	上記の提示が困難な場合	○機構保存本人確認情報の提供を受けること ○住基台帳の本人の個人番号および個人識別事項を確認すること ○本人確認のうえ特定個人情報ファイルを作成している場合には、当該特定個人情報ファイルに記録されている個人番号および個人識別事項を確認すること	—
		次の条件を満たす書類 ・官公署または個人番号利用事務等実施者から発行または発給 ・通知カードに記載された個人識別事項の記載があるもの ・個人番号利用事務実施者が適当と認めるもの	・源泉徴収票（給与所得の源泉徴収票、退職所得の源泉徴収票、公的年金等の源泉徴収票） ・支払通知書（配当等とみなす金額に関する支払通知書、オープン型証券投資信託収益の分配の支払通知書、上場株式配当等の支払通知書） ・特定口座年間取引報告書 ・自身の個人番号に相違ない旨の本人による申立書（提示時において作成した日から6カ月以内のものに限る。個人識別事項の記載が必要。自署または押印が必要） ・国外転出者に還付される個人番号カードまたは通知カード
身元(実存) 確認	写真付身分証明書	・運転免許証、運転経歴証明書（交付年月日が2012年4月1日以降のもの） ・旅券 ・身体障害者手帳、精神障害者保健福祉手帳、療育手帳	—

	・在留カード、特別永住者証明書 ・写真付住基カード（提示時において有効なもの）	
	次の条件を満たす書類 ・官公署から発行または発給 ・個人識別事項を記載 ・写真等により、当該書類の提示者が当該個人識別事項により識別される特定の個人と同一の者であることを確認することができるもの ・個人番号利用事務実施者が適当と認めるもの	・税理士証票(提示時において有効なもの) ・写真付学生証、写真付身分証明書、写真付社員証 ・写真付資格証明書（船員手帳、海技免状、狩猟・空気銃所持許可証、宅地建物取引主任者証、電気工事士免状、無線従事者免許証、認定電気工事従事者認定証、特種電気工事資格者認定証、耐空検査員の証、航空従事者技能証明書、運航管理者技能検定合格証明書、動力車操縦者運転免許証、教習資格認定証、検定合格証（警備員に関する検定の合格証）等） ・戦傷病者手帳 ・カード等に電子的に記録された個人識別事項（氏名および住所または生年月日）を下記の方法により、提供を受ける者の端末等に表示させることにより確認 　・暗証番号による認証 　・生体認証 　・2次元バーコードの読取り ・税務署から送付されるプレ印字申告書（所得税申告書、個人消費税申告書、法定調書合計表等） ・個人番号関係事務実施者から送付される個人識別事項（氏名および住所または生年月日）がプレ印字された書類 ・手書申告書等に添付された未記入のプレ印字申告書 ・確定申告のお知らせはがき、贈与税のお知らせはがき、譲渡所得返信はがき付リーフレット ・所得税の予定納税額の通知書
上記の提示が困難な場合	写真なし身分証明書（右を二つ以上提示）	・国民健康保険、健康保険、船員保険、後期高齢者医療、介護保険の被保険者証 ・健康保険日雇特例	―

第5章　マイナンバー制度の仕組み　153

			・被保険者手帳 ・国家公務員共済組合、地方公務員共済組合の組合員証 ・私立学校教職員共済制度の加入者証 ・国民年金手帳 ・児童扶養手当証書、特別児童扶養手当証書	
			次の条件を満たす書類 ・官公署または個人番号利用事務等実施者から発行または発給 ・個人番号利用事務実施者が適当と認めるもの ・通知カードに記載された個人識別事項の記載があるもの	・学生証（写真なし）、身分証明書（写真なし）、社員証（写真なし） ・資格証明書（写真なし）（生活保護受給者証、恩給等の証書等） ・国税、地方税、社会保険料、公共料金の領収書、納税証明書 ・印鑑登録証明書、戸籍の附票の写し（謄本もしくは抄本も可）、住民票の写し、住民票記録事項証明書 ・母子健康手帳 ・源泉徴収票（給与所得の源泉徴収票、退職所得の源泉徴収票、公的年金等の源泉徴収票） ・支払通知書（配当等とみなす金額に関する支払通知書、オープン型証券投資信託収益の分配の支払通知書、上場株式配当等の支払通知書） ・特定口座年間取引報告書

（出典）「行政手続における特定の個人を識別するための番号の利用等に関する法律施行規則に基づく国税関係手続に係る個人番号利用事務実施者が適当と認める書類等を定める件」をもとに作成

ド、個人番号が記載された住民票の写し・住民票記載事項証明書の提示を求めており、これらをもっていない場合は再取得等させたうえでそれらの書類の提示を受けることになる。さまざまな事情によりこれらの書類の提示を受けることが困難である場合は、個人番号関係事務実施者においては、個人番号利用事務実施者が適当と認める書類（官公署または個人番号利用事務実施者から発行または発給されたもので、通知カードに記載された個人識別事項の記載があるものに限る）によっても個人番号を確認することができる[53]。

図表 5 −23 自身の個人番号に相違ない旨の申立書（標準様式）

```
          自身の個人番号に相違ない旨の申立書
_____殿


  下記の個人番号は私の個人番号に相違ありません。

平成  年  月  日
                    住所
                    氏名                    ㊞
                          明治
                          大正
                          昭和
                    生年月日  平成   年  月  日生

                              記
                    個人番号
```

(注)　提示時において作成した日から 6 カ月以内のものに限る。
(出典)　国税庁ホームページ

　身分証明書に関しては、顔写真等がついている身分証明書をもっている場合はまずはそれの提示を求めることになるが、それらの提示を受けることが困難である場合に限り、代替的にほかの書類でも身元（実存）確認することができる。この時に用いることができる書類としては、国民年金手帳、国民健康保険・健康保険・船員保険・後期高齢者医療・介護保険の被保険者証、健康保険日雇特例被保険者手帳、国家公務員共済組合・地方公務員共済組合

53　国税庁告示では、国税関係事務については、本人交付用税務書類や官公署が発行または発給した書類、個人番号利用事務実施者や個人番号関係事務実施者が発行または発給した書類で、個人番号と個人識別事項の記載があるもの（給与所得の源泉徴収票など）が示されている。また自身の個人番号に相違ない旨の本人による申立書（提示日において作成した日から 6 カ月以内のものに限る）によっても可能とされている。告示書の様式例については、図表 5 −23参照。

第 5 章　マイナンバー制度の仕組み　155

図表5-24　本人に対して雇用関係等にある利用事務実施者・関係事務実施者が
　　　　　（本人や代理人と「雇用関係にあることその他の事情を勘案」すること

提示等の手段	できること	提示等を受ける者	提示等をする者
限定されていない	・番号法上の本人確認	・個人番号利用事務実施者または個人番号関係事務実施者で、本人と雇用関係にある者 ・個人番号利用事務実施者または個人番号関係事務実施者で、その他の事情が勘案される者	・本人 （個人番号利用事務実施者または個人番号関係事務実施者と雇用関係その他の事情がある者） ・本人の代理人 （個人番号利用事務実施者または個人番号関係事務実施者と雇用関係その他の事情がある者）

特例が適用されることで、本人または代理人の身分証明書の提示を受けることは不要となるが、本人の個人番号が記載された書類の提示は受ける必要がある。

次のいずれか（国税に関して国税庁が適当と認める事項）※本人の場合
○知覚すること等により、以下の要件を満たすことを確認でき、個人番号の提供を行う者が本人であることが明らかな場合
　・雇用契約成立時等に本人であることの確認を行っていること
　・本人が雇用関係その他これに準じる関係にある者であること
　・個人番号の提供を行う者（本人）が個人識別事項により識別される特定の者であること
○扶養親族等であって、知覚すること等により、個人番号の提供を行う者が本人であることが明らかな場合
○過去に本人の確認を行っている同一の者から継続して個人番号の提供を受ける場合で、知覚すること等により、個人番号の提供を行う者が本人であることが明らかな場合

（出典）「行政手続における特定の個人を識別するための番号の利用等に関する法律施行件」等をもとに作成

の組合員証、私立学校教職員共済制度の加入者証、児童扶養手当証書、特別児童扶養手当証書や個人番号利用事務実施者が適当と認める書類（官公署または個人番号利用事務実施者から発行または発給されたもので、通知カードに記載された個人識別事項の記載があるものに限る）[54]があるが、これらの書類のいずれかについて二つ以上提示を受けることが必要となる。

　本人確認に関しては、事業者への事務負担軽減の観点から、従業員等に関

確認する方法
ができる場合）

代替するもの	提示不要となる場合
・本人が提示する場合、本人の身分証明書の提示 （右の場合、身分証明書の提示を受けることが不要） ・代理人（個人）が提示する場合、代理人の身分証明書等 ・代理人（法人）が提示する場合、代理人の登記事項証明書等と、現に個人番号の提供を行う者と当該法人との関係を証する書類 （右の場合、代理人の身分証明書や登記事項証明書等の提示を受けることが不要）	・個人番号の提供をする本人（代理人が提供する場合は、代理人）が、次の書類に記載等されている個人識別事項により識別される特定の個人と同一の者であることが明らかであると、<u>個人番号利用事務実施者が認める場合</u> 〈本人が提供する場合〉 ○通知カード ○住民票 ○住民票記載事項証明書 ○機構保存本人確認情報 ○住民基本台帳 ○本人確認のうえ作成された特定個人情報ファイル ○次の条件を満たす書類またはその写しの提出を受けること 　・官公署または個人番号利用事務等実施者から発行または発給 　・個人番号および個人識別事項の記載があるもの 　・個人番号利用事務実施者が適当と認めるもの 〈代理人が提供する場合〉 　・委任状等

規則に基づく国税関係手続に係る個人番号利用事務実施者が適当と認める書類等を定める

して行う場合は特例措置が設けられている（図表5−24）。

54　国税庁告示によれば、国税や地方税の領収証書・納税証明書、社会保険料や公共料金の領収証書（いずれも領収日付の押印または発行年月日と、個人識別事項の記載があるもの。提示時において領収日付または発行年月日が6カ月以内のものに限る）や、顔写真がついていない公的書類（印鑑登録証明書や戸籍の附票の写しなど。個人識別事項の記載があるもの。提示時において有効なものか、発行または発給された日から6カ月以内のものに限る）、本人交付用税務書類（源泉徴収票や支払通知書等。個人識別事項の記載があるもの）となる。

具体的には、本人確認を行う事業者は、本人と事業者との間の雇用関係その他の事情を勘案して個人番号利用事務実施者が認めた一定の場合には、本人確認の時に身分証明書等の提示を受けなくてもよいとされている。この時の要件としては、本人が個人識別事項によって識別される特定の個人と同一の者であることが明らかであると個人番号利用事務実施者が認めた場合とされている[55]。

　この従業員等への本人確認に関する注意点としては、個人番号利用事務実施者が認めて身分証明書の提示を受けることが不要な場合でも、事業者の判断により提示を求めることまでは禁止されていないことと、不要とされているのは身分証明書の提示であって、番号確認のための書類は別途必要となるということである。

図表5-25　番号法施行規則における本人確認等の手段

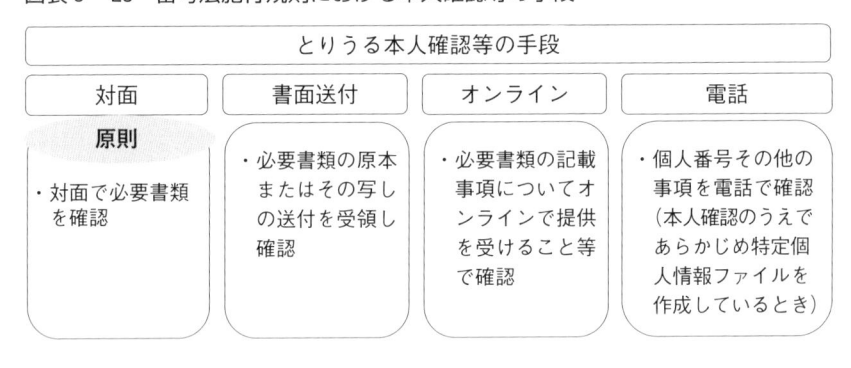

とりうる本人確認等の手段			
対面	書面送付	オンライン	電話
原則 ・対面で必要書類を確認	・必要書類の原本または その写しの送付を受領し確認	・必要書類の記載事項についてオンラインで提供を受けること等で確認	・個人番号その他の事項を電話で確認（本人確認のうえであらかじめ特定個人情報ファイルを作成しているとき）

---

[55] 国税庁告示によれば、知覚すること等により、雇用契約成立時等に本人であることの確認を行っていることや本人が雇用関係その他これに準じる関係にある者であること、個人番号の提供を行う者（本人）が個人識別事項により識別される特定の者であることといった要件を満たすことを確認でき、個人番号の提供を行う者が本人であることが明らかな場合は、身分証明書等の提示を受ける必要がないとされている。
　また、年末調整の時の申告書（給与所得者の扶養控除等（異動）申告書、給与所得者の保険料控除申告書兼給与所得者の配偶者特別控除申告書など）において扶養配偶者や扶養親族等の個人番号に関して従業員が個人番号関係事務実施者として扶養配偶者や扶養親族等の本人確認を行うときも、知覚すること等によって個人番号の提供を行う者が扶養配偶者や扶養親族等の本人であることが明らかな場合は身元確認は不要とされている（この場合でも番号確認は必要であることに注意）。

本人確認の手段としては、これまで触れてきた対面や書面の送付によるもの以外でも、オンラインでの本人確認も可能となっている（図表5－25）。
　オンラインでの本人確認は、
(i)　個人番号カードにより番号確認・身元確認について、公的個人認証サービス（JPKI）[56]を用いてオンラインで個人番号カードに格納された個人番号を署名検証者・署名確認者に提供する方法（ただし個人番号カードの交付を受けていることが必要）〔番号確認：個人番号カードのICチップに格納された個人番号、身元確認：JPKI〕
(ii)　番号確認については、個人番号利用事務実施者が認めた書類の原本またはその写し（官公署または個人番号利用事務実施者・個人番号関係事務実施者から発行または発給されたもので、個人番号と個人識別事項の記載があるもの）の提出を対面または書類送付で受けることと、身元確認についてはJPKIによる電子署名とで行う方法〔番号確認：対面または書類送付、身元確認：JPKI〕
(iii)　番号確認については、個人番号利用事務実施者が適当と認める方法によって、個人番号利用事務実施者が認めた書類（官公署または個人番号利用事務実施者・個人番号関係事務実施者から発行または発給されたもので、個人番号と個人識別事項の記載があるもの）に関する電子的な記録（電子ファイルなど）の送信を受けることと、身元確認についてはJPKIによる電子署名とで行う方法〔番号確認：オンライン、身元確認：JPKI〕
(iv)　番号確認については(ii)の書類の原本またはその写しの送付の提出を対面または書類送付で受けるとともに、身元確認については個人番号利用事務実施者が適当と認める方法のうちオンラインで行うものによってオンラインの手段の利用者が個人番号を提供する者であることを確認する方法〔番

56　JPKIに関しては、従来、国や地方自治体など公的機関だけが署名検証者として利用可能だったが、番号法整備法により改正された公的個人認証法により、一定の要件を満たせば一般企業も利用することが可能となった。このため、④〜⑥でJPKIを用いる方法も、個人番号関係事務実施者として本人確認する限りで一般企業でもとることができる。

号確認：対面または書類送付、身元確認：オンライン〕

(v) 番号確認については、(iii)の個人番号利用事務実施者が適当と認める方法によって個人番号利用事務実施者が認めた書類に関する電子的な記録（電子ファイルなど）の送信を受けるとともに、身元確認については、個人番号利用事務実施者が適当と認める方法のうち書類の提出を対面または書類送付で受けることによってオンラインの手段の利用者が個人番号を提供する者であることを確認する方法〔番号確認：オンライン、身元確認：対面または書類送付〕

(vi) 番号確認については、(iii)の個人番号利用事務実施者が適当と認める方法によって個人番号利用事務実施者が認めた書類に関する電子的な記録（電子ファイルなど）の送信を受けるとともに、身元確認については、個人番号利用事務実施者が適当と認める方法のうちオンラインで行うものによってオンラインの手段の利用者が個人番号を提供する者であることを確認する方法〔番号確認：オンライン、身元確認：オンライン〕

の六つのパターンがある[57]（図表5-26、5-27、5-28）。

図表5-26　オンラインによる本人確認手段のパターン

パターン	番号確認	身元（実存）確認
i	個人番号カード（ICチップ）	JPKI
ii	対面または書類送付	JPKI
iii	オンライン	JPKI
iv	対面または書類送付	オンライン
v	オンライン	対面または書類送付
vi	オンライン	オンライン

---

[57] このほか、法令等によって示されるものの場合分けのうえでは、「⑤の書類の原本またはその写しの送付の提出を受けるとともに身元確認に関して個人番号利用事務実施者が適当と認める方法のうち書類の送付で行うものによってオンラインの手段の利用者が個人番号を提供する者であることを確認するという方法」もありうるが、この方法は書面送付による方法と同じであるためオンラインによる方法としては扱わない。

図表 5−27 本人に対して非対面(オンライン)で個人番号利用事務実施者・個人番号関係事務実施者が確認する方法

提示等を受ける者	提示等をする者	できること	提示書類等
個人番号利用事務実施者 または 個人番号関係事務実施者	本人	個人番号の提供を受けること	(個人番号カードを用いて)次のものの送付を受けること ・JPKIの署名用電子証明書 ・J-LISによる電子署名が行われた個人番号

身分証明書 身元(実存)確認 (署名検証者・署名確認者が個人番号の提供を受ける場合に限る)

いずれか一つ:
- JPKIの署名用電子証明書および電子署名が適当と認める方法により当該提供に係る情報の送信を受けること
- 個人番号利用事務実施者が適当と認める方法により個人識別事項の提供を受けうる者であることおよび個人番号利用事務実施者の電子署名、個人識別事項で総務大臣が定めるもの
  ※民間発行の電子署名、個人番号利用事務実施者によるID・PWの発行などを想定

署名検証者・署名確認者が個人番号の提供を受ける場合に限る 番号確認

個人番号に係る情報 番号確認 (個人番号利用事務実施者に限る)

いずれか一つ:
- 機構保存本人確認情報の提供を受けること
- 住基台帳記録の個人番号および個人識別事項を確認すること
- 本人確認のうえ作成した特定個人情報ファイルに記録されている個人番号および個人識別事項を確認すること
- 過去に本人・代理人・J-LISから個人番号等の提供を受ける場合に限る 住基台帳から作成している場合に限る
- 次の条件を満たす書類もしくはその写しの提出を受けること。また、個人番号利用事務実施者が適当と認める方法により発行または当該書類に係る電磁的記録の送信を受けるもの
  ・官公署または個人番号利用事務実施者からの発行があるもの
  ・個人番号および個人識別事項の記載があるもの
  ・個人番号利用事務実施者が適当と認める方法があるもの

身分証明書 身元(実存)確認 / 個人番号に係る情報 番号確認 両方必要

第5章 マイナンバー制度の仕組み

図5-28 本人確認の方法　本人：非対面（オンライン）（書類等の詳細）
―個人番号利用事務実施者（国税庁）が適当と認めるもの―

確認種別	番号法、番号法施行令、番号法施行規則における書類等	国税庁が認める書類等（具体例）
番号確認 身元（実存）確認	○（個人番号カードを用いて）次のものの送付を受けること〔署名検証者・署名確認者が個人番号の提供を受ける場合に限る〕 ・JPKIの署名用電子証明書 ・J-LISによる電子署名が行われた個人番号・個人識別事項で総務大臣が定めるもの	―
番号確認	・機構保存本人確認情報の提供を受けること〔個人番号利用事務実施者に限る〕 ・住基台帳記録の個人番号および個人識別事項を確認すること〔住所地市町村が個人番号の提供を受ける場合に限る〕 ・本人確認のうえ作成した特定個人情報ファイルに記録されている個人番号および個人識別事項を確認すること〔過去に本人・代理人・J-LISから個人番号等の提供を受けるか住基台帳から作成している場合に限る〕	―
	○次の条件を満たす書類もしくはその写しの提出を受けること、または個人番号利用事務実施者が適当と認める方法により当該書類に係る電磁的記録の送信を受けること ・官公署または個人番号利用事務等実施者から発行または発給 ・個人番号および個人識別事項の記載があるもの ・個人番号利用事務実施者が適当と認めるもの	○次の書類原本もしくはその写しの提出を受けること、またはオンライン送信を受けること ・個人番号カードまたは通知カード ・国外転出者に還付される個人番号カードまたは通知カード ・住民票の写し、住民票記載事項証明書（氏名、出生の年月日、男女の別、住所および個人番号が記載されたもの） ・源泉徴収票（給与所得の源泉徴収票、退職所得の源泉徴収票、公的年金等の源泉徴収票） ・支払通知書（配当等とみなす金額に関する支払通知書、オープン

		型証券投資信託収益の分配の支払通知書、上場株式配当等の支払通知書) ・特定口座年間取引報告書 ○自身の個人番号に相違ない旨の本人による申立書（提示時において作成した日から6カ月以内のものに限る。個人識別事項の記載が必要。自署または押印が必要）
身元（実存）確認	・JPKIの署名用電子証明書および電子署名された当該提供に係る情報の送信を受けること〔署名検証者・署名確認者が個人番号の提供を受ける場合に限る〕	―
	・個人番号利用事務実施者が適当と認める方法により、オンラインの手段の利用者が当該提供を行う者であることを確認すること	○次の書類で提出時において有効なものの原本もしくは写しの提出を受けること、またはオンライン送信を受けること ・個人番号カード ・運転免許証 ・旅券 ・その他官公署または個人番号利用事務実施者もしくは個人番号関係事務実施者から本人に対し一に限り発行もしくは発給をされた書類その他これに類する書類であって、個人識別事項の記載があるもの ○個人番号関係事務実施者が本人であることの確認を行ったうえで本人に対して一に限り発行する識別符号および暗証符号等により認証する方法〔ID/PWD等〕 ○e-Taxが認めている電子証明書・電子署名（個人番号利用事務実施者が提供を受ける場合に限る） ○電子署名法の認定を受けた民間電子証明書・電子署名（特定認証業務によるもの。個人番号関係事務実施者が提供を受ける場合に限る）

（出典） 行政手続における特定の個人を識別するための番号の利用等に関する法律施行規則に基づく国税関係手続に係る個人番号利用事務実施者が適当と認める書類等を定める件

(ii)や(iv)で番号確認のために提出を受ける書類（原本またはその写し）は、個人番号利用事務実施者が適当と認めたものに限られるが、具体的には個人番号カードや通知カード、個人番号が記載された住民票または住民票記載事項証明書のほか、個人番号と個人識別事項が記載された本人交付用税務書類や官公署が発行または発給をした書類、個人番号利用事務実施者・個人番号関係事務実施者が発行または発給をした書類（給与所得の源泉徴収票等）が想定される。このほか、自身の個人番号に相違ない旨の本人による申立書（提示時において作成した日から6カ月以内のもの）も認められている[58]。

(iii)や(v)(vi)の番号確認のために送信を受ける電子的な記録としては、この番号確認のために提出を受ける書類の内容とされているため、たとえばオンラインで券面の電子データ（券面をデジタルカメラで撮った画像データや、券面をスキャナで読み取って作成したデータなど）の送信を受けることも可能となっているほか、本人による個人番号の申立書の送信を受けることなども可能となっている[59]。

身元確認に関しては、(ii)や(iii)ではJPKIを用いることになるが、(iv)～(vi)では個人番号利用事務実施者が適当と認める方法で行うことになる。この具体的な方法としては、(iv)や(vi)では個人番号カードや運転免許証、旅券などの券面の電子データ（券面をデジタルカメラで撮った画像データや、券面をスキャナで読み取って作成したデータなど）の送信を受ける方法や、個人番号関係事務実施者が本人であることの確認を行ったうえで本人に対して一つだけ発行したIDとパスワードでログインしていることによって確認することが想定されている[60]。また(v)では個人番号カードや運転免許証、旅券などの原本またはその写しについてオンラインとは別途で送付提示を受ける方法とな

---

[58] 国税庁の告示による。
[59] 対面または書面送付による方法と異なり、個人番号カードや通知カードの券面コピーと本人による申立書との間に優先劣後関係は設けられていない。したがって、まず個人番号カード等の券面コピーを求めることを優先せずに申立書による告知を求めてもよい。ただし、国税庁が示す申立書の様式例では押印または自署が必要とされている。
[60] 国税庁の告示による。ただしIDとパスワードの払出しに先立ち、番号法や税法で定めるもの、国税庁告示で定めるものと同程度の身元確認を行っている必要がある。

る[61]。

　これらの方法により、たとえば最も簡略な手段としては、従業員に関しては、従業員が社内システムに各社員固有のID/パスワードでログインしたうえで、本人から通知カードの券面の画像データの添付ファイルの送信を受けるという方法が考えられる[62]。また顧客に関しても同様に、顧客が自らのマイページ（顧客向けに金融機関等が開設したもの）に各顧客固有のID/パスワードでログインしたうえで、本人から通知カードの券面の画像データの添付ファイルの送信を受ける方法も考えられる[63]。この時、あわせて個人番号の手入力を受けた場合は12ケタであることとチェックディジットの確認をして誤入力を防ぐようにすることが考えられる。なお、個人番号の告知を受けた側は、手入力された個人番号と送付を受けた券面画像データに記載された個人番号とを突合するとともに、券面画像データに記載された氏名等とID／パスワードの払出しの基礎となる氏名等との突合が必要となる。

　なおチェックディジットによる確認では、チェックディジットの仕様から、入力された個人番号の入力間違いに関しては一定の確率で検出できず、また他人の個人番号を入力された場合にはチェックディジットでの確認をすり抜けてしまう。したがって、告知された個人番号に誤りがあったと国税庁や健康保険組合など個人番号利用事務実施者から指摘等があったときにあらためて従業員や顧客などに尋ねることを極力回避するため、従業員や顧客等から得た個人番号が記載された書類の券面に関する電子的データを保存することも考えられる[64]。

　こうした本人確認については、個人番号の本人に対して行うもののほか、本人の代理人に対して行うものもある（図表5－29）。代理人に対して行う場合は、委任状等による代理権の確認と、代理人の身元確認、本人の番号確認

61　国税庁の告示による。
62　国税庁の告示による。
63　国税庁の告示による。
64　この場合、個人番号が記載された書類の券面データは特定個人情報に該当するため、後述する期限後の消去等が必要となる。

図表5-29 番号法上の本人確認で用いる書類（原則）：代理人

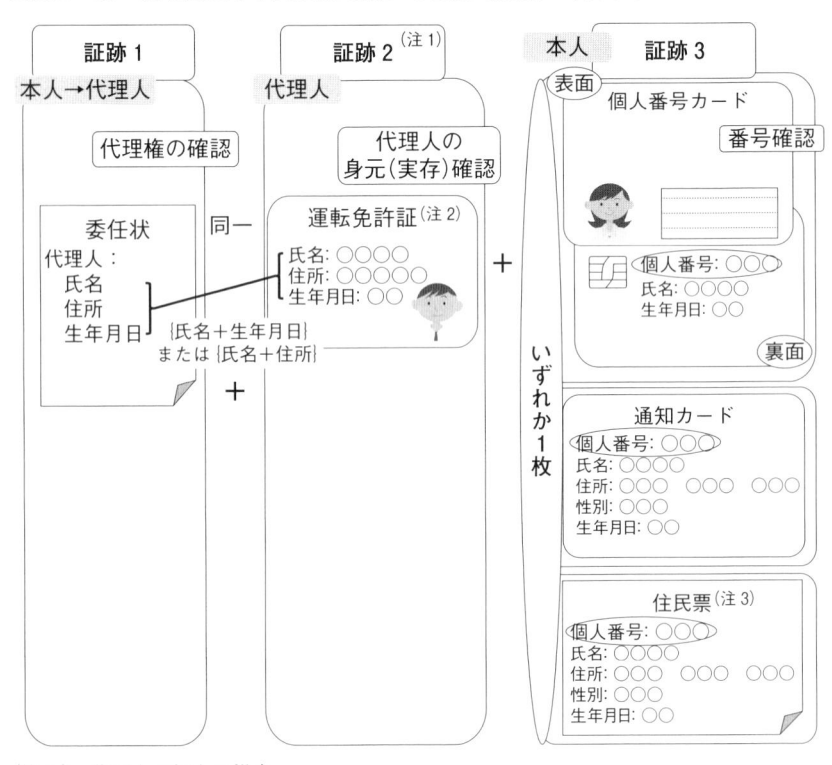

```
証跡1                    証跡2（注1）         本人  証跡3
本人→代理人              代理人                     個人番号カード
                                              表面
  代理権の確認            代理人の                          番号確認
                        身元（実存）確認
                                                  個人番号：〇〇〇
    委任状      同一    運転免許証（注2）              氏名：〇〇〇〇
  代理人：             氏名：〇〇〇〇                生年月日：〇〇
    氏名             住所：〇〇〇〇
    住所             生年月日：〇〇〇                     裏面
    生年月日       ｛氏名＋生年月日｝
              または｛氏名＋住所｝
                                        いず        通知カード
                  ＋                    れか    個人番号：〇〇〇
                                        １枚    氏名：〇〇〇〇
                                               住所：〇〇〇 〇〇〇
                                               性別：〇〇〇
                                               生年月日：〇〇

                                         ＋       住民票（注3）
                                               個人番号：〇〇〇
                                               氏名：〇〇〇〇
                                               住所：〇〇〇 〇〇〇
                                               性別：〇〇〇
                                               生年月日：〇〇
```

（注1） 代理人が個人の場合。
（注2） 顔写真付きの公的機関が発行した書類等。
（注3） 住民票記載事項証明書も可。

の三つを行うことになる。

　対面または書面の送付によって行う場合、代理権の確認は、代理人が個人の場合は、法定代理人に関しては戸籍謄本その他資格を証明する書類、任意代理人に関しては委任状によって確認するが、これらの書類の提示が困難な場合は、個人番号利用事務実施者が適当と認めるもの（官公署または個人番号利用事務実施者・個人番号関係事務実施者から本人に対し一に限り発行または発給されたもので、本人の代理人として個人番号の提供をすることを証明するも

の)[65]によっても可能となっている。代理人が法人の場合も同様にこれらの書類のいずれかによって確認する（図表5-30、5-31、5-32、5-33）。

　代理人の身元確認については、代理人が個人の場合は、本人に対して本人確認するときと同様の書類によることになる。代理人が法人である場合は、登記事項証明書など官公署から発行または発給された書類と、現に個人番号の提供を行う者と当該法人との関係を証する書類などで個人番号利用事務実施者が適当と認めるものの二つによって確認する[66]。

　本人の個人番号に対する番号確認については、本人に対して本人確認するときと同様の書類の原本またはその写しによることになる。

　この代理人に対する番号法上の本人確認では、代理権の確認において確認する書類と代理人（個人、法人）の身元確認で確認する書類とにそれぞれ記載されている氏名（法人の場合は商号や名称）と住所（法人の場合は本店や主たる事務所の所在地）のセットか、氏名と生年月日のセットのいずれかが一致していることが求められる。

　また、オンラインで代理人の本人確認を行う場合は、代理権の確認については本人および代理人の個人識別事項と本人の代理人として個人番号の提供を行うことを証明する情報の送信を受けることか、または個人番号利用事務実施者が適当と認める方法[67]により、オンラインで個人番号の提供を行う者が本人の代理人として当該提供を行うことを確認することが求められる（図表5-34、5-35）。

　オンラインで代理人の身元確認を行う場合は、代理人の身元確認書類とし

---

[65] 国税庁の告示では、税理士事務（税務代理、税務書類の作成等）以外では、本人の個人識別事項と署名・および押印ならびに、代理人の個人識別事項の記載およびと署名・押印があるものなどとなっている。

[66] 国税庁の告示では、登記事項証明書や印鑑登録証明書、国税等の領収証書等（当該法人の商号・名称、本店・主たる事務所の所在地の記載があるもの）のうちのいずれかと、現に個人番号の提供を行う者と当該法人との関係を証する書類（社員証等）とされている。

[67] 国税庁の告示では、委任状（税務代理権限証書）のデータの送信や本人に通知したe-Taxの利用者識別番号の送信などとなっている。

第5章　マイナンバー制度の仕組み　167

図表5−30 代理人（個人）が利用事務実施者・関係事務実施者に提示する書類等

目的	提示等を受ける者	提示等をする者		提示書類等
個人番号利用事務の処理 または 個人番号関係事務の処理	個人番号利用事務実施者 個人番号関係事務実施者	本人の代理人（個人）	代理権の確認 — 委任状等	戸籍謄本その他資格を証明する書類 [法定代理人] / [任意代理人] 委任状 上記が困難な場合： ○官公署が発行する書類であって、本人に対し一に限り発行され、かつ、個人番号利用事務実施者が個人番号の提供を受けるに際し、当該提供をする者が本人であることを証明するものとして適当と認めるもの
			代理人の個人識別事項が同一であることが必要 ↓ 代理人の身分証明書等 いずれか一つ	個人番号カード（住民基本台帳カード（交付年月日が2012年4月1日以降のものに限る）、運転免許証、運転経歴証明書、旅券、身体障害者手帳、精神障害者保健福祉手帳、療育手帳、在留カード、特別永住者証明書 **写真等があるもの**（写真以外では、暗証番号や生体認証等）
			代理人（実存）確認 いずれか二つ以上	次の条件を満たす書類 ・官公署から発行または発給 ・氏名および生年月日または住所の記載 ・個人番号利用事務実施者が適当と認めるもの 国民健康保険、健康保険、船員保険、後期高齢者医療、介護保険の被保険者証 健康保険日雇特例被保険者手帳、国家公務員共済組合または地方公務員共済組合の組合員証 私立学校教職員共済制度の加入者証 国民年金手帳、児童扶養手当証書、特別児童扶養手当証書 次の条件を満たす書類 ・官公署から発行または発給された書類 ・通知カードに記載された個人識別事項が適当と認めるもの **写真等がないもの**（写真等があるものの提示を受けることが困難であると認められる場合のみ）
			本人の個人番号記載の書類 — 番号確認 いずれか一つ	・個人番号カード・通知カード ・住民票の写しまたは住民票記載事項証明書 住民票の写し等の本人確認情報を受けている場合は、当該特定個人情報ファイルに記録されている個人番号および個人識別事項を確認することができる 本人の個人番号利用事務実施者から発行または発給を受けていることを確認している場合は、次の条件を満たす書類 ・機構保存本人確認情報の提供を受けていること ・住民票に記載された個人番号および個人識別事項の記載がある ・個人番号利用事務実施者が発行または発給を受けたもので、個人識別事項の記載が適当と認めるもの

図表5−31 本人確認の方法　代理人（個人）：対面・書面送付（書類等の詳細）
　　　　　―個人番号利用事務実施者（国税庁）が適当と認めるもの―

確認種別		番号法、番号法施行令、番号法施行規則における書類等	国税庁が認める書類等
代理権の確認	法定代理人：戸籍謄本その他資格を証明する書類 任意代理人：委任状		―
	上記の提示が困難な場合	○次の条件を満たす書類 ・官公署または個人番号利用事務等実施者から、本人に対し一に限り発行または発給 ・本人の代理人として個人番号の提供をすることを証明するものとして、個人番号利用事務実施者が適当と認めるもの	・本人ならびに代理人の個人識別事項（氏名および住所または生年月日）の記載および押印のある提出書類 ・本人しか持ち得ない書類の提出（例：個人番号カード、健康保険証）
身元（実存）確認	写真付身分証明書	・運転免許証、運転経歴証明書（交付年月日が2012年4月1日以降のもの） ・旅券 ・身体障害者手帳、精神障害者保健福祉手帳、療育手帳 ・在留カード、特別永住者証明書 ・写真付住基カード（提示時において有効なもの）	―
		○次の条件を満たす書類 ・官公署から発行または発給 ・個人識別事項を記載 ・写真等により、当該書類の提示者が当該個人識別事項により識別される特定の個人と同一の者であることを確認することができるもの ・個人番号利用事務実施者が適当と認めるもの	○税理士証票（提示時において有効なもの） ○写真付学生証、写真付身分証明書、写真付社員証 ○写真付資格証明書（船員手帳、海技免状、狩猟・空気銃所持許可証、宅地建物取引主任者証、電気工事士免状、無線従事者免許証、認定電気工事従事者認定証、特種電気工事資格者認定証、耐空検査員の証、航空従事者技能証明書、運航管理者技能検定合格証明書、動力車操縦者運転免許証、教習資格認定証、検定合格証（警備員に関する検定の合格証）等） ○戦傷病者手帳 ○カード等に電子的に記録された個人識別事項（氏名および住所また

				は生年月日）を下記の方法により、提供を受ける者の端末等に表示させることにより確認 ・暗証番号による認証 ・生体認証 ・２次元バーコードの読取り ○税務署から送付されるプレ印字申告書（所得税申告書、個人消費税申告書、法定調書合計表等） ○個人番号関係事務実施者から送付される個人識別事項（氏名および住所または生年月日）がプレ印字された書類 ○手書申告書等に添付された未記入のプレ印字申告書 ○確定申告のお知らせはがき、贈与税のお知らせはがき、譲渡所得返信はがき付リーフレット ○所得税の予定納税額の通知書
上記の提示が困難な場合	写真なし身分証明書（右を二つ以上提示）	・国民健康保険、健康保険、船員保険、後期高齢者医療、介護保険の被保険者証 ・健康保険日雇特例被保険者手帳 ・国家公務員共済組合、地方公務員共済組合の組合員証 ・私立学校教職員共済制度の加入者証 ・国民年金手帳 ・児童扶養手当証書、特別児童扶養手当証書	―
			○次の条件を満たす書類 ・官公署または個人番号利用事務等実施者から発行または発給 ・個人番号利用事務実施者が適当と認めるもの ・通知カードに記載された個人識別事項の記載があるもの	・学生証（写真なし）、身分証明書（写真なし）、社員証（写真なし） ・資格証明書（写真なし）（生活保護受給者証、恩給等の証書等） ・国税、地方税、社会保険料、公共料金の領収書、納税証明書 ・印鑑登録証明書、戸籍の附票の写し（謄本もしくは抄本も可）、住民票の写し、住民票記録事項証明書 ・母子健康手帳

			・源泉徴収票（給与所得の源泉徴収票、退職所得の源泉徴収票、公的年金等の源泉徴収票） ・支払通知書（配当等とみなす金額に関する支払通知書、オープン型証券投資信託収益の分配の支払通知書、上場株式配当等の支払通知書） ・特定口座年間取引報告書
番号確認	通知カード 個人番号記載の住民票の写し 住民票記載事項証明書		―
	上記の提示が困難な場合	・機構保存本人確認情報の提供を受けること ・住基台帳の本人の個人番号および個人識別事項を確認すること ・本人確認のうえ特定個人情報ファイルを作成している場合には、当該特定個人情報ファイルに記録されている個人番号および個人識別事項を確認すること	―
		○次の条件を満たす書類 ・官公署または個人番号利用事務等実施者から発行または発給 ・通知カードに記載された個人識別事項の記載があるもの ・個人番号利用事務実施者が適当と認めるもの	・源泉徴収票（給与所得の源泉徴収票、退職所得の源泉徴収票、公的年金等の源泉徴収票） ・支払通知書（配当等とみなす金額に関する支払通知書、オープン型証券投資信託収益の分配の支払通知書、上場株式配当等の支払通知書） ・特定口座年間取引報告書 ・自身の個人番号に相違ない旨の本人による申立書（提示時において作成した日から6カ月以内のものに限る。個人識別事項の記載が必要。自署または押印が必要） ・国外転出者に還付される個人番号カードまたは通知カード

（出典）　行政手続における特定の個人を識別するための番号の利用等に関する法律施行規則に基づく国税関係手続に係る個人番号利用事務実施者が適当と認める書類等を定める件

図表5-32 代理人(法人)が利用事務実施者・関係事務実施者に提示する書類等

目的	提示等を受ける者	提示等をする者		提示書類等
個人番号利用事務の処理 または 個人番号関係事務の処理	個人番号利用事務実施者 個人番号関係事務実施者	本人の代理人(法人)	**代理権の確認** 代理人である法人の商号・所在地等の同一であることの記載が必要 いずれか → 委任状等 いずれか → 〔法定代理人/任意代理人/上記が困難な場合:〕 法定代理人である資格を証明する書類 委任状 次の条件を満たす書類 ・官公署または個人番号利用事務実施者から、本人に対してに限り発行または発給し、本人の代理人とすることを証明するものとして、個人番号利用事務実施者が適当と認めるもの
			法人である代理人の確認書類 両方必要 → 登記事項証明書 その他の官公署から発行または発給された書類 ○次に類する書類 現に個人番号利用事務実施者が適当と認め当該法人との関係を証する書類 その他これらに類する書類
			代理人の身元(実在)確認 いずれか一つ → 個人番号カード、通知書の写し、住民票の写し、住民票記載事項証明書 上記が困難な場合: ○機構保存本人確認情報の提供を受けること ○住基台帳の本人の個人識別事項および特定個人情報ファイルに記録されている個人識別事項を確認すること ○本人確認のうえ特定個人情報ファイルを作成している場合に、当該特定個人情報ファイルに記録されている個人識別事項を確認すること ○次の条件を満たす書類 ・官公署または個人番号利用事務実施者から発行または発給し、通知カードに記載された個人識別事項の記載があるもの
			番号確認 本人の個人番号記載の書類

172

図表5-33 本人確認の方法　代理人（法人）：対面・書面送付（書類等の詳細）
　　　　―個人番号利用事務実施者（国税庁）が適当と認めるもの―

確認種別		番号法、番号法施行令、番号法施行規則における書類等	国税庁が認める書類等	
代理権の確認		法定代理人：法定代理人である資格を証明する書類 任意代理人：委任状 （上記の書類であって、法人の商号または名称および本店または主たる事業所の所在地が記載されたもの）	―	
	上記の提示が困難な場合	○次の条件を満たす書類 ・官公署または個人番号利用事務等実施者から、本人に対し一に限り発行または発給 ・本人の代理人として個人番号の提供をすることを証明するものとして、個人番号利用事務実施者が適当と認めるもの	・本人しかもちえない書類の提出 （例：個人番号カード、健康保険証）	
身元（実存）確認	右の(A)のいずれかと、(B)のいずれかをともに提示	(A) ・登記事項証明書 ・その他の官公署から発行または発給された書類	右の(a)のいずれかと、(b)をともに提示	(a) ・登記事項証明書 （登記情報提供サービスの登記情報を電子計算機を用いて出力することにより作成した書面を含む） ・印鑑登録証明書 ・国税、地方税、社会保険料、公共料金の領収書 ・納税証明書
		(B) ○個人番号利用事務実施者が適当と認める次の書類 ・現に個人番号の提供を行う者と当該法人との関係を証する書類 ・その他これらに類する書類		(b) ・社員証等の法人との関係を証する書類 （社員証等が発行されない場合は「法人の従業員である旨の証明書」）
番号確認		通知カード 個人番号記載の住民票の写し 住民票記載事項証明書	―	
	上記の提示が困難な場合	・機構保存本人確認情報の提供を受けること ・住基台帳の本人の個人番号および個人識別事項を確認すること	―	

		・本人確認のうえ特定個人情報ファイルを作成している場合には、当該特定個人情報ファイルに記録されている個人番号および個人識別事項を確認すること	
		○次の条件を満たす書類 ・官公署または個人番号利用事務等実施者から発行または発給 ・通知カードに記載された個人識別事項の記載があるもの ・個人番号利用事務実施者が適当と認めるもの	・源泉徴収票（給与所得の源泉徴収票、退職所得の源泉徴収票、公的年金等の源泉徴収票） ・支払通知書（配当等とみなす金額に関する支払通知書、オープン型証券投資信託収益の分配の支払通知書、上場株式配当等の支払通知書） ・特定口座年間取引報告書 ・自身の個人番号に相違ない旨の本人による申立書（提示時において作成した日から6カ月以内のものに限る。個人識別事項の記載が必要。自署または押印が必要） ・国外転出者に還付される個人番号カードまたは通知カード

（出典）　行政手続における特定の個人を識別するための番号の利用等に関する法律施行規則に基づく国税関係手続に係る個人番号利用事務実施者が適当と認める書類等を定める件

て、個人番号カードや運転免許証、旅券などの原本またはその写しの提出や電子データのオンライン送信を受けることや、JPKIで代理人の身元確認を行うことのほか、個人番号関係事務実施者が代理人に対して一つだけ発行するIDとパスワードによっても可能となっている。

　オンラインで代理人から本人の個人番号の提供を受けるときは、本人から直接オンラインで個人番号の提供を受けるときと同様の書類の送付やオンラインでの電子データの送信を受けることになり、自身の個人番号に相違ない旨の本人による申立書（提示時において作成した日から6カ月以内のもの）も可能となっている。

　このようにして最初に個人番号に関して本人確認したうえで特定個人情報

図表5-34 代理人に対して非対面（オンライン）で個人番号利用事務実施者・個人番号関係事務実施者が確認する方法

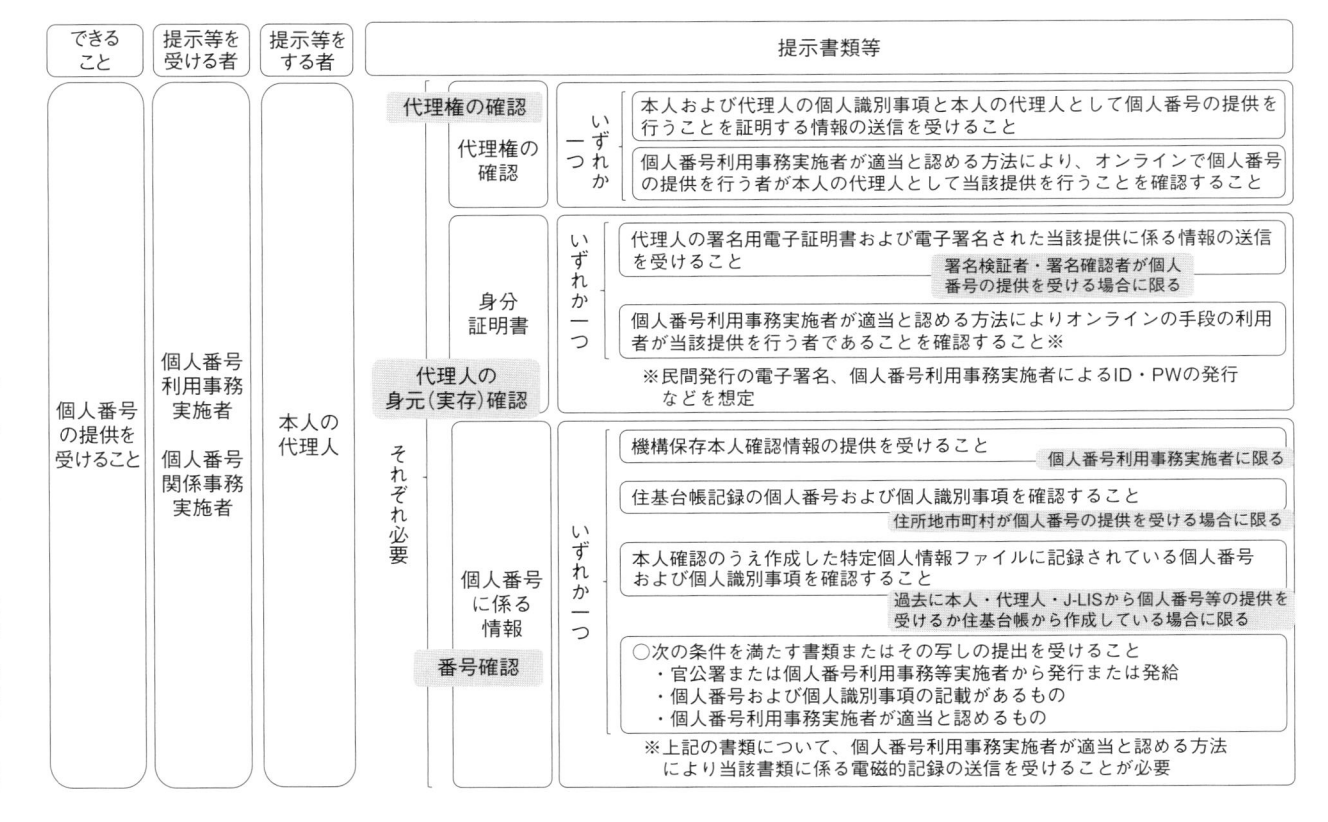

できること	提示等を受ける者	提示等をする者			提示書類等
個人番号の提供を受けること	個人番号利用事務実施者 個人番号関係事務実施者	本人の代理人	代理権の確認	代理権の確認	**いずれか** 本人および代理人の個人識別事項と本人の代理人として個人番号の提供を行うことを証明する情報の送信を受けること ／ 個人番号利用事務実施者が適当と認める方法により、オンラインで個人番号の提供を行う者が本人の代理人として当該提供を行うことを確認すること
			代理人の身元（実存）確認 それぞれ必要	身分証明書	**いずれか一つ** 代理人の署名用電子証明書および電子署名が付された当該提供された当該提示に係る情報の送信を受けること ／ 個人番号利用事務実施者が適当と認める方法によりオンラインの手段の利用者が当該提供を受ける場合に限る ※民間発行の電子署名、署名検証者・署名確認番号発行者による方法により個人番号利用事務実施者によるID・PWの発行などを想定
				個人番号に係る情報	**いずれか一つ** 機構保存本人確認情報の提供を受けること ＝個人番号利用事務実施に限る／ 住民基本台帳記録の個人番号および個人識別事項を確認することが個人番号の提供を受ける場合に限る／ 本人確認のうえ作成した特定個人情報ファイルに記録されている個人番号および個人識別事項を確認すること ＝住所地市町村が個人番号の提供を受ける場合に限る／ 過去に本人・代理人・J-LISから個人番号等の提供を受けるかは住基台帳から作成しているもの
			番号確認		○次の条件を満たす書類の写しの提出を受けること ・官公署または個人番号利用事務実施者から発行または発給 ・個人番号および個人識別事項の記載があるもの ・個人番号利用事務実施者が適当と認める方法 ※上記の書類について、個人番号利用事務実施者が適当と認めることにより当該書類に係る電磁的記録の送信を受けることが必要

図表5-35 本人確認の方法 代理人:オンライン（書類等の詳細）
―個人番号利用事務実施者（国税庁）が適当と認めるもの―

確認種別	番号法、番号法施行令、番号法施行規則における書類等	国税庁が認める書類等
代理権の確認	本人および代理人の個人識別事項ならびに本人の代理人として個人番号の提供を行うことを証明する情報の送信を受けること、その他の個人番号利用事務実施者が適当と認める方法	・委任状（税務代理権限証書）のデータの送信 ・本人の利用者識別番号を入力したうえでの送信
身元（実存）確認	・代理人の署名用電子証明書および電子署名された当該提供に係る情報の送信を受けること〔署名検証者・署名確認者が個人番号の提供を受ける場合に限る〕	・代理人の署名用電子証明書 ・代理人のe-Taxで認めている電子証明（個人番号番号利用事務実施者のみ） ・代理人の電子署名法4条1項に規定する認定を受けた者が発行し、かつ、その認定に係る業務の用に供する電子証明書（個人番号関係事務実施者のみ） ・法人代理人の電子証明書（商業登記認証局が発行する電子証明書）（個人番号関係事務実施者のみ）
	・個人番号利用事務実施者が適当と認める方法によりオンラインの手段の利用者が当該提供を行う者であることを確認すること	・番号関係事務実施者が本人であることを確認したうえで発行されるIDおよびパスワード ・代理人の身元確認書類（個人番号カード、運転免許証、旅券）のイメージデータ等（画像データ、写真等）による電子的送信 ○下記の書類および社員証等の法人との関係を証する書類（社員証等が発行されない場合は「法人の従業員である旨の証明書」） 　・登記事項証明書（登記情報提供サービスの登記情報を電子計算機を用いて出力することにより作成した書面を含む） 　・印鑑登録証明書 ○下記の書類および社員証等の法人との関係を証する書類のイメージデータの送信（社員証等が発行されない場合は「法人の従業員である旨の証明書」） 　・国税、地方税、社会保険料、公共料金の領収書 　・納税証明書 ・税理士法人または通知弁護士法人に所属している税理士または通知弁護士に係る署名用電子証明書ならびに利用者

		識別番号および暗証番号の入力 ・税理士法人または通知弁護士法人に所属している税理士または通知弁護士法人に係るe-Taxで認めている電子証明書並びに利用者識別番号および暗証番号の入力
番号確認	・機構保存本人確認情報の提供を受けること〔個人番号利用事務実施者に限る〕 ・住基台帳記録の個人番号および個人識別事項を確認すること〔住所地市町村が個人番号の提供を受ける場合に限る〕 ・本人確認のうえ作成した特定個人情報ファイルに記録されている個人番号および個人識別事項を確認すること〔過去に本人・代理人・J-LISから個人番号等の提供を受けるか住基台帳から作成している場合に限る〕	―
	○次の条件を満たす書類またはその写しの提出を受けること ・官公署または個人番号利用事務等実施者から発行または発給 ・個人番号および個人識別事項の記載があるもの ・個人番号利用事務実施者が適当と認めるもの	○次の書類原本もしくはその写しの提出を受けること、またはオンライン送信を受けること ・(本人の) 個人番号カードまたは通知カード ・(本人の) 国外転出者に還付される個人番号カードまたは通知カード ・(本人の) 住民票の写し、住民票記載事項証明書（氏名、出生の年月日、男女の別、住所および個人番号が記載されたもの） ・(本人の) 源泉徴収票（給与所得の源泉徴収票、退職所得の源泉徴収票、公的年金等の源泉徴収票） ・(本人の) 支払通知書（配当等とみなす金額に関する支払通知書、オープン型証券投資信託収益の分配の支払通知書、上場株式配当等の支払通知書） ・(本人の) 特定口座年間取引報告書 ・(本人の) 自身の個人番号に相違ない旨の本人による申立書（提示時において作成した日から6カ月以内のものに限る。個人識別事項の記載が必要。自署または押印が必要）
	・個人番号利用事務実施者が適当と認める方法により当該書類に係る電磁的記録の送信を受けること	・イメージデータ等（画像データ、写真等）による電子的送信

（出典）　行政手続における特定の個人を識別するための番号の利用等に関する法律施行規則に基づく国税関係手続に係る個人番号利用事務実施者が適当と認める書類等を定める件

ファイルを作成した場合は、次に番号法上の本人確認をするときは、本人確認に関する負担軽減措置を適用することも可能となっている。

具体的には、本人確認したうえで特定個人情報ファイルを作成した場合は、次回からは本人から対面または書面の送付で個人番号が記載された書類の提示を受けることに代わり、その特定個人情報ファイルに記録されている個人番号や個人識別事項を確認することも可能となっており、再度の個人番号記載の書類の提示を求めることは不要である[68]。これにより、従業員や顧客などから個人番号が記載された書面（たとえば年末調整書類など）が継続的に提示されるとき、場合によっては2回目以降は個人番号カードや通知カードなどの個人番号の確認証跡の提示を受ける必要がなくなる。

また本人確認のうえであらかじめ特定個人情報ファイルを作成しているときには、電話で、その特定個人情報ファイルに基づいて個人番号その他の事項の確認を行うことができる。この時、本人に対して確認するときは、身元確認としては本人の身分証明書等の提示に代わり、個人番号利用事務実施者が適当と認める事項（本人しか知りえない事項その他）の申告を受けることが必要となる[69]。代理人に対して確認するときは、委任状等代理権を確認するものや代理人の身分証明書等の提示に代わり、個人番号利用事務実施者が適当と認める事項（本人および代理人しか知りえない事項その他）の申告を受けることが必要となる[70]。

以上のように、対面や書面の送付、オンラインで、本人または代理人によ

---

[68] ただし番号法施行令では、通知カードや個人番号が記載された住民票・住民票記載事項証明書の提示を受けることが困難である場合に限るとされている。
[69] 国税庁の告示では、個人番号利用事務実施者や個人番号関係事務実施者が各人別に付した番号や、取引や給付等で用いている金融機関の本人名義の口座番号・証券番号・直近の取引年月日等の取引固有の情報といったものが示されている。
[70] 国税庁の告示では、個人番号利用事務実施者や個人番号関係事務実施者が各人別に付した番号や、取引や給付等で用いている金融機関の本人名義の口座番号・証券番号・直近の取引年月日等の取引固有の情報といったもののほか、本人と代理人との関係について申告を受けることが必要となる。

る個人番号の告知のときの本人確認が可能となっているが、この本人確認にあたり、どの手段や書類等を本人確認で用いるものとするかといった検討課題がある。また、法人番号に係る「本人確認」をどのように行うかも課題になる。

　どの手段や書類等を本人確認で用いるものとするかについては、本人確認で用いることができる手段や書類等の種類が多いため、まずは個人番号告知に係る本人の手間や事業者側のコスト、効率性などを考慮し手段を選択するとともに、本人確認事務が無用に混乱しないよう、ある程度本人確認で用いることができる書類等の種類を絞ることが考えられる。この絞り込みにあたっては、書類の確認などに係る事務コストや、書類が不真正だったり不備だったりしたときのリスク（再確認のためのコストを含む）とのバランスを図ることが求められる。

　法人番号に係る「本人確認」については、税法等で法人の商号・名称や本店・主たる事務所の所在地とともに法人番号の確認が求められているものは、その規定で示されている書類等に基づき確認することになる[71]。このような規定が特に設けられていない場合は、通常の商取引で相手方を確認するのと同様の考え方で法人番号を確認することになる。この時、取引等の相手方から法人番号通知書の原本またはその写しの提示を受けることや、独自に定めた法人番号の申告書への記入を受けることで法人番号を確認することも可能であるが、あらかじめ国税庁の法人番号公表サイトで調査した法人番号を相手方に提示して正誤の確認を受けることも考えられる[72]。

---

[71] 税法に基づき法人番号の確認を行うものとして、株式等の譲渡の対価の受領者等（所得税法第224条の3第1項）、利子・配当等の受領者（所得税法第224条第1項）、信託受益権の譲渡の対価の受領者（所得税法第224条の4）、先物取引の差金等決済をする者（所得税法第225条の5第1項）、国外送金または国外からの送金等の受領をする者（国外送金等調書法第3条第1項）、有価証券の国外証券移管または国外証券受入れの依頼をする者（国外送金等調書法第4条の2第1項）等があげられる。

[72] このほか、商業登記の会社法人等番号を記録している場合は、原理的にはそれにチェックディジットを計算したものを先頭1ケタとして追加することで法人番号とすることが可能。

(7) 記録保管

このように個人番号に関して本人確認を行ったとき、次いで「5　記録保管」において、告知受付の記録として、

① 個人番号の告知受付をどのように記録するか
② 提出を受けた書類等の確認証跡の保存（電子的データを含む）をどのように考えるか、確認証跡を保存する場合、どのような形態で保存するかといった課題が生じる。

①の告知受付の記録に関しては、告知の日時、確認証跡の種別、確認証跡に記載されている番号、確認者などのうちで記録すべき事項を選定することになる。告知の日時は、確認証跡の有効性の判断のため、確認証跡を保存するときには必要となり、また確認証跡の種別は何によって確認したかを記録し、確認証跡と確認対象となる個人番号とを紐付けするときに必要となる。確認証跡に記載されている番号については、たとえば運転免許証の免許証番号を記録することが考えられる。番号法上はこうした記録は必須とされておらず、したがって、個々の個人番号関係事務実施者が自らの判断で記録を残すか否かを判断することになる。

この時の注意点としては、告知受付の記録は番号法上は必須とされていないが、税の事務などの観点からは確認や提出を求められる可能性があることである。先に述べたように個人番号の告知をしない従業員や顧客などがおり、それらの者の個人番号欄が空欄になった法定調書等を税務署に提出することになったとき、税務署は企業が従業員や顧客などに個人番号の提供を求めた記録を確認することが考えられる。この時、たしかに従業員や顧客などから告知を受けたにもかかわらず、企業内で個人番号を紛失したことによって空欄になってしまったということの有無を確認するために、確認証跡を含む告知受付の記録を税務署が求めることもありうる。

②の提出を受けた書類等の確認証跡の保存については、義務化されていない。保存が禁止されていることもない提出を受けた書類等については、個人

番号等を控えたうえで本人またはその代理人に対して返還あるいはシュレッダーで処分などしてもよいが、保存するときは保存の方法をどのように考えるかが問題になる。保存方法に関しても特段の規定がないが、保存している書類等には安全管理措置が求められ、後述するように、個人番号が記載された書面や電子データについては、個人番号関係事務で必要なくなった時点で、少なくとも個人番号部分を復元不可能なように消去することが求められる。したがって、保存の際にはこの消去を行うことを前提に保存することが求められる。また窓口や代理店等で個人番号が記載された書面等を受け取った場合、税や社会保障の事務を行うためにバックヤード等に個人番号を伝えた後に窓口や代理店等で個人番号を扱う事務が生じないとき（代理店においては委託契約に基づき個人番号を保管する必要がない場合）は、すみやかに個人番号が記載された書面等の個人番号部分に関して消去することが求められる。

なお法人番号に関しては、税法等で措置が求められているものがあるものの、番号法上は特段の規定がないため、事業者の判断で扱いを決めてよい。

(8) 番号登録管理

個人番号関係事務実施者において、番号法上の本人確認を行ったうえで保存するのが「6　番号登録管理」であるが、これにかかわる問題としては、
① 個人番号をどのデータベースに格納するか
② 個人番号に関してアクセス権限の設定・管理をどのように行うか
③ 個人番号の提供依頼にどのように対応するか
④ 個人番号の消去・廃棄をどのように行うか
といったものがある。

まず①の個人番号を格納するデータベースだが、法令や特定個人情報取扱ガイドラインではデータベースにおける個人番号のもち方に関して特段の規定はない。つまり、既存の人事給与や顧客管理のデータベースに追加するかたちで個人番号をもってもよいし、別に個人番号（および既存のデータベース

との紐付けキー）のみのデータベースを立てるかたちでもよい。各事業者が、管理の容易性や既存システムのあり方、改修等に係るコストなどの観点から総合的に検討して決めることになる。またクラウドサービスなど共同利用型システムで個人番号を管理することも可能となっている。

　ここで重要なのは、②の個人番号に関するアクセス権の設定・管理である。①のようにデータベースのあり方に関してはどのようなものでもよいが、個人番号および特定個人情報にアクセスできる者は限定することが必要である。具体的には、個人番号および特定個人情報にアクセスできるのは、事業者が税や社会保障などの特定の事務を行う個人番号関係事務実施者であり、その事業者が指定した特定個人情報の事務取扱担当者[73]に限られていることが求められる。この事務取扱担当者となっていない場合は、保存した個人番号や特定個人情報にアクセスすることは原則禁止となる。したがって、個人番号を記載した法定調書や届出等を個人番号利用事務実施者に提供する事務を行う事務取扱担当者を選定し、その事務取扱担当者のみにアクセス権を付与するとともに、事務取扱担当者の異動や退職等に伴う権限管理を確実に行わなければならない。当該の事務を行うにあたって必要な情報システムの管理を行うシステム管理者なども、事務取扱担当者として必要最小限で個人番号や特定個人情報にアクセスすることが可能と考えられるが、顧客から個人番号を記載した書類を預かった営業担当者や、講師謝金の源泉徴収の関係で講師の個人番号を記載した書類を預かった勉強会講師の窓口担当者などは、法定調書等を提出する目的でそれらの個人番号を管理・参照する必要がない限り、税の事務を行う担当者にそれらの個人番号を受け渡した後は、個人番号を参照する権限をもたないようにしなければならないと考えられる。

　このようにアクセス権に関してはそれをもちうるのは必要最小限とすることが求められるが、個人番号を利用する事務をチームで行っている場合、そのチームを単位としてアクセス権を付与することが考えられる。この場合で

---

[73] 「特定個人情報の適正な取扱いに関するガイドライン（事業者編）（別添）特定個人情報に関する安全管理措置（事業者編）」を参照。

も、不正な情報の利用が起きないようにモニタリングする意味で、アクセス権を有することの識別と認証のため、アクセス権をもつ個々人ごとに別々のIDとパスワードを払い出し、それによってログインさせることが求められると考えられる。

③の個人番号の提供依頼への対応であるが、個人番号利用事務とされている社会保障や税の調査等の範囲で、社会保障当局や税務当局などから個人番号の提供依頼が来る可能性がある[74]。また番号法に基づき[75]、特定個人情報保護委員会への報告等や訴訟手続、裁判の執行、刑事事件の捜査、租税犯則事件の調査などでも個人番号の提供依頼が来る可能性がある。

この時注意が必要なのは、番号法に提供の求めの根拠をもたない者からの個人番号の提供要求に応じてはならない、ということである。相手方の提供要求の根拠を確認し、たしかに番号法上に根拠があることを確認したうえではじめて個人番号を提供することが可能となる。番号法上に根拠がないことがわかっていながら故意に提供した場合は、番号法第67条の罰則[76]が適用されるおそれがある（4年以下の懲役または200万円以下の罰金、併科がありうる）。また過失によって提供した場合でも特定個人情報保護委員会から指導、勧告、命令が下される可能性があるとともに、民事裁判で損害賠償請求される可能性もある。番号法におけるプライバシー保護の考え方の一つは、番号法上に根拠をもたない者が個人番号や特定個人情報を収集・保管しないように抑制するというものである。これにより個人番号による不正な名寄せの契機を減らし、番号制度に対する信頼を確保しようとしている。したがっ

---

[74] 番号法第14条（提供の要求）第1項により、個人番号利用事務実施者・個人番号関係事務実施者は、個人番号利用事務・個人番号関係事務を処理するために必要があるときは、本人または他の個人番号利用事務実施者・個人番号関係事務実施者に対して個人番号の提供を求めることが可能とされている。この提供を求めることができる個人番号利用事務には、第9条第1項および別表第一で定められた社会保障や税の調査がある。
[75] 番号法第19条（特定個人情報の提供の制限）第11号・第12号および第15条（提供の求めの制限）。
[76] 個人番号関係事務実施者などについて、正当な理由がないのに、その業務に関して取り扱った個人の秘密に属する事項が記録された特定個人情報ファイルを提供したときに罰せられる。

て、この提供要求の根拠の確認は非常に重要である。

④の個人番号の消去・廃棄に関して求められているのは、法令の根拠に基づく個人番号の利用が生じなくなったときは、保存している個人番号をすみやかに消去したり、個人番号が記録されている媒体（紙や電子媒体）を廃棄することである。特定個人情報取扱ガイドラインでは、（番号法で限定的に列挙された）「事務を処理する必要がなくなった場合で、所管法令において定められている保存期間を経過した場合には、個人番号をできるだけ速やかに廃棄又は削除しなければならない」とされている[77]。

保存期間の根拠となる法令は、具体的には、個人番号関係事務として個人番号利用事務実施者に対して個人番号が記載された書類を提出した後、番号法第9条第3項の個人番号関係事務にかかわる各法令の規定でその書類の保存期間が定められている場合は、その期間保存期間を定める法令[78]であり、また第9条第1項および別表第一の個人番号利用事務に基づき調査等での個人番号の提供要求が可能になっている場合は、その提供要求が可能な期間（たとえば時効となるまでの期間）を定める法令が考えられ、それぞれの事業者が設定することになる[79]。これにより、税の法定調書では7年といった期間となる[80]。

書類によっては、番号法に明示されている税法や社会保障関係法に基づく法定保存期間を超えて、番号法に明示されていない法律（商法等）に基づき

---

[77] 「特定個人情報の適正な取扱いに関するガイドライン（事業者編）」p.31。
[78] たとえば、扶養控除等申告書については、当該申告書の提出期限（毎年最初に給与等の支払を受ける日の前日まで）の属する年の翌年1月10日の翌日から7年を経過する日まで保存することとされている（所得税法施行規則第76条の3）。
[79] ただし、ガイドラインのパブリックコメントへの回答では、「番号法で限定的に明記された事務」は「税務調査や年金保険料支払の確認という事務」ではない、とされている（「特定個人情報の適正な取扱いに関するガイドライン（事業者編）（案）に関する意見募集の結果について」No.147）。なお、国税に関する調査は番号法別表第一の38の項で、地方税に関する調査は16の項等で個人番号利用事務とされており、これに基づき国税庁や地方公共団体は個人番号関係事務実施者に対して個人番号の提供を求めることが可能となっている。
[80] 基本的には、従来これらの法令に基づき各事業者で定めている保存期間と同じである。

保存するもの、あるいは各事業者の判断で永年保存等するものが考えられる。これらについては、番号法に基づく法定保存期間以降は個人番号部分を消去・削除することで保存し続けることが可能となっているが、逆にいえば個人番号部分を消去・削除しない限り保存し続けることができない。こうした書類を紙で保存している場合、番号法に基づく保存期間が終了後、いったん倉庫に預けた保存書類の山から期間が終了した書類が入っている箱を選別して取り出し、箱を開けてその書類を取り出し、個人番号欄を確認してそれに墨塗りなどを施して復元できないようにマスキングしたうえで箱に詰め直し、再度倉庫に送付するといった膨大で煩雑な作業が生じる可能性がありうる。

なお、特定個人情報取扱ガイドラインによれば、「雇用契約等の継続的な契約関係にある場合には、従業員等から提供を受けた個人番号を給与の源泉徴収事務、健康保険・厚生年金保険届出事務等のために翌年度以降も継続的に利用する必要が認められることから、特定個人情報を継続的に保管できる」[81]とされているように、いったん提供を受けた個人番号については、後に継続して番号法で定められた個人番号関係事務に利用することが合理的に予測される場合は、特定個人情報を保管し続けることができる。

ここで問題になるのは、具体的な消去・廃棄の程度と方法である。

保存期間経過後に個人番号を消去・廃棄する場合は、「個人番号をできるだけ速やかに復元できない手段で削除又は廃棄」することが求められている[82]。具体例としては、紙媒体で保存している場合は焼却、溶解、復元不可能な程度に細断可能なシュレッダーの利用、または個人番号部分を復元できない程度のマスキングなどがあげられ、特定個人情報が記録された機器や電子媒体ごと廃棄する場合は専用のデータ削除ソフトウェアの利用または物理的な破壊などの手法があげられている[83]。また、特定個人情報ファイル中の

---

81 「特定個人情報の適正な取扱いに関するガイドライン（事業者編）」p.31。
82 「特定個人情報の適正な取扱いに関するガイドライン（事業者編）（別添）特定個人情報に関する安全管理措置（事業者編）」p.56。

個人番号または一部の特定個人情報等を削除する場合は、それらを容易に復元できない手段を採用するといった手法があげられている。この手段については特定されていないため、こうした手法と同程度の方法であればそれを採用することもできる。廃棄が必要となってから廃棄作業を行うまでの期間については、「できるだけ速やかに」とされているが、「毎年度末に廃棄を行う等、個人番号および特定個人情報の保有に係る安全性および事務の効率性等を勘案し、事業者において」判断するものとされている[84]。

また消去・廃棄にあたり、その記録を保存することが必要となっている。これらの作業を委託する場合には、委託先が確実に消去・廃棄したことについて、証明書等により確認することとされており[85]、委託先との間であらかじめ証明書等の発行について取決めを結ぶことが考えられる。

なお、法人番号に関しては番号法の観点からは消去・廃棄は必要ない。

(9) 提　出

個人番号関係事務実施者における事務フローの最後は「7　提出」であり、法定調書や届出等に個人番号を記載して個人番号利用事務実施者に提出することになる。

ここで課題となるのが、法定調書等の提出後に、提出先の個人番号利用事務実施者から記載した個人番号に関して修正等が求められた場合の扱いである。

税制や社会保障制度に基づき、おおよその場合、これまで氏名や住所等が

---

[83] ガイドラインのQ&A（「特定個人情報の適正な取扱いに関するガイドライン（事業者編）」および「（別冊）金融業務における特定個人情報の適正な取扱いに関するガイドライン」に関するQ&A）のQ15-2で「データ復元用の専用ソフトウェア、プログラム、装置等を用いなければ復元できない場合には、容易に復元できない方法と考えられ」るとされている。

[84] ガイドラインのパブリックコメントへの回答（「特定個人情報の適正な取扱いに関するガイドライン（事業者編）（案）に関する意見募集の結果について」No.155）。

[85] 「特定個人情報の適正な取扱いに関するガイドライン（事業者編）（別添）特定個人情報に関する安全管理措置（事業者編）」p.55。

誤っていた場合の修正等の扱いと同様の扱いとなると想定されるため、個人番号の誤記に対して直ちになんらかのペナルティが科せられるのではないと考えられるが、修正等を懈怠している場合はペナルティが科せられるおそれがある。

誤っていた場合、まずは、事業者において当該の個人番号を記載する際に転記等のミスが生じていないかを確認することが考えられるが、この段階でミスが生じていない場合、従業員や顧客等の本人またはその代理人（年末調整の申告書については関係事務実施者である従業員）に個人番号の正誤を確認することになる。こうした正誤確認にあたっての作業負荷や時間の観点から個人番号に関する証跡を取得・保存することも考えられる。

⑽ 番号の変更への対応

問題は、個人番号の告知を受けた時点から法定調書や届出等を提出した時点までの間で、個人番号が変更されているときの扱いである。事業者が個人番号の変更を知るためには、変更に関する告知を本人から受ける必要がある。また、この告知を受けた修正がなされないと、提出後の書類について個人番号利用事務実施者から誤記として指摘され余計な作業が生じるおそれがある。したがって、本人や代理人から個人番号の変更に関してすみやかに告知を受ける必要がある。なお、これは法人番号が変更された場合も同様である。

このような状況に対応するために、個人番号の変更を受け付けるための事務フローを整備しておく必要がある。具体的には、個人番号の変更が生じた後すみやかに本人や代理人などから変更に係る告知を受けるための手順を整備することになる。また、従業員に関しては年末調整時、顧客等に関しては現況確認などのタイミングで、年に1回程度、氏名や住所の変更の有無とあわせて個人番号の変更の有無を確認することも考えられる。この時、あらかじめ本人確認をして保存した個人番号を印字した書類を本人等に提示し、その個人番号が誤っていないか、変更がないか、確認を受けるという方法も考

えられる。また本人に個人番号の確認を行った後、たとえば数年間の期間を経たときは、機会を設けて本人に対して変更の有無をあらためて確認することも考えられる。なお、個人番号の変更があり、修正告知を受けるときは、少なくとも番号法上の本人確認のうち番号確認を行うことが必要となる。

　法人番号の変更に関しては、会社合併等の事由により変更が生じた場合は、その法人から法人番号の変更の告知を受けることが考えられる。法人番号の変更が生じる可能性がある事象が発生したことを察知したときには、国税庁法人番号公表サイトで変更の有無を確認することも考えられる。なお、法人番号公表サイトでは、2014年10月以降に変更が生じた場合は、その変更履歴も閲覧することが可能となっている。なお自社の法人番号に変更が生じた場合は、取引先等に法人番号の変更があった旨を告知することが望ましい。

8　番号制度における民間利用

　現行（2015年7月段階）の番号制度では、個人番号に関して可能となっている民間利用、つまり行政機関以外での番号制度に基づく番号や情報システムの利用は、基本的には次のものである[86]。
① 　個人番号関係事務実施者としての個人番号の利用
② 　マイナポータル（マイ・ポータル、マイガバメント）の利用
③ 　個人番号カードの利用
④ 　個人番号カードのICチップへのアプリケーションの格納
⑤ 　公的個人認証サービスの利用
　まず①の個人番号関係事務実施者としての個人番号の利用は、これまでみ

---

[86] このほか、個人番号利用事務実施者としての個人番号の利用もありうるが、これは健康保険組合で給付事務等において個人番号を利用する場合と、行政機関等で個人番号利用事務実施者となっている機関から個人番号利用事務の委託を受ける場合が該当する。なお健康保険組合に関しては情報提供ネットワークシステムに接続して情報連携するため、民間の組織として情報提供ネットワークシステムを利用することになる。

てきたように、基本的には個人番号利用事務実施者への個人番号記載書類の提出などの事務の範囲での個人番号の利用となる。番号制度における番号の利用イメージは、「民―民―官」での利用であり、最初の「民」は従業員や金融機関の顧客等を意味し、次の「民」は従業員を雇用する一般企業や金融機関などの個人番号関係事務実施者であり、最後の「官」は個人番号が記載された書類の提出を受ける個人番号利用事務実施者となる。この流れに外れる個人番号の利用に関しては認められていない。通常この用途は民間利用とはいわれないが、あえていえば個人番号の民間利用に関してはこの流れのなかでのものに限定されている。

　なお、現在の番号法では、個人番号の利用は番号法で定められた分野に限られているだけではなく、たとえば個人情報保護法で本人に対してあらかじめ特定の者と共同で利用する旨などを通知するか、本人が容易に知りうる状態に置いているときに可能とされている共同利用[87]もできないとされている[88]。本人が複数の企業に対して自らの個人番号を告知するときにその告知に係る負荷を軽減するために、同一業界に属するいくつかの企業が集まって告知窓口を受け、そこで告知を受けた個人番号を共同利用するといったニーズも考えられるため、今後こうした規制を見直すことも考えられる。

　②のマイナポータル（マイ・ポータル、マイガバメント）の利用に関しては、民間企業においてはマイナポータルに含まれる電子私書箱を利用することが考えられる。現時点ではマイ・ポータルは番号法附則第6条第5項に基づき設置される「情報提供等記録開示システム」であり、情報提供ネットワークシステムを通じて行われた自らの特定個人情報の提供のログを閲覧する機能（情報提供等記録表示機能／情報提供等記録表示業務）とともに、行政機関が保有する自らの特定個人情報を閲覧・確認する機能（自己情報表示機

---

[87] 個人情報保護法第23条第4項第3号。
[88] この理由は、「特定個人情報について、かかる共同利用を認めた場合、個人番号が広範に流通するおそれがあり、また、特定個人情報についてかかる利用を認めるニーズが具体的に想定されているわけでもない」（宇賀克也『個人情報保護法の逐条解説〔第4版〕』有斐閣、2013、p.117）と指摘されている。

能／自己情報表示業務）や、行政機関からの自ら宛ての通知等の閲覧機能（プッシュ型サービス機能／お知らせ情報表示業務）をインターネットで提供するもので、国が整備するとされている。マイガバメントは、民間で整備するものとして、インターネットを通じて民間企業からの通知等の閲覧や行政機関の発行する証明書の受取りなどを可能とする電子私書箱的な機能をもつものとして検討されている。また、電子私書箱を通じてワンストップでさまざまな機関に申請することができるようにする機能も検討されている。この両者は認証連携してシームレスに利用できることが想定されている。一般企業が通知等を送るときは、マイ・ポータルに対してではなく、マイガバメントに対して送ることが想定される。マイ・ポータルとマイガバメントはまとめて「マイナポータル」との名称のもとにサービスが展開されるが、具体的な内容は今後整理されるものと思われ、民間企業が電子私書箱を利用する際の方法等については今後示されることが考えられる。

　③の個人番号カードの利用に関しては、個人番号カードの表面(おもて)が身分証明書となっていることから、個人番号カードを身分証明書用途として利用することは民間企業すべてで可能となっている。

　④の個人番号カードのICチップへのアプリケーションの格納に関しては、番号法第18条で民間事業者も可能となっている。住民基本台帳カードは市町村については独自利用としてこのような利用が可能となっていたところ、個人番号カードに関しては民間事業者にも可能とされた。しかしながら、時期尚早として番号法施行令で民間事業者が利用可能とするための具体的な手続等が定められなかったことから、実際には現時点では民間事業者は個人番号カードのICチップへの独自アプリケーションの格納はできない[89]。

　⑤の公的個人認証サービスについては、以前は国や地方公共団体等に利用

---

[89] 2015年7月16日～8月19日の期間にパブリックコメントにかけられている番号法施行令の一部を改正する政令（仮称）案において、個人番号カードの空き領域を利用できる者として、総務大臣が定める事務を行う民間事業者が追加されているため、一定の要件を満たす事業者は独自アプリケーションが格納可能となる見通しとなっている。

図表5-36　公的個人認証法の改正

1	マイポータルの利用等に活用できる「電子利用者証明」の仕組みを創設	自己の個人番号に係る個人情報が行政機関等にどのように提供されたかを確認するため、マイポータルを通じてインターネット上で閲覧できる仕組みを構築することに伴い、ID・パスワード方式にかわるインターネット上の安全なログイン手段として「電子利用者証明」の仕組みを創設
2	行政機関等に限定していた署名検証者の範囲を拡大（総務大臣が認める民間事業者を追加）	民間のサービスにおけるインターネット上での本人確認手段として活用可能とするため、これまで行政機関等に限定していた署名検証者の範囲を拡大し、総務大臣が認める民間事業者を追加（例：インターネット上での預金口座開設等）
		電子証明書の発行番号が個人情報のマッチングキーとならないように、当該発行番号の利用の制限に関する規定を創設
3	電子証明書の発行手続を簡素化	電子証明書の発行の増加に対応し、市町村長の発行事務の円滑化を図るため、現行制度において申請者本人が作成している鍵ペアを、市町村長が作成

（出典）　総務省自治行政局住民制度課「住民基本台帳法・公的個人認証法の一部改正について　地方公共団体情報システム機構法について」を一部改変

可能な機関が限定されていたところ、番号法整備法で改正された公的個人認証法によって、民間事業者も利用可能なように措置された（図表5-36）。具体的には、改正公的個人認証法によって、従来からサービス提供されていた署名用電子証明書の署名検証者に民間企業もなることができ、インターネットで受信した電子署名と署名用電子証明書（基本4情報（氏名、住所、生年月日、性別）を含む）・公開鍵が付された電子文書についてそれが改竄されていないかなどを確認することが可能となった。また、改正公的個人認証法によって利用者証明用電子証明書（基本4情報を含まない）のサービスが創設

され、自社のサイトに顧客等がログインするときに、IDとパスワードのみによるものに比べ利用者本人であることの確度を高めた手段として民間企業が利用できるようになった。これらにより、たとえばインターネット上での金融機関での口座開設時に電子署名・署名用電子証明書・公開鍵を付した開設申込書の送信を受け、金融機関が署名用電子証明書を口座開設時の本人確認書類として利用して口座開設するとともに、通常のインターネット上の取引は利用者証明用電子証明書を用いてログインして行うといったことが可能となった。顧客の署名用電子証明書には住民基本台帳に記録されている住所を含む4情報とほぼ同じものが含まれているため、民間企業が保有している顧客の住所と突合して住所の異同を確認することが可能となる。また、署名用電子証明書および利用者証明用電子証明書が有効なものかを公的個人認証サービスを提供している地方公共団体情報システム機構（J‒LIS）に確認し、J‒LISからともに失効していると通知を受けた場合は、本人が死亡している可能性がある[90]。また署名用電子証明書は失効しているが、利用者証明用電子証明書は失効していない場合は、本人が死亡していないことは確実となる。こうした情報を契機として本人の生存確認を行うことで、生命保険会社は死亡保険金の未払リスクを軽減するとともに、年金型保険の保険金支払が過払いになることを回避することが可能となる。

　民間利用に関する現在の施策はこのようなものだが、今後については、番号法附則第6条第1項で、番号法の施行後3年を目途として、番号法の施行の状況等を勘案し、個人番号の利用および情報提供ネットワークシステムを使用した特定個人情報の提供の範囲を拡大すること等について検討を加え、必要があると認めるときは、その結果に基づいて、国民の理解を得つつ、所要の措置を講じるとされている。具体的には2015年10月の番号通知（番号法の施行日）から3年後の2018年後半目途で個人番号の利用拡大などが検討開始となることが想定されている。この個人番号の利用拡大では、当初は行政

---

[90] 5年の有効期限が経過した後も失効する。

機関等が行う公的な事務での利用から開始し、徐々に公益事業者等が行う準公的な事務に拡大したうえで、民間企業が自由に利用できるようになるとのシナリオも考えられるが、これらの拡大シナリオは番号法附則第6条第1項に書かれているように、国民の理解を得ながら進めていくべきものである。重大な漏洩事件や不正な利用によるプライバシー侵害が発生した場合、国民の理解を得られないとして個人番号の利用拡大が行われないことも考えられる。

　こうしたこともふまえ、個人番号の単純な利用拡大ではなく、個人番号を含む領域別の番号（識別子）を情報提供ネットワークシステムを通じて連携することで、情報連携を可能とするといったことも考えられる。また、本人同意の取得など一定の条件のもとで行政機関が保有する個人情報を民間企業が取得し利用することが可能なようにする、などといったことも考えられる。これにより、行政機関がもつ資格情報などの利用が進むとみられる。

　なお、「戸籍」「旅券」「預貯金付番」「医療・介護・健康情報の管理・連携等に関する事務」「自動車検査登録事務」の5分野に関しては先行して個人番号の利用範囲の拡大が検討されている[91]。このうち戸籍に関しては、法務省が「戸籍制度に関する研究会」を設置し、2016年2月以降の法制審議会への諮問を目指して検討を進めており、「番号法上の個人情報保護措置によっても秘匿性の高い戸籍情報に対して十分な個人情報保護を図ることができないのではないか」「戸籍事務がコンピュータ化されていない市区町村の取扱いをどうするか」「改製不適合戸籍の取扱いをどうするか」「画像データで保存された戸籍情報の個人番号との紐付けの要否をどうするか」といった論点が提起されている[92]。医療・介護・健康情報の管理・連携等に関しては、厚生労働省が「医療等分野における番号制度の活用等に関する研究会」を設置

91　5分野の検討状況は、政府の高度情報通信ネットワーク社会推進戦略本部（IT総合戦略本部）新戦略推進専門調査会第6回マイナンバー等分科会（2014年11月11日開催）で政府CIO（内閣官房情報通信政策監）に報告された。
92　戸籍制度に関する研究会第2回会議資料2「番号制度（マイナンバー制度）導入について」（2014年12月3日）。

して検討を進め、2014年12月10日の中間まとめにおいて、「マイナンバーとは別に「見える番号」を発行するのはコストがかかる」ため、「見えない番号（電磁的な符号）」のほうが、安全性を確保しつつ二重投資を避ける観点から、望ましい」との方向が示された[93]。預貯金付番については、政府の高度情報通信ネットワーク社会推進戦略本部（IT総合戦略本部）第13回パーソナルデータ検討会（2014年12月19日）や、自由民主党・公明党の「平成27年度税制改正大綱」（2014年12月30日）において、2018年目途で新規・既存の預貯金口座に個人番号・法人番号を任意で紐付け開始するとともに、社会保障給付に係る資産調査や国税・地方税の税務調査で個人番号・法人番号を示して当該番号の口座情報の提供を求め、ペイオフ対応で個人番号・法人番号を利用することができるようにし、銀行等に対し個人番号および法人番号によって検索できる状態で預貯金情報を管理する義務を課すようにするとされ、2015年3月に番号法改正法案が閣議決定され、国会に提出された。

なお、主にICT活用を趣旨とする国民ID制度の検討の観点から、「新たな行政サービス」として国民利便性を向上する行政機関におけるユースケースの検討や、「マイポータル等を活用した民間連携・民間活用の推進」に関する検討、「企業コードの整備・活用」として法人番号（企業コード）の活用に関する検討が、高度情報通信ネットワーク社会推進戦略本部（IT戦略本部）企画委員会電子行政に関するタスクフォースで行われ、一定の案が2012年5月に示されている[94]。こうした検討も今後の民間活用検討の参考になる。

---

[93] 医療等分野における番号制度の活用等に関する研究会「中間まとめ」（2014年12月10日）。
[94] 高度情報通信ネットワーク社会推進戦略本部（IT戦略本部）企画委員会電子行政に関するタスクフォース第24回（2012年5月15日）、第25回（2012年5月31日）資料参照。

図表5-37 給与所得の源泉徴収票における番号記載

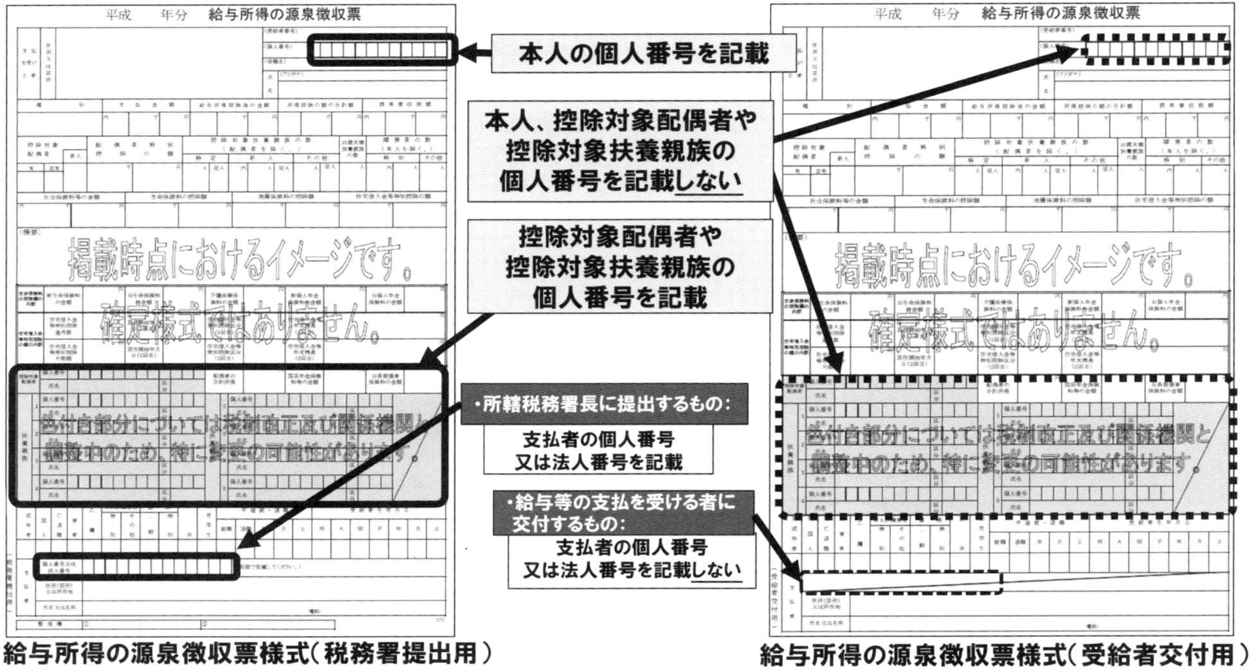

(出典)国税庁ホームページ「事前の情報提供分」をもとに作成

第5章 マイナンバー制度の仕組み 195

図表5−38 給与所得者の扶養控除等（異動）申告書の番号記載

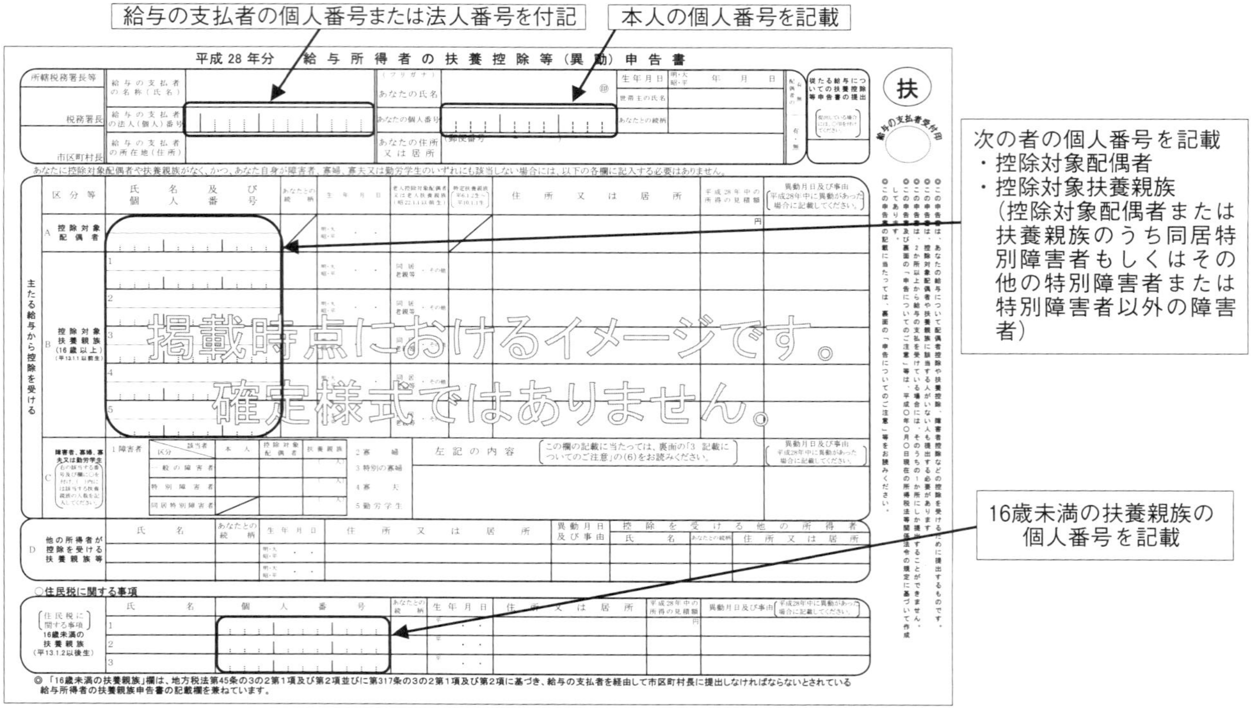

(注) 実際の様式は上記と異なる場合がある。
(出典) 国税庁ホームページ「事前の情報提供分」をもとに作成

図表5-39 雇用保険被保険者資格喪失届・氏名変更届の番号記載

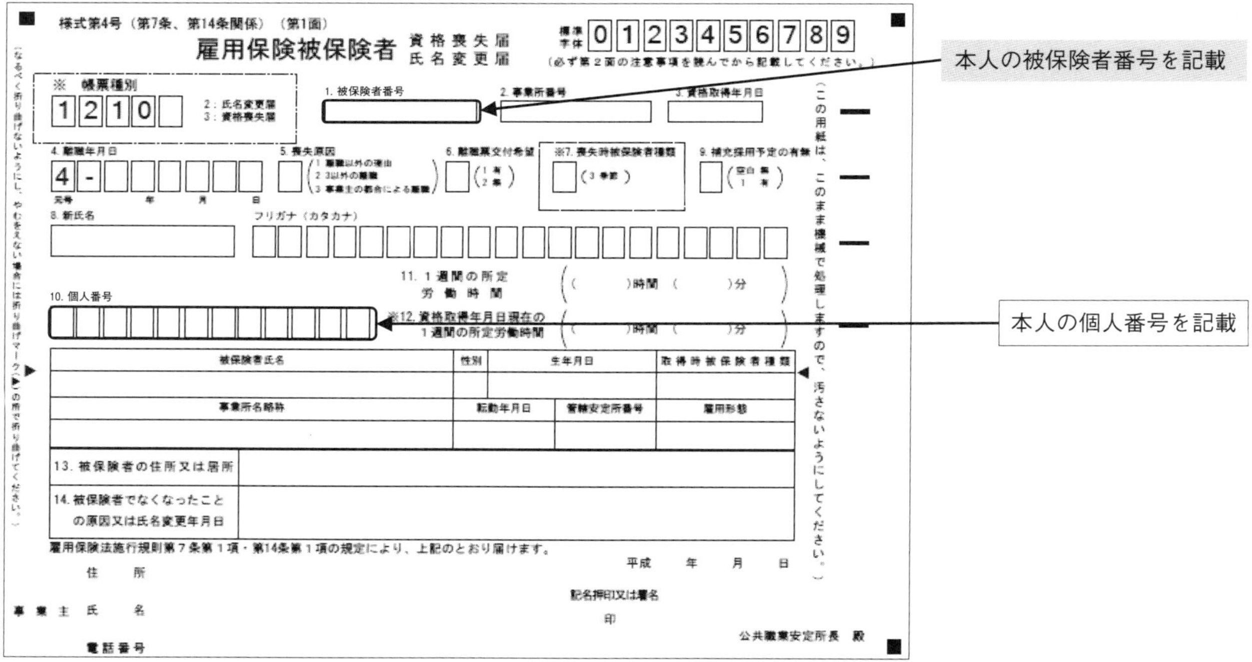

(注) 実際の様式は上記と異なる場合がある。
(出典) 厚生労働省ホームページ「雇用保険関係新様式」をもとに作成

第5章 マイナンバー制度の仕組み 197

図表5-40 雇用保険被保険者離職票-1・資格喪失確認通知書（被保険者通知用）の番号記載

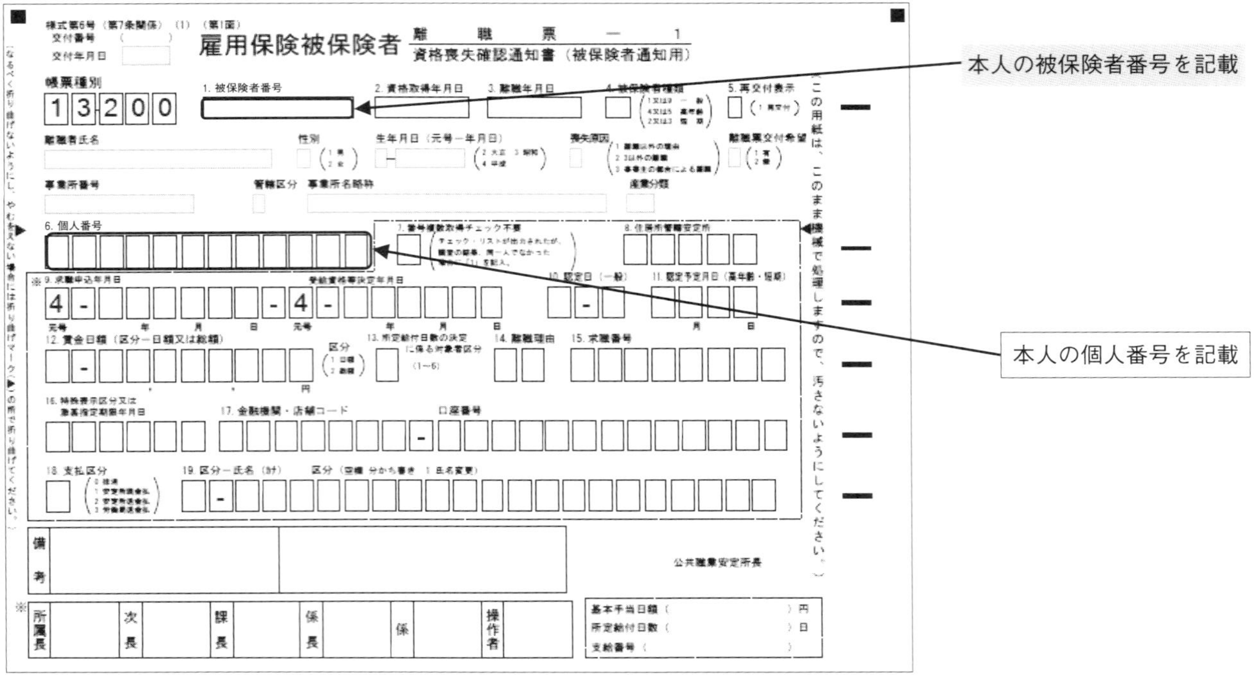

（注）実際の様式は上記と異なる場合がある。
（出典）厚生労働省ホームページ「雇用保険関係新様式」をもとに作成

図表5-41 健康保険・厚生年金保険 被保険者資格取得届の番号記載

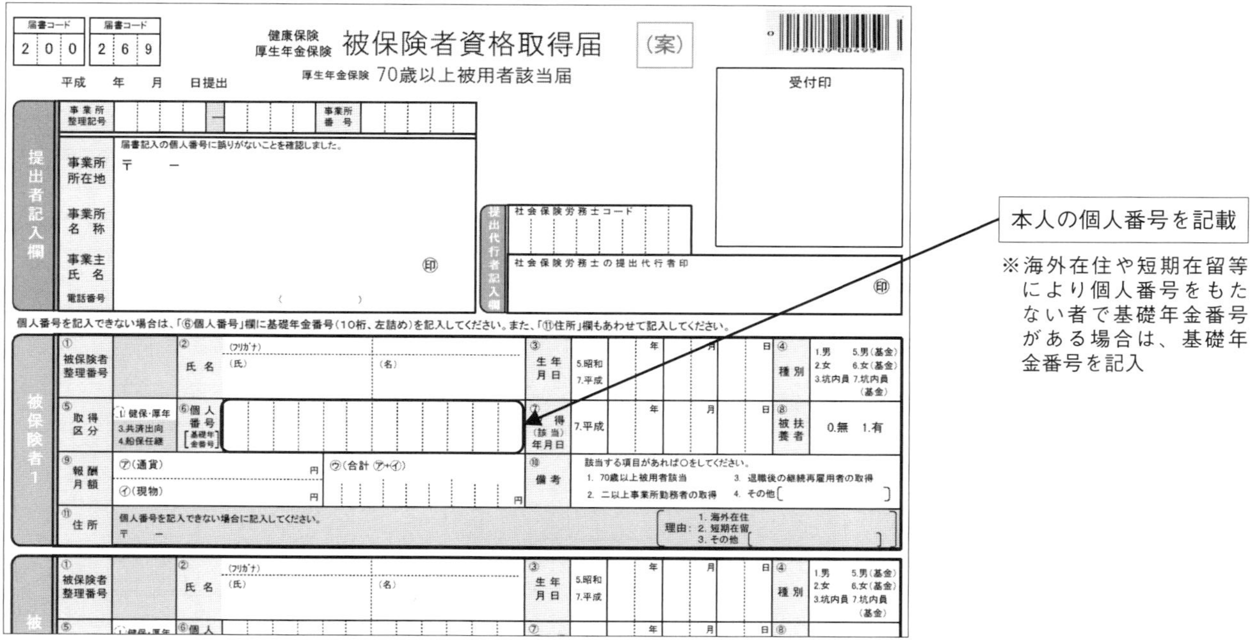

※海外在住や短期在留等により個人番号をもたない者で基礎年金番号がある場合、基礎年金番号を記入

本人の個人番号を記載

(注) 実際の様式は上記と異なる場合がある。
(出典) 厚生労働省ホームページ「年金関係新様式」をもとに作成

第5章 マイナンバー制度の仕組み 199

図表5-42 健康保険・厚生年金保険 被保険者報酬月額変更届の番号記載

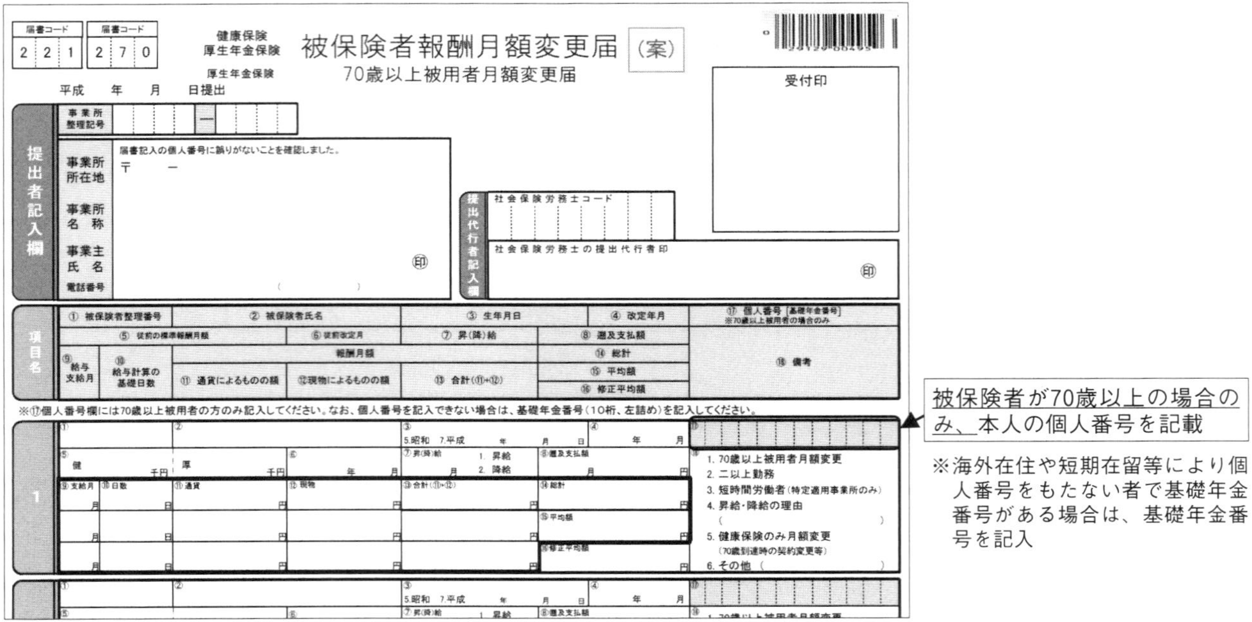

※被保険者が70歳以上の場合の
み、本人の個人番号を記載

※海外在住や短期在留等により個
人番号をもたない者で基礎年金
番号がある場合は、基礎年金番
号を記入

(注) 実際の様式は上記と異なる場合がある。
(出典) 厚生労働省ホームページ「年金関係新様式」をもとに作成

図表5-43 健康保険被扶養者(異動)届・国民年金第3号被保険者関係届の番号記載

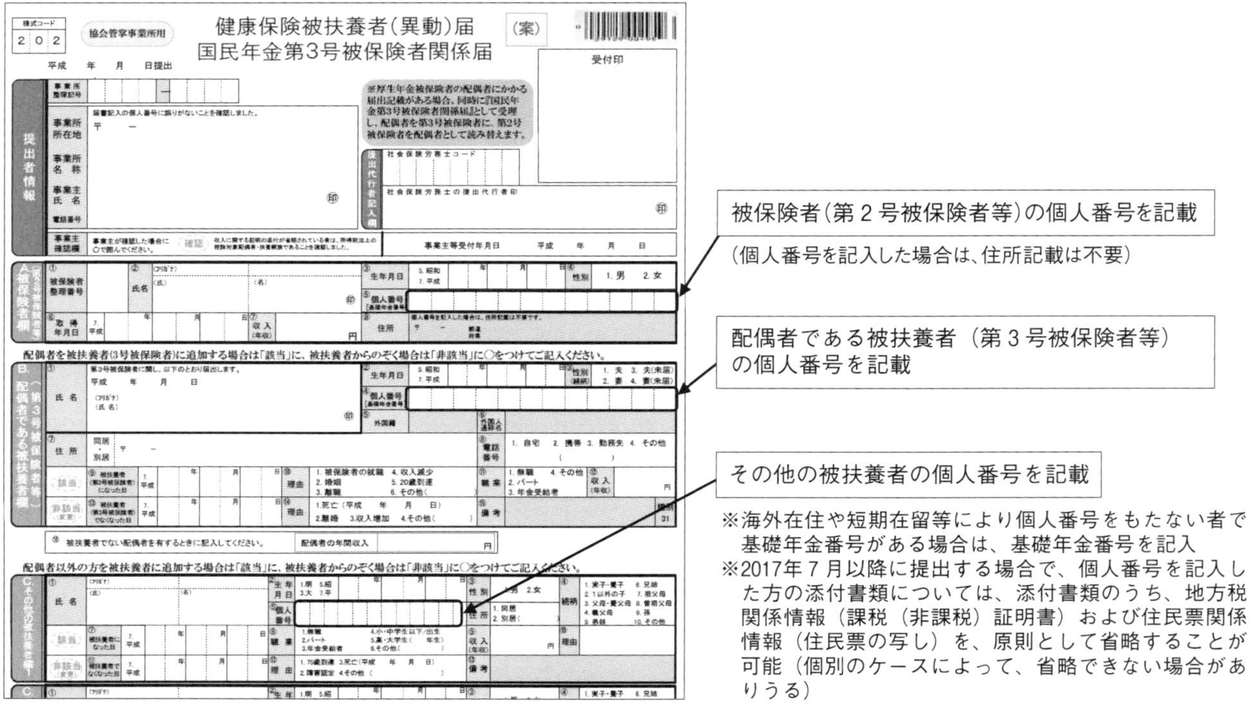

- 被保険者(第2号被保険者等)の個人番号を記載（個人番号を記入した場合は、住所記載は不要）
- 配偶者である被扶養者(第3号被保険者等)の個人番号を記載
- その他の被扶養者の個人番号を記載

※海外在住や短期在留等により個人番号をもたない者で基礎年金番号がある場合は、基礎年金番号を記入
※2017年7月以降に提出する場合で、個人番号のうち、地方税の方の添付書類については、添付書類（住民票の写し）および住民票関係情報（住民票の写し）を、原則として省略することが可能（個別のケースによって、省略できない場合がある）

(注)実際の様式は上記と異なる場合がある。
(出典)厚生労働省ホームページ「年金関係新様式」をもとに作成

第5章 マイナンバー制度の仕組み 201

図表5－44　先物取引に関する支払調書の番号記載

平成　　年分　先物取引に関する支払調書

先物取引の差金等決済をした者	住所(居所)			
	氏名		個人番号	

先物取引の種類	決済の方法	決済時の約定価格等	手数料等の額	決済年月日
			円	年・月・日

数量		決済の損益の額	期限月等	
		円		年・月

先物取引の種類	決済の方法	決済時の約定価格等	手数料等の額	決済年月日
			円	年・月・日

数量		決済の損益の額	期限月等	
		円		年・月

先物取引の種類	決済の方法	決済時の約定価格等	手数料等の額	決済年月日
			円	年・月・日

数量		決済の損益の額	期限月等	
		円		年・月

（摘要）

商品先物取引業者又は金融商品取引業者等	所在地		法人番号	
	名称	(電話)		

整理欄　①　　　　②

347

（注）平成28年分以後に使用予定の様式のため、実際の様式は上記と異なる場合がある。
（出典）国税庁ホームページ「事前の情報提供分（法定調書関係）平成28年分以後使用予定の様式」をもとに作成

202

図表5－45　生命保険契約等の一時金の支払調書の番号記載

平成　　　年分 生命保険契約等の一時金の支払調書

保険金等受取人	住所（居所）又は所在地		氏名又は名称	
			個人番号又は法人番号	
保険契約者等（又は保険料等払込人）			氏名又は名称	
			個人番号又は法人番号	
被保険者等			氏名又は名称	

保険金額等	増加又は割増保険金額等	未払利益配当金等	貸付金額、同未収利息
千　円	千　円	千　円	千　円
未払込保険料等	前納保険料等払戻金	差引支払保険金額等	既払込保険料等
千　円	千　円	千　円	千　円

保険事故等		保険事故等の発生年月日	年　月　日	（摘要）
保険等の種類		保険金等の支払年月日	年　月　日	

保険会社等	所在地			
	名称	（電話）	法人番号	

整理欄	①	②

○「個人番号又は法人番号」欄に個人番号（12桁）を記載する場合には、右詰で記載します。

310

平成28年分以後に使用予定の様式です。

（注）　平成28年分以後に使用予定の様式のため、実際の様式は上記と異なる場合がある。

（出典）　国税庁ホームページ「事前の情報提供分（法定調書関係）平成28年分以後使用予定の様式」をもとに作成

付録

マイナンバー制度に関する法令・規則等のワンポイント解説

番号制度は、さまざまな法令等で構成されている。以下は、法令やガイドラインなどの全体像となる。
　法令やガイドラインなどの本文だけでは読み取れない事項については、法令の逐条解説（番号法については内閣官房から示されている）やホームページ等に掲載されている公式Q&A、パブリックコメントで寄せられた意見等への回答などを参照する。

〔関係ホームページ〕
○内閣官房：社会保障・税番号制度
　http://www.cas.go.jp/jp/seisaku/bangoseido/
○内閣府　特定個人情報保護委員会
　http://www.ppc.go.jp/
○国税庁：社会保障・税番号制度について
　http://www.nta.go.jp/mynumberinfo/index.htm
　※法定調書の改正様式案や法人番号に関する情報等を掲載
○厚生労働省：社会保障・税番号制度（社会保障分野）
　http://www.mhlw.go.jp/stf/seisakunitsuite/bunya/0000062603.html
　※「事業主の皆さまへ」のなかに年金関係、雇用保険関係の改正様式案を掲載
○e-gov：パブリックコメント
　http://search.e-gov.go.jp/servlet/Public
　※「結果公示案件」でパブリックコメントで寄せられた意見等への回答を掲載
○高度情報通信ネットワーク社会推進戦略本部（IT総合戦略本部）
　http://www.kantei.go.jp/jp/singi/it2/
　※新戦略推進専門調査会マイナンバー等分科会やパーソナルデータに関する検討会、企画委員会電子行政に関するタスクフォース等において番号制度（国民ID制度）にかかわる検討等がなされている。

　なお今後番号法は、2015年3月に国会に提出された「個人情報の保護に関する法律及び行政手続における特定の個人を識別するための番号の利用等に関する法律の一部を改正する法律案」による番号法の改正（特定個人情報保護委員会の改組および預貯金付番関係での個人番号利用事務の追加等）、年金制度改正による番号法別表第一・別表第二の改正、などによって改正されることが想定される。

1　番号法（平成25年5月31日法律第27号）

正式名称は「行政手続における特定の個人を識別するための番号の利用等に関する法律」。

「マイナンバー法」や「番号利用法」とも略される。

番号制度の基幹となる法律であり、主には次をその内容としている。

2013年5月31日の公布の後、現時点（2015年5月）で、主に別表第一と別表第二に関して4回改正されている。

・総則：番号法の目的、用語の定義、番号制度の基本理念、国・地方公共団体の責務、事業者の努力
・個人番号：指定および通知、個人番号の生成、利用範囲、再委託、提供の要求、提供の求めの制限、本人確認の措置　など
・個人番号カード：個人番号カードの交付等、個人番号カードの利用
・特定個人情報の提供：特定個人情報の提供の制限、収集等の制限、情報提供ネットワークシステム　など
・特定個人情報の保護：特定個人情報保護評価、特定個人情報保護評価の指針、特定個人情報ファイルの作成の制限、行政機関個人情報保護法等の特例等
・特定個人情報保護委員会：組織、業務
・法人番号：通知等　など
・罰則
・附則：施行期日　今後の検討等　など
・別表第一（第9条関係）　※個人番号の利用範囲（個人番号利用事務実施者、事務）
・別表第二（第19条、第21条関係）　※情報提供ネットワークシステムを通じた情報提供（情報照会者、事務、情報提供者、提供する特定個人情報）

2　番号法整備法（平成25年5月31日法律第28号）

正式名称は「行政手続における特定の個人を識別するための番号の利用等に関する法律の施行に伴う関係法律の整備等に関する法律」。

番号制度によって改正される各法律の内容を示している。主な内容を次に示す。

税の法定調書等に関する個人番号の利用や、住民基本台帳および住民票の写し等への個人番号記載、公的個人認証サービスの民間利用拡大、利用者証明用電子証明書の創設などはこれによって行われているが、具体的には改正された各法律

を参照することになる。

2013年5月31日の公布の後、現時点（2015年5月）で、主に住民基本台帳法や国外送金等調書法に関して3回改正されている。

・利用範囲関係：地方税法の一部改正、租税特別措置法の一部改正、国税通則法の一部改正、所得税法の一部改正、内国税の適正な課税の確保を図るための国外送金等に係る調書の提出等に関する法律（国外送金等調書法）の一部改正
・個人番号関係（利用範囲関係以外）：住民基本台帳法の一部改正　など
・個人番号カード関係：電子署名に係る地方公共団体の認証業務に関する法律（公的個人認証法）の一部改正　など
・特定個人情報保護関係：内閣府設置法の一部改正　など
・法人番号関係（法人番号の生成、利用範囲等）：商業登記法の一部改正、信託法の一部改正　など
・罰則関係：組織的な犯罪の処罰および犯罪収益の規制等に関する法律の一部改正
・その他ハネ改正
・附則（施行期日）

3　番号法施行令（平成26年政令第155号）（平成26年3月31日公布）

正式名称は「行政手続における特定の個人を識別するための番号の利用等に関する法律施行令」。

番号法に係る政令である。主には次をその内容としている。番号法で「政令で定める」とされている事項が主となっており、政令レベルでの本人確認措置などが示されている。

・総則：個人番号カードの記載事項
・個人番号：指定および通知、請求による従前の個人番号にかわる個人番号の指定、通知カードの返納、個人番号とすべき番号の構成、激甚災害が発生したときに準ずる場合、機構保存本人確認情報の提供を求めることができる個人番号利用事務実施者、本人確認の措置　など
・個人番号カード：個人番号カードの交付、個人番号カードが失効する場合、個人番号カードの返納、個人番号カードの利用　など
・特定個人情報の提供：番号法第19条各号の提供制限に係る事項（情報提供ネッ

トワークシステム関係（情報提供用個人識別符号の取得、情報照会者による特定個人情報の提供の求め）等）　など
・特定個人情報の保護：電子計算機処理に伴う措置、行政機関個人情報保護法施行令等の特例等
・特定個人情報保護委員会：各議院審査等に準ずる手続
・法人番号：法人番号の構成、国の機関・地方公共団体および設立登記法人以外の法人または人格のない社団等に対する法人番号の指定、法人番号の通知、届出による法人番号の指定等、法人番号等の公表　など
・附則：施行期日　など

4　番号法施行規則（平成26年内閣府・総務省令第3号）（平成26年7月4日公布）

　正式名称は「行政手続における特定の個人を識別するための番号の利用等に関する法律施行規則」。
　番号法に係る省令である。番号法・番号法施行令で「主務省令で定める」とされている事項が主となっており、主に省令レベルでの本人確認措置が示されている。

5　国税関係手続に係る個人番号利用事務実施者が適当と認める書類等を定める告示（国税庁告示第2号）（平成27年1月30日公布）

　正式名称は「行政手続における特定の個人を識別するための番号の利用等に関する法律施行規則に基づく国税関係手続に係る個人番号利用事務実施者が適当と認める書類等を定める件」。
　国税庁の告示である。番号法施行規則における本人確認措置で「個人番号利用事務実施者が適当と認めるもの」とされたもののうち、国税庁が定めるものを示す。
　本人確認に関してはこの告示レベルまで押さえることが必要である。
　なお現段階（2015年5月）では、同じく個人番号利用事務実施者として同様の告示を行うとみられる厚生労働省等からは告示が出ていない。

6　別表第一の主務省令で定める事務を定める命令（平成26年内閣府・総務省令第5号）（平成26年9月10日公布）

　正式名称は「行政手続における特定の個人を識別するための番号の利用等に関

する法律別表第一の主務省令で定める事務を定める命令」。

　番号法別表第一で「主務省令で定める事務」とされている事務を定めたもの。別表第一の事務は法律レベルで規定されているが、これをさらに明確化したものとなる。

　たとえば別表第一の1の項の下欄で「健康保険法第5条第2項又は第123条第2項の規定により厚生労働大臣が行うこととされた健康保険に関する事務であって主務省令で定めるもの」とされているが、この具体化として「健康保険法（大正11年法律第70号）第3条第2項ただし書の日雇特例被保険者の適用除外の申請の受理、その申請に係る事実についての審査又はその申請に対する応答に関する事務」といったものが示されている。

7　別表第二命令の主務省令で定める事務及び情報を定める命令（平成26年内閣府・総務省令第7号）（平成26年12月12日公布）

　正式名称は「行政手続における特定の個人を識別するための番号の利用等に関する法律別表第二の主務省令で定める事務及び情報を定める命令」。

　番号法別表第二で「主務省令で定める事務」とされている事務と情報を定めたもの。別表第一の事務は法律レベルで規定されているが、これをさらに法律・政令・省令のレベル（項によって異なる）で明確化したものとなる。

　たとえば、番号法別表第二の1の項で厚生労働大臣が情報照会者となる事務に関して「健康保険法第5条第2項の規定により厚生労働大臣が行うこととされた健康保険に関する事務であって主務省令で定めるもの」とされており、医療保険者または後期高齢者医療広域連合が情報提供者となる特定個人情報に関して「医療保険各法又は高齢者の医療の確保に関する法律による医療に関する給付の支給又は保険料の徴収に関する情報であって主務省令で定めるもの」とされているものが、この命令で具体化され、事務に関しては「健康保険法施行規則（大正15年内務省令第36号）第24条第1項の全国健康保険協会が管掌する健康保険の被保険者の資格取得の届出に係る事実についての審査に関する事務」、情報に関しては「当該届出を行う者に係る国民健康保険の被保険者、健康保険若しくは船員保険の被保険者若しくは被扶養者、共済組合の組合員若しくは被扶養者私立学校教職員共済制度の加入者若しくは被扶養者又は後期高齢者医療の被保険者の資格に関する情報」といったものが示されている。

8　行政手続における特定の個人を識別するための番号の利用等に関する法律の規定による通知カード及び個人番号カード並びに情報提供ネットワークシステムによる特定個人情報の提供等に関する省令（総務省令第85号）（平成26年11月20日公布）

　番号法に係る省令である。主には次をその内容としている。番号法で「主務省令で定める」とされている事項のうち総務省令で定めるものが主となっている。

・個人番号：個人番号指定請求書の記載事項、個人番号の検査用数字（チェックディジット）を算出する算式、通知カードの記載事項、通知カードの様式、通知カードに係る記載事項の変更等、通知カードの再交付の申請等、国外転出者に対する通知カードの還付　など
・個人番号カード：個人番号カードの記録事項、住民票に基づく個人番号カードの記載等、個人番号カードの記録事項の閲覧または改変を防止するための措置、個人番号カードの交付申請、交付申請書の記載事項、交付申請書に添付する写真、個人番号カードの二重交付の禁止、個人番号カードの様式、個人番号カードの有効期間、個人番号カードの再交付の申請等、個人番号カードの有効期間内の交付の申請等、国外転出者に対する個人番号カードの還付、個人番号カードの暗証番号、個人番号カードの技術的基準、通知カード・個人番号カード関連事務の委任　など
・特定個人情報の提供：情報照会者による特定個人情報の提供の求めの方法等、特定個人情報の提供の求めがあった場合の総務大臣の措置に係る通知の方法等、情報提供等の記録等　など

9　法人番号の指定等に関する省令（財務省令第70号）（平成26年8月12日公布）

　法人番号の検査用数字（チェックディジット）を算出する算式、法人番号通知書の記載事項、法人番号の指定を受けるための届出事項、公表事項に加える事由、公表の同意などについて規定している。

10　番号法等の施行に伴う財務省関係政令の整備に関する政令（平成26年政令第179号）（平成26年5月14日公布）

　正式名称は「行政手続における特定の個人を識別するための番号の利用等に関する法律及び行政手続における特定の個人を識別するための番号の利用等に関する法律の施行に伴う関係法律の整備等に関する法律の施行に伴う財務省関係政令

の整備に関する政令」。

　国税に関し、税務署長等に提出する申告書等の記載事項に、その申告書等の提出者等の個人番号や法人番号を追加し、利子、配当等の受領者の告知制度等について告知すべき事項にその告知をする者の個人番号や法人番号を追加するなどの整備を行うもの。
　関係政令としては、主には次の政令の一部改正が行われている。
・相続税法施行令の一部改正
・租税特別措置法施行令の一部改正
・国税通則法施行令の一部改正
・所得税法施行令の一部改正
・内国税の適正な課税の確保を図るための国外送金等に係る調書の提出等に関する法律施行令の一部改正

11　所得税法施行規則の一部を改正する省令等

　国税の法定調書などにおける個人番号の記載等について定める。
　具体的には、2014年7月9日に、主には次の省令の一部改正が行われ公布されている。
・租税条約等の実施に伴う所得税法、法人税法及び地方税法の特例等に関する法律の施行に関する省令の一部を改正する省令
・相続税法施行規則の一部を改正する省令
・租税特別措置法施行規則等の一部を改正する省令
・国税通則法施行規則の一部を改正する省令
・所得税法施行規則の一部を改正する省令
・法人税法施行規則等の一部を改正する省令
・消費税法施行規則の一部を改正する省令
・内国税の適正な課税の確保を図るための国外送金等に係る調書の提出等に関する法律施行規則の一部を改正する省令

12　地方税法施行規則の一部を改正する省令（総務省令第96号）（平成26年12月22日公布）

　地方税の申告書などにおける個人番号の記載等について定めるもので、所得税の確定申告書や給与所得者の扶養親族申告書・個人の市町村民税に係る給与所得者の扶養親族申告書、給与所得者の扶養親族異動申告書、公的年金等受給者の扶

養親族申告書、自動車取得税の修正申告書、年金所得に係る特別徴収税額通知書などに番号を記載することを定めている。

13 特定個人情報保護評価に関する規則（特定個人情報保護委員会規則第1号）（平成26年4月18日公布）

　番号法に係る省令である。特定個人情報保護評価に関して、番号法で「特定個人情報保護委員会規則で定める」とされている事項を定めるものが主となっている。

　具体的には基礎項目評価、重点項目評価に関する規定を定めるとともに、特定個人情報保護評価に関する細部の規定を定めている。

　この規則を平易に読み解き、特定個人情報保護評価のためのガイドラインとしたものが「特定個人情報保護評価指針」である。

14 特定個人情報保護評価指針（平成26年特定個人情報保護委員会告示第4号）（平成26年4月18日公布）

　特定個人情報保護評価を行うにあたってのガイドラインとなるもの。様式として特定個人情報保護評価計画管理書、特定個人情報保護評価書（基礎項目評価書）、特定個人情報保護評価書（重点項目評価書）、特定個人情報保護評価書（全項目評価書）を示している。

　この指針に関しては、特定個人情報保護委員会からさらに「特定個人情報保護評価指針の解説」（平成26年11月11日）、特定個人情報保護評価計画管理書の記載要領、特定個人情報保護評価書（基礎項目評価書）の記載要領、特定個人情報保護評価書（重点項目評価書）の記載要領、特定個人情報保護評価書（全項目評価書）の記載要領、「特定個人情報保護評価指針第10の1(2)に定める審査の観点における主な考慮事項」（平成26年8月26日）が示されており、特定個人情報保護評価の実施者はこれらをもとに特定個人情報保護評価書を作成・運用することになる。

15 特定個人情報の適正な取扱いに関するガイドライン

　特定個人情報保護委員会が作成。

　事業者の従業員等に関する事務、健康保険組合の組合員に関する事務、企業年金基金の加入者に関する事務向けの「特定個人情報の適正な取扱いに関するガイドライン（事業者編）」（平成26年12月11日）、行政機関等・地方公共団体等向けの「特定個人情報の適正な取扱いに関するガイドライン（行政機関等・地方公共団体

図表付録-1 「特定個人情報の適正な取扱いに関するガイドライン」

ガイドラインのタイトル	適用対象機関	対象となる事務	公示日
特定個人情報の適正な取扱いに関するガイドライン (行政機関等・地方公共団体等編) （別添）特定個人情報に関する安全管理措置	・国の機関 ・独立行政法人等 ・地方公共団体 ・地方独立行政法人	・番号法で定められた行政事務 ・行政機関の給与事務 ・独法が行う激甚災害時の金銭支払事務	2014年 12月18日公示
特定個人情報の適正な取扱いに関するガイドライン (事業者編) （別添）特定個人情報に関する安全管理措置	・事業者	・事業者の従業員等に係る給与事務 ・健保組合の事務 ・企業年金基金の事務	2014年 12月11日公示
（別冊）金融業務における特定個人情報の適正な取扱いに関するガイドライン	・金融機関	・顧客に係る税務 ・激甚災害時の金銭支払事務	2014年 12月11日公示

等編)」（平成26年12月18日）があり、金融機関の顧客等に関する事務については、事業者編の一部を「（別冊）金融業務における特定個人情報の適正な取扱いに関するガイドライン」（平成26年12月11日）で置き換えて適用する（図表付録-1）。

　事業者編と行政機関等・地方公共団体等編の末尾にはそれぞれ「（別添）特定個人情報に関する安全管理措置」が附せられている。金融機関の顧客等に関する事務の安全管理措置については、事業者編の安全管理措置を参照する。

　これらのガイドラインは、番号法令に基づいて事業者、金融機関、行政機関等・地方公共団体等がなすべきことを示すものとなっており、具体的な本人確認措置は番号法・番号法施行令・番号法施行規則・個人番号利用事務実施者が適当と認める書類等を定める告示で定められていることからガイドラインでは詳細な記述や考え方は示されていないが、一方個人番号の廃棄または削除や安全管理措置に関してはこのガイドラインで考え方やとるべき措置などが示されている。

　事業者、金融機関、行政機関等・地方公共団体等は、このガイドラインも参照して対応を進めることになる。

16　その他の法令等（主なもの）

・地方公共団体情報システム機構法（平成25年5月31日法律第29号）：番号制度に

おいて個人番号の発番や情報提供ネットワークシステムの運営、公的個人認証サービスの提供などにかかわる地方共同法人地方公共団体情報システム機構（J－LIS）の設置根拠となる法律。J－LISは、住民基本台帳ネットワークシステム等を運営していた財団法人地方自治情報センターを改組して設置された。

番号法、番号法整備法、政府CIO法と同時に成立。
・政府CIO法（平成25年5月31日法律第22号）：正式名称は、「内閣法等の一部を改正する法律」。

政府全体のIT政策および電子行政の推進の司令塔として、府省横断的な権限を有する内閣情報通信政策監（いわゆる政府CIO）を内閣官房に設置するとともに、政府CIOをIT総合戦略本部の本部員に加え、本部長（＝内閣総理大臣）がその事務の一部を政府CIOに行わせることができること等を規定したもの。

政府CIOはIT政策と電子行政の観点から番号制度の推進に関与し、内閣官房においては内閣官房副長官に次ぐ位置づけであり、各府省大臣政務官や事務次官より上位とされている。

政府CIO法附則では、政府が検討し必要な措置を講じるものとして、情報提供ネットワークシステムを効率的に整備するための方策があげられている。

番号法、番号法整備法、地方公共団体情報システム機構法と同時に成立。

17　準公的団体が定めた規定
・株式等振替制度における番号法対応要綱（2013年7月29日公表）
・外国株券等保管振替決済制度における番号法対応要綱（2013年7月29日公表）
　株式会社証券保管振替機構が定めたもの。

番号法第19条第10号に基づき、株式等振替制度で用いる情報システムを通じて、証券会社等による株主の番号の証券保管振替機構への通知や、発行者による証券保管振替機構への株主の番号の照会を行うことができる。また、証券保管振替機構が取り扱う外国株券等について証券会社等から株主の番号を証券保管振替機構に対して通知する。これらについての対応を定めたもの。

18　その他未公表・未公布のもの
現在まだ公表・公布されていない次のものが今後定められるとみられる。
・番号法第9条第4項に基づき激甚災害発生時に金融機関による金銭の支払を規定する内閣府令
・厚生労働省からの社会保障に関連する政省令の改正

- 通知カード及び個人番号カードに関する技術的基準
- 税や社会保障関係で通達レベルで様式が定められているものに関する改正通達（個人番号欄または法人番号欄の追加など）
- 本人確認に関して国税庁以外の個人番号利用事務実施者の「個人番号利用事務実施者が適当と認める書類等を定める告示」
- 税や社会保障、災害対策関係で個人番号または法人番号の扱いを定める地方公共団体の条例・規則（届出等の様式などにおける番号欄の追加等。未公布分）

　このうち、厚生労働省からの政省令の改正については、2015年3月31日に「行政手続における特定の個人を識別するための番号の利用等に関する法律及び行政手続における特定の個人を識別するための番号の利用等に関する法律の施行に伴う関係法律の整備等に関する法律の施行に伴う厚生労働省関係省令の整備に関する省令案」のパブリックコメントが開始された（2015年5月2日まで）。この省令により、各種申請様式や届出事項等への個人番号の追加、添付書類等の省略を可能とする。

　また通知カード及び個人番号カードに関する技術的基準については、2015年5月2日にパブリックコメントが開始された（2015年6月5日まで）。この技術的基準により、通知カードや個人番号カードのセキュリティ対策のレベルや管理・運用などの方法を定める。個人番号カードについては、ICチップに5つの領域（基本利用領域（記録内容：住民票コード）、券面事項確認利用領域（記録内容：券面記載事項）、券面事項入力補助利用領域（記録内容：券面記載事項（個人番号および基本4情報（氏名、住所、出生年月日、性別））のテキストデータ）、公的個人認証サービス利用領域（記録内容：公的個人認証サービスの電子証明書）、条例等利用領域（記録内容：市町村、都道府県、独立行政法人等のアプリケーション））を設け、領域の利用者を制限し、必要最小限の情報のみを記録できることとするといった対策がとられている。

　国税庁が公表する法定調書の様式については、2015年5月15日付で、給与所得の源泉徴収票など一部のものを除き、平成28年度分以降に使用予定の法定調書の様式が公表された。また、6月30日付でも追加情報が公表されている。

事項索引

【A～Z】
BPO……………………………………38
CIF（Customer Information File）………………………………73
ERP……………………………………43
e - Taxの活用………………………83
J - IRISS（Japan - Insider Registration & Identification Support System）………………78
NISA口座の重複開設のチェック………………………………77
SPAR（Swedish Population and Address Register）…………66

【あ行】
アクセス権の設定・管理…………182
アプリケーションID…………………43
安全管理措置……………………119,128
委託……………………………29,132
医療等分野……………………………62

【か行】
確認証跡の保存……………………180
株券電子化……………………………34
監督指針………………………………3
（マイナンバー制度対応の）基本的なフロー……………………132
基本方針……………………………128
義務的対応……………………………36
キャッシュレス化に向けた方策……………………………………82
行政手続における特定の個人を識別するための番号の利用等に関する法律の規定による通知カード及び個人番号カード並びに情報提供ネットワークシステムによる特定個人情報の提供等に関する省令…………211
銀行業界………………………………37
金融商品取引法等の一部を改正する法律案………………………31
激甚災害における金銭の支払……112
現金領収証制度………………………67
原稿料…………………………………19
源泉徴収票……………………………i
コアシステム…………………………98
講演料…………………………………19
公的個人認証…………………………69
――サービス………………………100
国税関係手続に係る個人番号利用事務実施者が適当と認める書類等を定める告示……………209
告知依頼……………………………133
――対象の選定…………………135
――の方法………………………141
――の文言………………………141
告知受付……………………………143
――の記録保管…………………180
――の時期………………………145
――の手段………………………143

事項索引　217

告知機会……………………137
告知のタイミング………………137
告知を受ける様式………………144
国民ID制度………………………92
個人事業主における番号………127
個人情報の有料提供……………66
（マイナンバー制度における）
　個人情報保護…………………100
個人情報保護法…………………3
個人番号…………………………103
　――カード………………100,105
　――カードのコピー……………39
　――が告知されないとき………142
　――に関して修正等が求めら
　　れた場合の扱い………………186
　――の交付対象者………………105
　――の消去・廃棄………………184
　――の提供依頼への対応………182
　――の変更………………………105
　――のみの新たな活用手法……67
個人番号関係事務………………110
　――実施者………22,110,112,113
個人番号利用事務………………106
　――実施者…………22,109,110
　地方公共団体が条例で独自に
　　定める――……………………110
　　番号法別表第一に定める――…109
個人番号を格納するデータベー
　ス……………………………181
個別ブースの設置………………38

【さ行】
識別子……………………………88

実証実験…………………………38
社会保障・税番号制度……………i
従業員等に関する本人確認の特
　例……………………………156
（番号の）収集…………………118
周知啓発活動……………………34
住民票……………………………i
　――コード………………………103
主要行等向けの総合的な監督指
　針……………………………30
情報照会者・情報提供者………22
情報提供ネットワークシステ
　ム…………………………11,98
情報連携…………………………98
所得税法施行規則の一部を改正
　する省令等…………………212
真正性確認………………………17
税制改正大綱……………………72
政府IT総合戦略本部…………3,193
生命保険契約等の一時金の支払
　調書…………………………35
生命保険契約等の年金の支払調
　書……………………………35

【た行】
地域金融機関におけるシステム
　外部委託先管理に関するアン
　ケート………………………30
チェックディジット……………17
地方税法施行規則の一部を改正
　する省令……………………212
通知カード………………………104
提出（法廷調書や届出等の）…186

特定健康診査情報……………………62
特定個人情報…………………97,106
　　──に関する制限………………115
　　──ファイル……………………107
　　──保護評価……………………102
　　──保護評価指針………………213
　　──保護評価に関する規則……213
特定個人情報の適正な取扱いに
　関するガイドライン……………31,
　　　　　　　　　　　101,102,213
　　──行政機関等・地方公共団
　　　体等編………………………102
　　──事業者編……………………102
　　（別冊）金融業務における──
　　　………………………………102
特定法人情報………………………97
取扱規程……………………………128

【な行】
内部事務対応………………………26
内部者登録カード…………………78
内部者登録・照会システム
　（J-IRISS）………………………78

【は行】
罰則…………………………………121
番号確認……………………………146
番号制度における民間利用………188
番号登録管理………………………181
番号の変更への対応………………187
番号付番……………………………97
番号法……………………………3,207
　　──上での本人確認……………146

　　──整備法………………………207
　　──施行規則……………………209
　　──施行令………………………208
番号法等の施行に伴う財務省関
　係政令の整備に関する政令……211
犯収法（犯罪収益移転防止法）…5,38
別表第一の主務省令で定める事
　務を定める命令…………………209
別表第二命令の主務省令で定め
　る事務及び情報を定める命
　令…………………………………210
法人番号…………………………4,124
　　──公表サイト…………………126
　　──と個人番号の紐付けで生
　　　まれる新たな活用手法………67
　　──の告知………………………145
　　──の指定等に関する省令……211
　　──の変更………………………127
　　──の「本人確認」……………179
　　──のみの新たな活用手法……67
法定調書………………………………i
保険業界……………………………36
本人確認…………………………98,145
　　オンラインでの──……………159
　　──したうえで特定個人情報
　　　ファイルを作成したときの2
　　　回目以降の本人確認の特例…178
　　代理人の──……………………165
　　──で必要な書類………………147

【ま行】
マイナンバー制度……………………i
マイナンバー等分科会………………3

事項索引　219

マイナンバー等分科会中間とり
　まとめ……………………………53
マスキングの仕組み………………28
身元（実存）確認…………………146
民間利活用…………………………68

【や行】
預貯金口座への付番……………37,72

【ら行】
利用目的の通知・公表……………118

金融機関のための
マイナンバーへの義務的対応＆利活用ガイド

平成27年7月10日　第1刷発行
平成27年10月21日　第3刷発行

著　者　　大　野　博　堂
　　　　　山　田　英　二
発行者　　小　田　　　徹
印刷所　　図書印刷株式会社

〒160-8520　東京都新宿区南元町19
発　行　所　一般社団法人 金融財政事情研究会
　　　編 集 部　TEL 03(3355)2251　FAX 03(3357)7416
販　　　売　株式会社きんざい
　　　販売受付　TEL 03(3358)2891　FAX 03(3358)0037
　　　　　　　URL http://www.kinzai.jp/

・本書の内容の一部あるいは全部を無断で複写・複製・転訳載すること、および
　磁気または光記録媒体、コンピュータネットワーク上等へ入力することは、法
　律で認められた場合を除き、著作者および出版社の権利の侵害となります。
・落丁・乱丁本はお取替えいたします。定価はカバーに表示してあります。

ISBN978-4-322-12685-3